住户部门资产负债核算理论方法与政策

中国住户部门资产负债表
编制研究

杜金富　朱尔茜　段琪斐等　著

中国金融出版社

责任编辑：张　铁
责任校对：潘　洁
责任印制：陈晓川

图书在版编目（CIP）数据

中国住户部门资产负债表编制研究/杜金富等著 . —北京：中国金融出版社，2022.11

（住户部门资产负债核算理论方法与政策研究丛书）

ISBN 978 - 7 - 5220 - 1773 - 0

Ⅰ.①中…　Ⅱ.①杜…　Ⅲ.①居民家庭收支调查—资金平衡表—编制—研究—中国　Ⅳ.①F222.34

中国版本图书馆 CIP 数据核字（2022）第 183168 号

中国住户部门资产负债表编制研究

ZHONGGUO ZHUHU BUMEN ZICHAN FUZHAIBIAO BIANZHI YANJIU

出版
发行　中国金融出版社

社址　北京市丰台区益泽路 2 号
市场开发部　（010)66024766，63805472，63439533（传真）
网 上 书 店　www.cfph.cn
　　　　　　（010)66024766，63372837（传真）
读者服务部　（010)66070833，62568380
邮编　100071
经销　新华书店
印刷　河北松源印刷有限公司
尺寸　169 毫米 ×239 毫米
印张　16.5
字数　285 千
版次　2022 年 11 月第 1 版
印次　2022 年 11 月第 1 次印刷
定价　56.00
ISBN 978 - 7 - 5220 - 1773 - 0

如出现印装错误本社负责调换　联系电话 （010)63263947

前　　言

我们在完成国家自然科学基金重点项目"政府资产负债测度核算的理论方法与政策研究"（项目编号：71333014）后，开始着手"住户部门资产负债核算理论方法与政策研究"这一课题的研究。该课题研究分为三步：第一步是研究住户部门资产负债表编制的国际准则和一些国家的编制实践；第二步是对编制我国住户部门资产负债表的理论和方法进行研究，为编制我国住户部门资产负债表提供理论和方法支持；第三步是编制我国住户部门资产负债表，进行分析研究并提出政策建议。我们已经完成了第一步的研究，出版了《住户部门资产负债表编制：国际准则与实践》；第二步的研究也已经完成，其研究成果形成本书——《中国住户部门资产负债表编制研究》。

本书基于国际货币基金组织推荐的研究主体——住户部门和为住户服务的非营利机构，系统研究我国住户部门和为住户服务的非营利机构的核算范围、住户部门资产负债核算的范围、住户部门资产负债核算的方法、住户部门流量与存量核算关系、住户部门资产负债表的编制等内容，并相应地提出政策建议。

本书的撰写提纲由杜金富、朱尔茜和段琪斐提出，并由撰写者讨论确定。全书由撰写者分工撰写，最后由杜金富、朱尔茜和段琪斐修改审定。具体分工如下：第一章由谢保嵩和陈燕撰写；第二章由杜金富和朱尔茜撰写；第三章由王旭撰写；第四章由段琪斐撰写；第五章由徐云松撰写；第六章由薛曜祖撰写；第七章由刘小二和仝恩有撰写；第八章由郭元绍和刘安撰写。

书中不妥之处，欢迎读者批评指正！

目　　录

第一章 导 论

本章对全书内容进行概述，主要介绍住户部门资产负债核算的产生和发展，研究编制中国住户部门资产负债表的意义、框架，并提出政策建议。

第一节 住户部门资产负债表概述

住户部门资产负债核算是国民经济核算体系的重要组成部分，很多国家在编制国家资产负债表的同时，也一并编制住户部门资产负债表。住户部门的活动贯穿于整个国民经济活动过程中，其资产负债表记录了住户部门的资产负债总量以及结构变动状况，可以精准地反映住户部门的资产配置行为、衡量住户部门的经济福利和债务水平、预警住户部门的金融风险，为进行宏观调控与管理、制定国民经济中长期发展规划提供基本信息。

一、住户部门资产负债核算的产生和发展

住户部门资产负债核算的演进可以分为三个阶段：早期研究阶段、官方统计发展阶段和现代核算体系完善阶段。

（一）早期研究阶段

住户部门是重要的国民经济主体，其核算最初以住户收支统计体现，起源于19世纪初期。在这一时期，住户部门资产负债核算以民间研究为主，主要是对当时的社会经济问题进行研究。这一时期对住户部门的核算虽然没有细化，但随着研究的深入，出现了一些公认原则、方法和初步约定。如玛格丽特·瑞德（Margaret Reid）于19世纪30年代提出"第三方准则"，她将住户成员的活动划分为生产性活动和非生产性活动，明确如果一项活动可以委托给他人从事并产生相同的预期结果或产生可用于交换的产出，就视为生产性活动，否则就认为是非生产性活动。

（二）官方统计发展阶段

1941年英国经济学家理查德·斯通（Richard Stone）在《英国预算白皮书》

上发表《战时财政资源分析与国民收入和支出的估计数字（1938—1940）》，实现了核算方法论的重大突破，推动了国民经济核算的发展进程。此后，国民经济核算逐渐标准化、统一化、国际化。住户部门资产负债核算也随着国民经济核算的发展逐渐形成相关核算理论和体系。1987年，英国国家统计部门首次在其内部刊物《经济趋势》中公布完整的国家资产负债表和详细的数据来源及编制方法，其中就包括住户部门资产负债表，这也标志着住户部门资产负债开始正式作为一个国民经济核算重要项目进行核算。

（三）现代核算体系完善阶段

1993年联合国等机构共同推出《国民账户体系1993》（SNA1993），将为住户服务的非营利机构独立出来，形成狭义住户部门、为住户服务的非营利机构、广义住户部门三个层次的住户部门资产负债核算。英国依据SNA1993与欧盟国家国民账户核算体系重新编制了1987—1997年的国家资产负债表，并对住户部门的相关指标进行了更新。1997年12月，美联储在公布的第二季度资金流量表中，也首次发布了住户和非营利机构资产负债表。其后，各国在联合国国民账户体系的指导下，逐渐完善对住户部门的资产负债核算。

我国在20世纪90年代将资产负债核算纳入中国国民经济核算体系，并开始研究资产负债表的编制。2017年，国务院办公厅印发《全国和地方资产负债表编制工作方案》，提出加快推进全国和地方资产负债表编制工作。目前，国家统计局会同中国人民银行等部门已经开始试编国家和地区层面的分部门资产负债表，但尚未公开发布相关数据。

二、主要国家住户部门资产负债表的编制情况

编制我国住户部门资产负债表需要研究借鉴其他国家住户部门资产负债表的编制实践，为此，我们研究了美国、日本、加拿大、印度、新西兰的编制情况。

（一）美国住户部门资产负债表的编制情况

美国是较早开展国民经济核算的国家之一。住户部门资产负债表作为美国国家资产负债表的重要组成部分，经历了长期发展和完善过程，形成了宏观、微观双层次的全面系统的核算框架。

根据美国国民经济核算发展脉络来划分，美国住户部门资产负债核算演进可以分为三个阶段：（1）第一阶段，住户部门核算仅限于民间，主要是对当时的社会经济问题进行研究。（2）第二阶段，美国政府为收集全面具体的国民经

济资料，于1934年发布了《国民收入（1929—1932）》，标志着国民经济核算开始向官方转移。其中，西蒙·库兹涅茨（Simon Kuznets）主持制定了美国第一套官方统计体系，系统地阐述了国民收入的相关定义、概念和计算方法。1941—1944年，美国在吸收英国复式记账方法的基础上，通过对比英国和加拿大的核算体系、核算指标，进一步梳理和规范了国民收入体系的概念和范围。1947年，美国商务部发表了"美国国民收入和生产统计（1929—1946）"论文，标志着美国国民收入和生产核算体系的形成和建立。（3）第三阶段，美国对国民收入和生产账户体系进行了进一步修订和完善，同时对国民经济核算体系进行了扩展。在此基础上，住户部门资产负债表作为SNA下综合公共经济账户的最终结果，正式成为美国国民经济核算的一个重要项目。

美国住户部门核算中的住户被定义为这样一群人：他们共用生活设施，把成员的部分或全部收入或财产汇集起来使用，集体消费某些货物和服务（主要是住房和食物）。住户包含四类，即一般住户（包括家庭）、机构住户、住户中的非法人企业和为住户服务的非营利机构。其中，一般住户是指同住在一所房子里的人，包括婚姻型家庭和独居型家庭两类。机构住户是指永久居住在一个机构中，或者可能被预计在很长时间或无限期时间内居住在一个机构中的人（如教堂的修女等），他们几乎没有或根本没有行动自治权或相关经济活动的决定权。住户中的非法人企业，尤其是在存在自由职业者的情况下，其与生产活动相关的其他收入流、转移支付、金融交易等难以从整体住户中分离出来。在这种情况下，非法人企业仍被视为住户的一部分。为住户服务的非营利机构是指不由政府资助和控制，免费向家庭提供货物和服务的组织，比如教堂、宗教团体、工会和政党等，其主要资金来源是住户以消费者身份自愿以现金形式提供的捐款。

美国住户部门资产负债核算项目与SNA2008基本保持一致，涵盖了资本账户和金融账户。一是非金融资产，主要包括房地产、设备和软件、知识产权产品以及耐用消费品，其中，房地产是住户部门资产负债表上最大的资产类别；二是金融资产，主要包括存款、债务证券、贷款、公司股权、共同基金份额、应收补贴和货款、人寿保险责任准备金、养老保险责任准备金、非公司企业股权、其他资产等金融工具；三是负债，主要包括债务证券、贷款和人寿保险。

总体来看，美国住户部门资产负债核算与SNA2008基本保持一致，但在具体核算中又考虑到了本国国情。比如，美国的农业以家庭农场为主，因此美国的住户部门核算特别强调家庭农场这一主体。另外，在一些具体指标的处理上也与 SNA2008 略有不同。

美国住户部门资产负债表可分为总量核算和结构核算两个层面。总量层面主要是住户部门与非营利机构资产负债系列报表，主要由美联储负责，分析住户资产、负债和净资产状况，具体包括五张表，其中有两张主表——住户部门与非营利机构部门资产负债表、住户部门与非营利机构净资产变化表，以及三张附表——住户部门资产负债表、非营利机构资产负债表、附股权明细的住户部门与非营利机构资产负债表。

结构层面主要是住户资产分类系列报表，将住户按资产类型、住户特征（年龄、收入、性别、净资产持有程度等）进行划分，分析不同类型住户持有不同类型资产的状况。具体包括六张表：（1）根据资产类型分类的住户持有非金融资产情况表；（2）根据住户特征分类的住户净资产情况表——以不变美元计价的平均净资产和净资产中位数；（3）按资产类型、性别和净资产规模分类统计表；（4）总资产规模不低于 150 万美元的超级富豪持有资产情况和净资产规模不低于 150 万美元的超级富豪地区分布表；（5）根据资产类型和住户特征分类的住户部门资产拥有率情况表；（6）根据资产类型分类的住户部门资产拥有率和中位数情况表。结构层面的数据主要通过住户部门抽样调查、个人税收推算、重点人群调查等方法获取。

（二）日本住户部门资产负债表的编制情况

日本是世界上较早建立国民账户体系的国家之一，国民经济账户编制工作由内阁府经济社会综合研究所专门负责，此外，日本银行的资金流量账户核算、日本统计局的家计调查和消费实态调查等对住户资产负债信息起到较好的支撑与印证作用。

日本住户部门资产负债核算伴随着国民账户体系的演变而逐渐完善。日本国民账户体系经历了多次调整，大致可分为以下五个阶段：第一阶段为 19 世纪中叶至 20 世纪 50 年代，日本非官方组织开启国民财富调查，主要用以研究财富资本对国民收入的贡献度，1942 年日本首相办公室下属的统计局正式开展编制国民账户；第二阶段为 20 世纪 60 年代至 70 年代，1966 年，日本国民账户体系开始与国际接轨，借鉴 SNA1953 形成了自身的国民账户体系（Japan's National Accounts，JNA）；第三阶段为 20 世纪 70 年代至 90 年代，日本统计局统计研究所对日本国民账户体系进行了修改和完善，新增了投入产出核算、资金流量核算和资产负债核算；第四阶段为 2000—2010 年，JNA 跟随 SNA1993 的修订逐渐完善，从 2001 年 1 月起，日本政府新创立的内阁府经济社会综合研究所开始专门负责编制与发布国民账户及其包含的住户部门资产负债表；第五阶段为 2010 年以后，JNA 配合 SNA2008 的修订日益完善，并对部分项目、估值方法、分类和概念进行了修改。

日本住户部门资产负债核算对住户部门的定义为：住户由从事消费和生产活动的小集体组成，包括雇主、雇员和个人独资企业，以及财产收入和转移收入的接受者。在个人独资企业中，除了自营农户等外，还包括拥有房屋的房东。日本统计局的专项调查对住户部门进行了分类，将住户部门分为劳动者住户、个体户住户和其他住户三类，并根据住户职业将住户部门细分为 12 个种类，包括长期劳务工作者、临时工和日工、民间职员、政府机关工作人员、商人和手艺人、个体工商户、农林渔业从业者、法人经营者、自由职业者、其他、无业者以及家族产业的从业者。

日本住户部门资产负债核算范围及分类主要参考 JNA 的框架。JNA 同 SNA 一样将资产项目分为非金融资产与金融资产，负债则是金融负债。其中，非金融资产又分为生产资产和非生产资产，生产资产又分为固定资产和存货两大类。与国际通用核算体系不同的是，在 JNA 中，生产资产不含"贵重物品"分类，非生产资产不包含"合约、租约和许可""商誉和营销资产"两项，而是大致分为土地、矿物、能源资源和非培育性生物资源。日本住户部门资产负债核算对金融资产和负债的划分与国际标准基本一致，金融资产主要分为七类：现金和存款，贷款，债务证券，股权和投资信托受益证券，保险、养老金和标准化担保计划，金融衍生品及员工股票期权，其他金融资产；负债主要分为三类：贷款、金融衍生工具和其他负债。

日本住户部门资产负债表除了基本的期末资产负债表外，还包括以下四张调整核算表：调节账户—资产物量其他变化账户、调节账户—重估价账户、调节账户—重估价账户—中性持有损益、调节账户—重估价账户—实际持有损益。

（三）加拿大住户部门资产负债表的编制情况

加拿大国家资产负债核算有着较长的历史，住户部门资产负债表是其国家资产负债账户的重要组成部分，经过多年的发展和完善，加拿大已经形成了对住户部门收入、支出、资产、负债以及财富积累的较全面核算与监测，并编制了较为成熟的住户部门资产负债表。

加拿大住户部门资产负债表的编制主要跟随国民账户体系及国家资产负债账户的发展而不断发展，主要经历了摸索、正式编制和完善三个阶段。（1）摸索阶段为 20 世纪 40 年代到 60 年代末。1946 年，加拿大统计局首次公布国家收入和支出账户年度估算数据。1962 年，加拿大统计局首次将个人作为独立的国民经济核算部门，为以后不断完善并最终形成住户部门资产负债表奠定了基础。（2）正式编制阶段为 20 世纪 60 年代末到 21 世纪初。加拿大统计局分别在 1969年、1986 年和 1997 年对国民账户体系进行了三次重大修订，对个人部门的范围、分类及核算方式不断进行调整和完善。1983—1984 年，加拿大统计局第一次公布了国家资产负债表。（3）完善阶段为 2012 年至今。2008 年联合国发布 SNA2008，2012 年加拿大统计局开始以 SNA2008 为基准对国家资产负债账户进行修订，完善了非金融资产的界定和各类资产的定值，更新了部门分类标准，将个人和非法人企业部门划分为住户部门和为住户服务的非营利机构，自此住户部门正式从原来的个人和非法人企业部门中分离出来单列。

加拿大国民经济核算基本上与国际通用标准保持一致，将住户定义为共享生活住所，把成员的部分或全部收入和财富汇集起来使用，并集体消费一些货物和服务的一群人。除此之外，加拿大统计局还把以下三类同样定义为住户部门：一是作为机构单位的住户，以及长期或永久居住在该机构中的人员，如长期在寺院、修道院、养老院中居住的人。二是住户中的非法人企业，当合伙人对企业承担无限责任时，合伙企业必须处理为住户部门内的非法人企业，而不是按照 SNA 的标准将其归属为非金融或金融企业部门。三是存在雇用关系的住户，如与雇主生活在同一住所的家政人员，虽然与雇主住在一起，但对雇主住户的集体资产没有主张权利，故被划分为独立于雇主住户的其他住户成员。

加拿大住户部门资产项目共有 24 个子项目，负债项目共有 4 个子项目，其将资产分为非金融资产和金融资产，而负债则对应为金融负债。非金融资产按生产方式或过程分为生产资产和非生产资产。生产资产主要包括住宅、非住宅建筑物、机器和设备、知识产权产品、耐用品、存货六项；非生产资产则与其他国家不同，仅包括土地一项。金融资产分为通货和存款、债务证券、贷款、股权和投资基金份额、人寿保险和养老金以及其他应收账款六项。金融负债则主要包括贷款、其他应付账款两项。

加拿大国家资产负债账户对资产的定义和范围与 SNA2008 基本保持一致，但有四处不同：第一，加拿大非金融资产项目中"耐用品"不在 SNA2008 资产范围内。第二，部分历史古迹和贵重物品，如贵重金属和宝石、古董和其他收藏品，以及文学和艺术原件等物品不在加拿大资产负债账户统计范围内。这可能是因为与历史较长、艺术品和文物收藏较多的其他国家相比，加拿大住户部门的该类资产总体相对较小，且可用的源数据不足。第三，部分非生产资产，如专利权、商标权、版权等未纳入加拿大住户部门资产负债账户中。第四，根据 SNA2008，除了土地价值之外，非生产资产还包括无线电频谱、矿物和能源资源、非培育性生物资源、水资源和其他自然资源以及从这些自然资产中获得的相关租赁收益。由于测量困难，这些非生产资产尚未在加拿大国家资产负债账户中体现。为了反映这些资产情况，加拿大统计部门另行编制了自然资源资产卫星账户。

（四）印度住户部门资产负债表的编制情况

印度国民账户体系始建于 19 世纪 60 年代，发展至今，印度国民账户核算体系已经较为完善。目前，印度住户部门资产负债表主要由两个部门编制和发布，一个是印度中央统计局（Central Statistical Organization，CSO）编制和发布的国民账户核算中的住户部门资产负债表，另一个是印度国家抽样调查局（National Sample Survey Office，NSSO）组织和开展的全印度负债与投资调查（All India Debt and Investment Survey，AIDIS）。前者参照 SNA 标准在国民账户核算体系下进行统计，后者对印度住户资产负债总量和结构情况，尤其是非金融资产结构情况进行深入调查，分类更加全面、详尽，是对前者的补充。

纵观印度住户部门资产负债表的发展历史可知，其统计内容和口径无太大变化，但统计方法和数据来源在不断完善。印度独立之前，已有部分经济学家开始计算国民收入，但数据的广度、深度、真实性有限。1949 年，印度设立国民收入委员会专门负责国民收入核算，同时设立国民收入行动小组予以协助，详细核算结果及核算方法分别由国民收入委员会在 1951 年和 1954 年对外公布。此后，此项职能转移至印度中央统计局，并且随着核算范围不断扩大、核算方法不断改进，建立了专门的国民账户核算部门，每年由印度中央统计局对外公布住户部门资产负债表。

印度对住户部门的定义和核算范围基本遵循国际准则，但稍有差异，以体现本国特色。印度中央统计局编制国民账户时，对住户部门采用最宽泛的定义，包括：（1）个人；（2）非政府性、非公司性企业，如个人独资企业、由个人控制的合伙制企业等；（3）为住户服务的非营利机构，包括宗教社团、俱乐部、政治性组织等。在印度的实践中，当"共享住所"和"共同用餐"两个标准发生冲突时，以"共享住所"为判断标准。子女求学不居住在家中则不算在父母的住户中，而长期居住在家中的雇工、佣人等则算在雇主的住户中。与此同时，没有常住地的流动人口不算在住户中，但居住于露天场所、马路边棚区、桥下等固定地方的人群仍算作住户；居住在孤儿院、收容所、静修社、流浪民居的人群不算在住户中，但居住在养老院的人、居住在静修社/汽车旅馆的学生、静修社的工作人员、孤儿院的工作人员则算在住户范围内。

印度住户部门资产负债核算范围和分类主要以 SNA 为标准，定义和内涵皆参考国际标准，包括非金融资产、金融资产和负债。非金融资产包括实物资产和金银首饰，金融资产包括现金、存款、股权和债券、政府性资产、保险基金、公积金和养老金，负债则包括银行垫款、合作银行/组织贷款或垫款、金融机构/非银行性公司贷款、政府贷款/垫款、保险公司贷款等。

（五）新西兰住户部门资产负债表的编制情况

1948 年，新西兰统计局开始统计国民收入总额，首次公布的国民收入总额数据涵盖了 1938—1947 年的年度数据。从 1975 年开始，新西兰统计局基于新西兰国民账户体系（NZSNA）率先开展了国民账户核算工作，并于当年发布了第一个新西兰国民账户，包含国家资产负债统计数据。随后，新西兰统计局不断完善资产负债表的编制工作，根据联合国发布的 SNA1993 和 SNA2008 适时调整和改进核算方法。目前，新西兰统计局编制的住户部门资产负债表是其国民账户的重要组成部分，指标设置和统计标准与 SNA2008 高度一致。除新西兰统计局外，新西兰储备银行为反映与住户部门金融资产和负债相关的金融市场和经济结构变化情况，也进行了住户部门资产负债表的编制。新西兰储备银行从2000 年开始在《储备银行公报》中发布住户部门资产负债表，首次发布的住户部门资产负债表涵盖了 1998 年以来的季度数据。2015 年，为了与 SNA2008 保持一致，新西兰储备银行与新西兰统计局合作对住户部门资产负债核算进行修订和完善，主要表现在两个方面：一是扩展了住户部门的资产范围，增加了非法人企业股权、非上市公司股权、住房和土地价值等内容；二是住户部门资产负债表中不再包含租赁住宅的相关资产和负债，而是改为在附报中展现。2017 年3 月，新西兰储备银行又对其住户部门资产负债表中非法人企业、上市和非上市公司股权以及投资基金份额的家庭持股比例数据进行了修正，并将以前缺失的非寿险索赔纳入核算。

新西兰统计局和新西兰储备银行住户部门资产负债表之间既紧密联系又存在差异。由于编制主体和目的不同，新西兰统计局和新西兰储备银行住户部门资产负债表在指标设置、数据来源、编制频度等方面不尽相同。在指标设置方面，新西兰统计局资产负债表指标设置参照国际标准分类，而新西兰储备银行资产负债表指标设置主要取决于数据可得性及其他管理部门的需求，指标更加细化。在编制频度上，新西兰统计局资产负债表为年度数据，更新时间较慢，而新西兰储备银行资产负债表为季度数据，更新较及时。两表之间也存在紧密的联系：一方面，两表都以 SNA2008 为基础，在核算方法、核算原则上基本保持一致；另一方面，新西兰统计局和新西兰储备银行住户部门资产负债表相互补充、互为来源，如新西兰储备银行资产负债表中非金融资产数据基本取自新西兰统计局，并且其在进行季度数据估算时借鉴新西兰统计局的年度估算方法，而新西兰统计局的通货和存款、养老基金、贷款等数据基本来源于新西兰储备银行。双方均试图保持资产负债表的一致性，从 2015 年至 2017 年新西兰统计局和新西兰储备银行住户部门资产负债表可以看出，两表数据基本保持一致。

新西兰国民经济核算对住户的定义与 SNA2008 保持一致，即共享生活设施、集中其部分或全部收入和财产，并共同消费一些货物和服务（主要是住房和食品）的一群人。一个住户单位可能包含一个或多个家庭以及除家庭之外的其他人，也可能没有家庭，如生活在一起的不相关的人。但不包括非私人住宅的人群，如招待所、养老院和医院（养老院内的服务式公寓算作私人住宅）。新西兰将住户部门分为一人住户、家庭住户、亲属住户、复合住户和其他五种类型。

新西兰统计局住户部门资产负债分类严格参照 SNA 标准，但其表中项目按本国实际核算范围及内容进行统计。资产负债主要分为非金融资产、金融资产和金融负债。其中非金融资产主要分为生产资产和非生产资产。生产资产主要是指住房财产，非生产资产主要是指土地资产。金融资产和金融负债具有对称性，采用相同分类，主要包括通货和存款，债务性证券，贷款，股权和投资基金份额，保险、养老金和标准化担保计划。新西兰储备银行在住户部门资产负债核算内容上更侧重于金融项目的反映，金融工具的分类也更加细致。非金融资产只统计住房和土地项目价值，不包括本国住户在海外持有的住房和空置土地。金融资产分为货币、存款、非股票证券、贷款、股权和投资基金份额、保险技术准备金。金融负债主要是贷款，包括消费贷款、住房贷款和学生贷款三类。

三、编制中国住户部门资产负债表的意义

（一）完善国民经济核算体系的需要

从 20 世纪 80 年代开始，我国经济核算开始逐步放弃传统的物质产品平衡表体系，转而采用国民账户体系作为核算的主体框架，并逐步与国际接轨。在该核算体系下，我国国民经济由非金融企业部门、金融机构部门、广义政府部门、住户部门和为住户服务的非营利机构部门组成。相对而言，我国对前三个部门

的核算研究较为深入，也基本形成了较为完善的资产负债核算体系，如国家自然科学基金重点项目"政府资产负债测度核算的理论方法与政策研究"对广义政府部门以及国家控制的公共企业的资产负债核算相关问题进行了全面系统和深入的研究，并形成了《中国政府资产负债表编制研究》等理论研究成果和《中国政府资产负债表（2008—2016）》等统计成果。然而在住户部门的核算研究上我国仍然存在较大短板，相关研究呈碎片化状态，关键问题尚未取得实质性突破。住户部门是国民经济核算的重要部门，构建完整而准确的住户部门资产负债核算体系是完善我国国民经济核算、与国际统计标准接轨的必然要求。

（二）完善宏观经济调控的需要

住户部门是国民经济重要的组成部分，是市场上重要的商品、服务供给者，资金提供者以及最重要的劳动力供给者和消费者。住户部门的经济活动，无论是消费、储蓄还是投资，都是国民经济运行的重要环节，对整体经济的发展有很大影响。为了准确研判国民经济走势、精确进行宏观经济调控，掌握住户部门当期收入、支出等流量以及各类资产负债存量就十分有必要了，尤其是贯彻落实新发展理念，实现共同富裕，更加需要重视住户部门核算。编制住户部门资产负债核算表，了解居民的资产配置、融资、债务等情况，可以为宏观调控提供大量重要信息，从而提高宏观调控决策的准确性、科学性和有效性。

（三）推进国家治理体系和治理能力现代化的需要

推进国家治理体系和治理能力现代化，需要不断提高信息透明度，包括各类行政信息、决策信息以及最重要的经济信息。一个高效的国家治理体系不需要将自己的控制力伸向所有领域的每个细节，而是要构建一个可预期的、竞争中性的市场，让市场充分发挥其资源调节的能力。住户部门资产负债数据资料对于政府的决策和管理、企业的经营和发展、金融机构的营运和风险管理以及家庭的消费和资产管理而言是必需的基础材料，起着支撑作用。通过公开透明的住户部门资产负债数据资料，各经济主体可以对经济运行情况有较为清晰的判断，形成稳定而一致的预期，有助于国家治理的稳定。因此，研究一套与国际接轨，但又具有中国特色的住户部门资产负债核算体系，对提升信息透明度、推进我国国家治理体系和治理能力现代化具有重要意义。

（四）发展国民经济核算理论的需要

我国国民经济核算持续与国际接轨，在政府、非金融企业、金融企业等部门形成了较为完整而深入的核算体系，但在住户部门核算方面仍然与国际标准存在较大差距。多年来，我国学术界虽然对住户部门的经济行为从多角度进行过有益研究，但在核算项目的定义、分类以及核算规则等关键问题上尚未取得共识，住户部门资产负债核算研究停滞不前。随着经济不断发展，各方对一个完整的国民经济核算体系的需求越来越强烈，对发布一套包含住户部门的国民经济各部门的资产负债核算表的呼声越来越高。为了完善国民经济核算理论体系、发展国民经济核算理论，需要对住户部门资产负债表的编制进行深入研究。

第二节 编制中国住户部门资产负债表的框架

住户部门资产负债表的编制框架主要包括四方面内容。一是界定住户部门核算的范围和分类，二是确定住户部门资产负债核算的范围和分类，三是确定住户部门资产负债核算的方法和规则，四是住户部门资产负债表的编制。我们根据国际公认的核算准则如联合国和欧洲中央银行等共同编制的《国民账户体系2008》（SNA2008）、国际货币基金组织的《货币与金融统计手册和编制指南（2016）》（MFSM2016）、堪培拉专家小组的《专家组关于住户收入统计的最终报告及建议》，借鉴一些国家的编制实践以及《中国国民经济核算体系（2016）》中的相关原则，从上述四个方面对中国住户部门资产负债核算的基本框架进行描述。

一、中国住户部门核算的范围与分类

（一）中国对住户部门的定义及核算范围的界定

SNA2008将住户定义为：共用生活设施，把成员的部分或全部收入或财产汇集起来使用，集体消费某些货物和服务（主要是住房和食品）的一群人。第一，住户的定义突出了住户内部的财富分配方式，是共用生活设施、共用收入和财产，即在住户内部的财富分配是根据该单位实际需要而进行的，是一种随时变化的非特定规则；而这与非金融企业和金融企业等按照某一特定规则进行资产和负债划分呈现出明显的区别。第二，该定义区别于常用的"家庭"概念，着重突出了基本单位的组织属性，而淡化了血缘属性，使这一定义能够涵盖更多非血缘关系的特殊组织形式，如寺院等宗教机构中的成员。第三，该定义强调了住户成员对住户财富的所有权和处置权等经济权利，如与雇主一同生活的家政人员，虽然共享生活设施、一定程度上共同消费食品和其他消费品，但家政人员不对住户的财富具有所有权和处置权，因此他们不属于雇主住户的成员，应被处理为单独的住户。第四，该定义强调了住户成员的常住性，如常住在养

老院的老人，他们长期或无限期在机构内居住，并且在其原本所属住户的经济事务中有很少或没有自主权，应将其视为某一机构单位的一部分，即机构住户。

MFSM2016 将住户定义为：共享居所，集中部分或者全部收入和财富，共同消费某些类型货物和服务（通常是住所和食物）的群体。此外，MFSM2016 将非营利机构定义为：由法人或社会实体创建的，从事不以获取收入为目的的生产或分配货物和服务的机构。为住户服务的非营利机构主要从事非市场生产且未受到政府控制，其资金主要来源于会员会费、社会捐赠以及其持有的金融资产和非金融资产产生的收益，如工会、消费者协会、宗教团体、文化和体育社团等。MFSM2016 把为住户服务的非营利机构作为一个单独部门，但在编制金融统计报表时，却把为住户服务的非营利机构与住户部门合并在一起，形成一个部门。

堪培拉专家小组从核算住户收入与支出流量的角度，把统计单位主要分为独立个体、住户、广义的家庭、核心家庭。其中，独立个体是指那些独自生活的人，又称一人户，可以分为独自生活的人和与其他人一起生活的人。对于那些独自生活的人，无论所使用的家庭的定义如何，在很多国家这些人都被归类为"不在家庭中的人"。住户是指共享住所并且共享食物的人，可能包括与所有其他家庭成员没有血缘关系、婚姻关系或领养关系的人。广义的家庭通常包括所有与血缘、婚姻或收养关系有关的、分享同一住所的人，又被称为经济家庭。这样的定义依赖于关系（血缘、婚姻或收养）来支持收入分享假设。核心家庭是指共享住所的父母和未婚子女。在核心家庭中的儿童，特别是某一年龄段的儿童收入很少或根本没有，所有消费都来自父母的收入。堪培拉专家小组建议采用的统计分析单位的划分，作为收集和提供家庭收入数据的标准，已被大多数国家采用。考虑到分析单位与收入统计单位能一一对应，堪培拉专家小组认为住户是首选的基本分析单位。

在中国住户部门的定义上，我国政府有关部门制定的文件和学术界的研究文献各有不同的界定。我们认为，住户可以定义为国内居住在一起共同从事消费、生产和投资活动的一群自然人的组合。它包括一人户、居住在一起的家庭成员以及长期居住在机构的自然人等。

在住户部门的核算范围中，一些国家如日本、加拿大将住户与为住户服务的非营利机构分开核算，但美国、英国、印度等国家则把二者合并为一个部门进行核算，因为为住户服务的非营利机构的资金来源基本上是住户部门，服务对象也是住户部门，建立它的根本目的是生产住户部门需要的货物或为住户部门提供服务，或在住户部门内部进行财富的再分配，而不是创造收入或利润。近年来，我国为住户服务的非营利机构增长较快，最新版中国国民经济核算体系已参考 SNA2008 将其单独列为一个部门。但考虑到我国当前的统计基础以及其他国家的实践做法，建议我国住户部门资产负债核算将住户部门与为住户服务的非营利机构合并在一起，形成住户总体部门，统一进行核算。

（二）住户总体部门的分类

住户总体部门由所有常住住户构成，划分住户部门的子部门有多种方法。

1. 从生产角度划分，住户可分为机构住户、住户中的非法人企业和一般住户。其中，机构住户是指永久或可预期长期内居住在一个机构，且几乎或根本没有行动自主权或经济事务决策权的人组成的集体，如寺庙、养老院、监狱等。住户中的非法人企业是指成立了市场性非法人的住户，如我国的个体工商户、家庭农场等新型农业主体，该部分住户不仅进行最终消费，也生产货物或提供服务，但其对市场性非法人承担无限责任，且非法人内部账户不独立，难以将非法人生产行为与住户个人消费行为进行清晰分割，因此将其列入住户部门。

2. 从收入角度划分，住户的收入可分为来自住户非法人企业（有付酬雇员）所有者的收入（雇主的混合收入）、来自住户非法人企业（无付酬雇员）所有者的收入（自雇工作者的混合收入）、雇员报酬以及财产收入和转移收入。住户部门的子部门则依此分为雇主、自雇工作者、雇员以及财产收入和转移收入接受者。财产收入和转移收入接受者这一子部门可根据其收入来源进一步划分为三个子部门：财产收入接受者、养老金接受者、其他转移收入接受者。

3. 根据住户中被视为"户主"的参照人的情况对住户部门进行划分。参照人根据经济重要性而非年龄或地位排行决定。参照人通常是有最多收入的那个人，或对住户消费作出主要决定的那个人。根据参照人的情况进行分类时，可以参考因素包括参照人的职业、参照人工作所在的行业、参照人的受教育程度、参照人所拥有的资格或技能等。

4. 结合中国国情对住户部门进行划分。中国是典型的二元经济社会，经济结构、发展水平和文化制度等各方面均存在显著的城乡差异，这导致我国城乡居民持有的资产也有较大差异。因此，可将住户总体部门分为住户部门和为住户服务的非营利性机构，其中，住户部门包括农村住户和城镇住户。

对农村住户和城镇住户进行界定，首先需要界定农村和城镇，我国目前执行的是《统计上划分城乡的规定》中对城乡的划分方法。城镇包括城区和镇区。乡村是指城镇以外的区域。近年来，随着我国经济的发展，国家出台了一系列政策，加快了农村人员向城镇的流动，需要重新界定城镇住户和农村住户。我们认为：划分城镇住户和农村住户的原则主要是看他们的收入取得及其公共设施等服务情况，参考标准主要有：（1）住宅。这里的住宅既包括自有住宅，也包括租赁的住宅。（2）居住的时间。在城镇居住一年以上为城镇住户，在农村居住一年以上为农村住户。（3）收入的取得。收入以在城镇工作为主，应为城镇住户；收入以在农村工作为主，应为农村住户。（4）住户的主要成员。住户的主要成员工作地点以城镇为主，则可列为城镇住户，否则列为农村住户。

我国为住户服务的非营利机构是指从事非市场生产、为住户部门服务或提供部分公共服务的非营利机构（或非营利组织），主要包括教育卫生机构、文化体育机构、社交联谊机构、慈善救济救援机构、基金会、宗教组织、社会服务机构、年金等组织、业主委员会以及未分类的其他机构（如有些理发店为老人义务理发等）。

二、中国住户总体部门资产负债核算的范围与分类

中国住户总体部门资产负债核算中的资产是指经济资产，SNA 将经济资产定义为"一种价值储藏手段，它反映经济所有者在一段时期内通过持有或使用该实体所产生的一次性或连续性经济利益，它是价值从一个核算期转移到另一个核算期的载体。"资产可分为非金融资产和金融资产，负债则是指金融负债。

（一）住户总体部门非金融资产核算范围与分类

住户总体部门的非金融资产包括固定资产、存货、贵重物品和非生产资产。其中，固定资产可进一步划分为建筑物、耕地、机器和设备、培育性生物资产以及知识产权产品五个类别。

1. 固定资产

固定资产是指住户总体部门在生产过程中重复或连续使用一年以上的生产性资产。（1）建筑物，包括住宅、非住宅建筑和其他构建物（如排水渠、机井、大棚等）。（2）耕地，是指用于养殖、种植的土地和水域，不包括建筑等其他用地。（3）机器和设备，包括各种交通运输设备以及其他机器和设备。（4）培育性生物资产，是指重复或连续使用一年以上、生产其他货物或提供服务的动物和植物，如奶牛、果树等。（5）知识产权产品包括研究和开发的成果，计算机软件和数据库以及娱乐、文学或艺术品原件等。

2. 存货

存货是指住户总体部门以将来销售、在生产中使用或其他用途为目的而持有的货物和服务，与固定资产的最重要的区别是存货无法像固定资产一样连续或重复使用一年以上。例如，奶牛可连续生产牛奶，应被认定为固定资产；而肉用牛虽然生长周期可能大于一年，但其成熟以后无法重复取肉，因此应被认定为存货。

3. 贵重物品

贵重物品是指具有高价值的商品，主要作为价值储藏手段而持有，而不用于生产或消费。贵重物品通常可以在较长时间内保持形态不发生明显变化，同时由于其稀缺性，往往呈现出价值随时间上升的情况。贵重物品包括宝石和贵金属，不包括作为生产过程中间投入品的钻石、非货币黄金、白金和白银；作为艺术品或古董的绘画、雕塑及其他物品，由宝石和贵金属制成的具有较高价值的珠宝饰物，邮票、纪念币（钞）、书画、瓷器等收藏品，以及其他具有较高价值的贵重物品。博物馆的展品原则上属于贵重物品，但如果博物馆通过收取门票向公众提供服务，并且这些展品主要不是作为价值储藏手段而持有，那么这些展品具有固定资产的特征。在其他国家的核算实践中，贵重物品是否纳入核算范围，哪些贵重物品纳入核算范围，并没有统一成熟的规则或经验，可本着先易后难、逐步完善的原则，逐步将不同种类的贵重物品纳入核算范围。

4. 非生产资产

非生产资产是指通过生产过程以外的方式形成的非金融资产，可细分为自然资源，合约、租约和许可以及商誉和营销资产。对于住户总体部门而言，拥有的自然资源主要是土地或土地使用权，合约、租约和许可一般包括专利权、著作权等。

（二）住户总体部门金融资产与负债核算范围与分类

1. 金融资产

住户总体部门金融资产可分为通货和存款、债务性证券、贷款、股权和投资基金份额、保险及人寿养老基金、金融衍生工具和雇员股票期权以及其他应收/预付款。

（1）通货和存款。通货包括流通中的纸币和硬币以及数字货币，由中央银行或政府单位发行，因此，在住户部门负债方无数值。通货包括本币与外币，外币则按资产负债表数据相关日期当期有效汇率转换为本币进行记录。住户的存款是住户在金融机构及其他非金融机构存入的款项，包括在银行的存款、在证券公司的保证金存款、在住房公积金管理中心的住房公积金存款等。以本币计价的存款应当按照其名义价值进行统计，而外币存款则应按资产负债表数据相关日期当期有效汇率转换为本币进行统计。

（2）债务性证券。住户持有的债务性证券是到期还本付息的债务性凭证，主要有企业债券、政府债券、可流通的大额存单等。在一定情况下，贷款可能从一个持有者手中转让到另一个持有者手中，此时它应从"贷款"重新分类到"债务性证券"。

（3）贷款。贷款是指债权人直接将资金借给债务人，并收到一份不可流通的资产证明的金融工具。

（4）股权和投资基金份额。股权是指对清偿债权人全部债权后的公司或准法人公司的剩余财产有索取权的所有票据或证明记录，包括上市公司股票、非上市公司股票和其他股权。投资基金份额包含金融机构资产管理产品（银行非保本理财、信托公司资管产品、证券公司及其子公司资管产品、基金管理公司及其子公司专户、期货公司及其子公司资管产品、保险资管产品、金融资产投资公司资管产品和公募基金）和其他投资基金份额。

（5）保险及人寿养老基金。保险及人寿养老基金是指住户持有的商业保险和人寿养老保险基金的净权益、保险费预付款和未决索赔准备金。其中，人寿养老基金是其购买的人寿保险单、养老保险单、社会养老保险上缴款（应包括雇主代雇员缴款）、企业年金缴款（应包括雇主代雇员缴款）等。

（6）金融衍生工具和雇员股票期权。金融衍生工具是一种与某一特定金融工具、指标或商品相联系的金融工具，是对特定的金融风险本身进行市场化交易而产生的金融工具。雇员股票期权是雇主与雇员在某日（授权日）签订的一种协议。根据该协议，在未来约定的时间（含权日）或紧接着的一段时间（行权期）内，雇员能以约定价格（执行价格）购买约定数量的雇主股票。

（7）其他应收/预付款。其他应收/预付款是指住户应收/预付的货款、票据、劳务费、工资等。

2. 负债

住户总体部门的负债主要包括贷款、金融衍生工具和其他应付/预收款。

（1）贷款。贷款主要包括银行贷款、非银行借款。

（2）金融衍生工具。金融衍生工具包括住户总体部门持有的远期合同（包括掉期）、期权合同等，在资产负债表核算期末头寸为负时，记录在负债方。

（3）其他应付/预收款。其他应付/预收款包括贸易信贷及预收款、拖欠的工程款、赊账等。

三、中国住户总体部门资产负债核算的方法

中国住户总体部门资产负债核算的方法涉及估价方法、数据收集和处理、数据整理等内容。

（一）估价方法

1. 估价的一般原则

根据国民经济核算的总体估价原则，为使经济存量核算与流量核算相互衔接并保持一致，要求采用资产负债表编表日期的现期价格对所有资产负债项目进行估价。部分金融资产和负债在活跃市场有公开报价，可以使用该报价进行估值，如上市交易的股票。但大部分资产都缺乏公开的活跃市场，需要采取永续盘存法、市场价值法、重置成本法、未来收益现值法、账面价值法等估值技术对资产负债进行估值。

（1）永续盘存法，即利用某时点的资产初始价值和此后各核算期该资产的投资流量，结合该资产的折旧模式以及物价变化等因素，核算得到资产的期末价值。

（2）市场价值法，即采用参照市场中相同或类似资产的交易价格估价。在采用此方法时，需要根据资产负债的当前状况、地理位置、出售和使用限制等，对相同或类似资产负债的市场价格进行调整。

（3）重置成本法，重置成本是指按照当前的市场条件，重新取得同样一项资产所需支付的现金或现金等价物金额。

（4）未来收益现值法。这种估价方法考虑了资产未来可能产生的预期收益，然后在选择合适折现率的基础上估算资产的现值。负债按照预期期限内需要偿还的未来净现金流出量的折现金额计量。

（5）账面价值法，账面价值主要是指未来需要偿还且未经贴现的本金额，这种方法仅适用于估算债务的价值。

2. 资产估价的具体方法

（1）非金融资产的估价方法

原则上，固定资产应当按照相同技术规格和年限的资产在市场中的通行价格进行估价。但在实际工作中很难获得详细信息，故必须依赖其他方法进行价值核算。通行做法是，以固定资产期初价值加上核算期内资产的重估价，减去核算期内估算的固定资产折旧以及任何其他物量变化和处置价值。在可能的情

况下，估算固定资产折旧时还应考虑预期的终期费用，如淘汰或复原费用。在核算建筑物和构建物时，当期房产的价格往往取决于当期已售房屋的地理位置。这一处理方法可能并不足以估算所有房屋的价值，在这种情况下，就需要使用永续盘存法等技术进行估值。对于持续创造产品和服务的固定资产，理论上也可按照未来收益现值法进行估价。

存货由于交易频率相对较高，能够较为容易地获得当期市场价格，因此理论上在对存货进行估值时通常使用资产负债表编表日期的市场价格估价，而不是用产品进入存货时的价格进行估价。但在实际操作中往往通过价格指数调整存货的账面价值或获得价值来估计。材料和产成品按购买者价格估价，制成品和在制品按基本价格估价。对于在制品存货，资产负债表期末价值等于期初价值加上当期投入价值，并根据当期具体情况进行必要的重估价。对于人类活动培育的一次性动植物，常规估价方法是首先预计此类在制品的未来收益，其次扣除培育过程中的费用，最后再对预期收益进行贴现。

贵重物品在进行估价时，需考虑到其基本作用是价值储藏，受到市场价格的影响较大，因此原则上应以市场价格对艺术品、古董、珠宝、宝石和贵金属进行估价。如果市场足够活跃、组织良好且有效，贵重物品应当按资产负债表编制日期的实际购买价格或估算的购买价格进行估价，其中要将交易中产生的费用，如佣金或代理人费用等剔除。如果缺乏有效市场，则可以考虑根据为贵重物品投保的金额对贵重物品进行估价。

在对非生产资产进行估价时，自然资源优先选取当期市场价格信息进行估值，否则一般使用未来收益现值法进行估价。对于合约、租约和许可，估值时要充分考虑资产认定的可能性、价格信息的可得性、剩余期限等因素。

（2）金融资产的估价方法

总体来看，只要金融资产和负债有相对有效的市场，并且在市场上有活跃的交易，则应当对它们按照市场价值估价。不在有组织市场上交易的债权，应当根据债务人负有的偿还义务的数额进行估价。对通货及存款来说，其名义价值即为其账面价值。对债务性证券来说，短期债券及对应的负债应以当期市场价格进行估价，尤其是在通货膨胀率较高的情况下。长期债券由于期限较长，持有者通常可以通过对其进行交易以清偿债务，且长期债券受市场影响较大，因此应当始终按其市场价格估价。对贷款来说，资产负债表两端记录的都是未偿还余额，包括未偿还的利息。对股权和投资基金份额来说，公开发行的股票存在稳定而有效的市场，因此在资产负债表中应记录其当期股价。对未公开发行的股票以及难以取得市场价格的股权和投资基金份额来说，可采取如近期交易价格、净资产价值、市盈率等常用的股权定价方式进行估价。对保险及人寿养老基金来说，估价方法分为两类：一类是事先商定数额，应使用资金提供者精算结果进行估价；另一类是根据未来获得的投资绩效确定数额，此时应计算未来收益的折现值。对金融衍生工具和雇员股票期权来说，如果可以获得当期市场价值，则使用市场价值进行估价；如果难以获得当期市场价值，则远期合同应以折现价值估价，期权合同应利用期权定价模型或贴现现值估价。

（二）数据收集和处理

1. 数据收集

随着金融业综合统计工作的持续深入推进，金融资产和负债的统计数据日益完善，因此，住户部门金融资产和负债的部分数据来源可以从现有的金融统计数据中获得。从 2004 年开始，中国人民银行根据资金流量表编制我国的资金存量表，并据此测算住户部门的金融资产和负债。金融资产和负债相关数据主要来源于人民银行、银保监会、证监会等相关金融监管部门收集的数据。但由于现有的住户部门金融资产和负债数据没有进一步划分为农村住户数据和城镇住户数据，所以仍需要结合相关调查数据或者其他参考数据，通过合理的估算获得农村住户和城镇住户的相关数据。

除已有统计数据之外，住户资产和负债数据还可以通过抽样调查方法取得。住户调查对象群体庞大，一般采用抽样调查方式组织实施，例如，国家统计局开展的住户收支与生活状况调查、农民工监测调查、农民工市民化监测调查、农村贫困监测调查、退耕还林（草）监测调查和农户固定资产投资调查、城镇低收入居民基本生活费用价格统计报表制度等，农业农村部开展的农户统计调查、农村综合统计调查等，中国人民银行开展的城镇居民家庭资产负债情况调查，西南财经大学中国家庭金融调查与研究中心开展的中国家庭金融调查。

为住户服务的非营利机构的数据来源于已有的非营利机构会计报表。大部分非营利机构依据《民间非营利组织会计制度》《社会团体登记管理条例》和有关法律法规，按照权责发生制原则进行会计记账和财务报表的编制，并向相关部门进行年审，同时报送本组织的资产负债表、业务活动表和现金流量表，因此非营利机构资产负债表基本能够满足报表编制的需求。但对个别项目来说，可能尚无法直接从现有报表中收集数据，需要通过其他途径（如调研）收集。

2. 数据处理

编制住户部门资产负债表所需的数据产生于政府各个部门及各个部门的各级机构，要把这些数据归类整理并在资产负债表中登录相关项目，就需要对这些数据进行处理。在住户部门资产负债表编制过程中，数据处理主要分为以下几个方面。一是缺失数据的推算与检验。报表编制过程中需要的数据非常多，数据来源不充分、不准确是需要重点解决的问题。为此，需要采取比如"倒推法""交叉验证法"等方法对缺失物量数据及价格数据进行推算及估计。二是协调不同性质及口径数据的差异。对于分别以收付实现制和权责发生制为会计核算基础的住户导致初始来源数据不一致的，在汇总时要进行调整，确保协调一致。对于按会计准则进行资产负债分类的原始资料，需要把不同口径的原始数据指标按照国民经济核算体系规定的核算口径及指标分类要求重新分解、归类合并。三是数据取净值与合并。为了准确反映住户部门的资产与负债情况，部门内部的债务债权关系要尽可能厘清，交叉部分要进行抵销和剔除，以避免重复记录和虚增交易。

（三）数据整理

数据整理包括汇总、合并和轧差。

1. 汇总

汇总是指将某一机构部门或机构单位的所有数据进行加总。汇总能够保留这一机构部门之间的债权和债务数据，即不会抵销各机构单位间有关债权和债务数据。在进行汇总时，住户部门资产负债核算中包含的大量个体交易、其他流量和资产必须本着可操作、分析上有用的原则进行分组。另外，为了满足更加详细的分析，分组还可以进一步细分，比如按产品或资产类型分组、按功能分组、按交易对手分组等。

2. 合并

合并是指冲销属于一个集团之内的机构单位之间发生的存量和流量。在住户部门核算中，一组单位数据通常合并。特别是住户部门及其每一个分部门的统计数据是合并表述的。合并涉及抵销被合并的单位之间发生的所有交易和债务人/债权人关系。换言之，一个单位的交易与另一个单位记录的匹配交易相互抵销。例如，如果一个住户向另一个住户贷款，并且将两个单位的数据合并，那么该贷款的存量既不在负债也不在资产中反映，就好像该贷款不存在。与此同时，合并后的利息收入和开支不包括作为债务人的住户向作为债权人的住户支付的利息。类似地，被合并的单位之间进行的货物和服务销售也被冲销。合并有利于将住户或其子部门视为一个整体进行统计，从而更有效地分析与其他机构部门的经济联系。另外，SNA 不鼓励过度合并各机构单位的统计数据，而应根据编表的目的确定是否合并。

3. 轧差

轧差或称取净额，是与总额相对应的。很多类别的流量与存量可以按总额表示，也可以按净额表示。按净额表示的一个项目等于一组流量（或存量）之和减去另一组流量（或存量）之和。一组流量（或存量）之和减去另一组流量（或存量）之和就是轧差。在个体单位内部或不同部门内部可能存在以下情况：同一类交易既作为使用出现也作为来源出现，同一种金融工具既作为资产出现也作为负债出现。将所有构成项目的全部价值加总称为总额记录，将部分账户项目与另一方账户相同项目抵销，或通过取相反符号加总合并称为净额记录。虽然总体上资产负债核算按总额记录，但净额记录在一定程度上可以更好地体现一些经济特征，因此部分项目也会采用净额记录。

四、中国住户总体部门资产负债表的编制

（一）住户总体部门资产负债核算表的表式结构

住户总体部门资产负债表是一个两维度的矩阵表，它由主栏和宾栏组成。主栏（每一行）列出的是资产和负债项目，宾栏（每一列）为住户总体部门及其子部门，即从事经济活动的各类住户。住户总体部门资产负债表表式结构如表 1-1 所示。

表 1-1　　　　　　　　　住户总体部门资产负债表

项目	住户总体部门			
	合计	住户部门		为住户服务的非营利机构
		小计	农村住户	城镇住户	
总资产					
（一）非金融资产					
（1）固定资产					
A. 建筑物					
B. 耕地					
C. 机器和设备					
D. 培育性生物资产					
E. 知识产权产品					

项目	住户总体部门			
	合计	住户部门		为住户服务的非营利机构
		小计	农村住户	城镇住户	
（2）存货					
（3）贵重物品					
（4）非生产资产					
（二）金融资产					
1. 通货和存款					
2. 债务性证券					
3. 贷款					
4. 股权和投资基金份额					
5. 保险及人寿养老基金					
6. 金融衍生工具和雇员股票期权					
7. 其他应收/预付款					
总负债					
贷款					
金融衍生工具					
其他应付/预收款					
净资产（总资产－总负债）					
净金融资产（金融资产－总负债）					
备忘项目					

（二）住户部门资产负债表的数据填录和整理

在收集住户部门资产负债表数据时需要进行整理，在填录数据时也需要进行整理。比如城镇住户与农村住户之间的借贷等，住户部门与为住户服务的非营利机构之间的债权债务关系，要么采取汇总的方法进行整理，要么采取合并的方法进行整理。

第三节　编制中国住户总体部门资产负债表的政策建议

住户部门资产负债表是国家资产负债表的组成部分，应随着国家资产负债表的编制而不断完善。根据我国住户部门资产负债表的研究及编制情况，我们主要从完善住户部门核算范围与分类、资产负债的核算范围与分类、数据收集等方面提出政策建议。

一、完善住户部门核算范围与分类的政策建议

（一）完善一般住户部门核算范围与分类的政策建议

首先，宏观经济核算与微观统计调查对住户核算范围应尽量一致。无论是权威部门还是学术研究界现行对住户部门的核算范围至少漏掉了两部分人员：具有外籍身份的居民和部队官兵。从国民经济核算的角度看，凡涉及个人经济活动，无论是在哪类住户核算，都会在住户部门进行核算。如部队官兵的个人收入和外资企业外籍人员的收入，都是住户部门收入的组成部分。若微观调查范围不包括这部分人员，显然与宏观核算的范围不一致，调查出的数据也不可能一致。建议重点详细研究微观调查中住户部门的核算范围，使其与宏观核算范围尽量相一致。

其次，要进一步明确居民住户与非居民住户的界限。一方面，我国居民住户在国外购买房地产、汽车等耐用消费品，在核算这些住户的资产时，主要核算他们在国内的资产。另一方面，非居民住户特别是华侨在国内购买房地产、汽车等耐用消费品，我们在宏观核算住户耐用消费品时，需要将这些耐用消费品从住户部门中扣除；还有一些华侨和留学生在国内生活多年，已经是事实上的居民住户。建议通过抽样调查，进一步完善居民住户与非居民住户的核算界限，并制定相应的统计核算制度。

最后，住户部门可进一步细分。一是与国际接轨，把现行的常住从业人员就业类型与收入来源相结合，完善住户收入来源分类。住户就业人员只是住户成员的一种类型，而不是全部，如有的住户以财产性收入为主，有的以领取养老金为主，有的以接受其他转移（领取救济金等）为主。住户收入来源包括住户的就业类型，但住户的就业类型却不能反映住户收入来源的主要渠道。对住户收入来源的分类，既与国民经济核算的分配核算相衔接，又是现实核算的需要。二是从生产的角度对住户进行分类。我国住户部门拥有庞大的非法人企业，如个体工商户、生产合作社和出租自有住房等其他自营体等，把这部分住户从机构住户和其他住户中划分出来单独核算，既有利于与国民经济核算中的分配相衔接，又可以反映住户部门在生产中的作用。

（二）划分出"为住户服务的非营利机构"并与住户部门一并核算

为住户服务的非营利机构具有独特的行为：可以从事营利和非营利活动，

但不可以成为其所有者的收入、利润或资金收益的来源。考虑到它的独特行为，国际上把它列为国民经济核算的六大部门之一。近年来，我国社会组织发展较快，为住户服务的非营利机构增长较多，有的是注册过的机构，如民间慈善组织、民间基金会等。把"为住户服务的非营利机构"作为一个经济部门来核算，既与国际接轨，可以进行国际比较，又可以反映这一部门在国民经济中的作用，发展这一部门具有重要意义。国际上对其的核算有两种方式：一种是SNA2008把"为住户服务的非营利机构"作为国民经济核算六大部门之一单独核算；另一种是国际货币基金组织的《货币与金融统计手册和编制指南（2016）》在编制金融统计报表时，把为住户服务的非营利机构与住户部门合并成一个部门进行核算。美国和欧洲大部分国家采取第二种分类核算方式，我国可以借鉴这种方式建立为住户服务的非营利机构核算部门。

为完善住户部门核算范围与分类，我们提出以下建议。

首先，从规则上厘清为住户服务的非营利机构与相关单位和部门之间的关系：需要厘清营利机构与非营利机构之间的关系，营利机构与非营利机构的根本区别不在于机构是否盈利，而在于盈利是否分配以及其治理结构；需要厘清非营利机构与非营利社会组织之间的关系；需要厘清非营利机构与事业单位之间的关系，我国非营利机构包括一部分事业单位；需要厘清政府控制的非营利机构与为住户服务的非营利机构之间的关系；需要厘清为住户服务的非营利机构与企业之间的关系。

其次，从法规和制度上确定为住户服务的非营利机构核算的范围：民办非企业单位类似民办事业单位，具有非营利单位的性质，但不完全具备为住户服务的非营利机构的特征；基金会和宗教组织具备非营利机构的特征，但没有区分政府控制与非政府控制；当前非营利机构特别是为住户服务的非营利机构的监管部门和统计部门应从法规和制度上完善为住户服务的非营利机构的核算范围。

最后，从操作上解决现有机构中被界定为为住户服务的非营利机构的核算边界问题：从已登记确定的非营利机构中区分政府控制的非营利机构与非政府控制的非营利机构，从而确定核算的主体；确定未核算登记的核算主体。

二、完善住户部门资产负债核算范围与分类的政策建议

（一）完善住户部门非金融资产核算范围与分类的政策建议

一是设立耕地（有的称为土地）核算项目。对城镇住户来说，土地与其上

面的建筑物连在一起，构成了住宅和其他建筑物；对农村住户来说，除住宅和其他建筑物外，大部分耕地（包括承包的池塘、荒山等）用来养殖和种植。这部分耕地可以多次使用，符合固定资产的特征，对住户部门来说，应从非生产资产的自然资源归为生产资产的"固定资产"。

二是设立纳入固定资产的"耐用消费品"核算项目。随着我国自由职业者和民宿的增多，很多耐用消费品与固定资产的界限越来越模糊。比如，住户部门的汽车过去作为耐用消费品使用，但现在可以作为出租车使用；视为耐用消费品的家用电脑和手机除为家庭使用外，现在已成为线上从事交易的工具。住户部门新增加的生产服务活动内容，需要从核算上特别是非金融资产的界定与分类上进行必要的调整。我们建议根据耐用消费品的用途（既可以作为消费品，也可作为生产服务工具）、金额、转让情况等因素，将部分耐用消费品纳入相应的生产资产核算项目内，比如汽车、私人飞机等纳入"固定资产"中的"交通设备"核算项目之内。

三是设立培育性生物资源核算项目。培育性生物资源是与自然生物资源和一次性提供产品的生物资源相对的，它是指重复提供产品的动物资源和重复产果的树木、庄稼等植物资源。这些生物资源纳入固定资产核算。

四是设立知识产权产品核算项目。它包括研究与开发，计算机软件和数据库，娱乐、文学或文艺品原件以及其他知识产品。

五是设立贵重物品核算项目。SNA2008 建议，贵重物品包括贵金属和宝石、古董和其他艺术品、其他贵重物品［包括邮票、纪念币（钞）、瓷器、书籍等收藏品，以及精美的首饰、时尚的宝石和有重大可实现价值的金属］。我国目前没有建立专门的关于贵重物品的统计制度，但在一些针对住户或家庭的抽样调查中已经陆续开展了有关贵重物品的调查。从现有调查来看，贵重物品与收藏品、历史文物、金银首饰、艺术品等的界定是一个难点。我们建议先从住户部门入手，制定容易收集数据的统计制度，如印度住户部门贵重物品核算仅核算"金银首饰"，我国还可以核算邮票和货币收藏品等，然后逐步完善。

（二）完善住户部门金融资产和负债核算范围与分类的政策建议

对照国际准则，根据我国住户部门金融资产和负债实际核算范围界定及研究的情况，我们建议完善住户部门金融资产和负债调查的制度，重点放在住户与金融机构之外的金融交易所形成的金融资产和负债的定义与分类，对新形成的金融产品加以分类，在此基础上形成住户部门资产负债定义与分类的核算框架。

中国住户部门资产负债表编制研究

1. 完善住户部门金融资产和负债调查制度

我国虽然已经具备了较为完善的金融统计制度，但仍需建立住户部门的金融调查制度。它除了能够弥补金融统计的不足外，重点是反映住户部门融资的动态情况及特点。住户部门金融调查制度部分内容，如住户之间的融资，从国民核算的角度来看可能并不重要，但对反映和研究住户部门经济金融来说却是必不可少的信息。住户部门金融调查内容从部门分工来看，要么纳入统计部门现行住户收支调查制度之内，要么由金融部门建立定期调查制度进行调查。例如，证监会可以建立包括住户部门在内的证券股权融资的调查制度，负责证券股权融资调查；银保监会可以建立包括住户部门在内的保险融资的调查制度，负责保险融资调查；人民银行可以建立包括住户部门在内的综合金融调查制度。

住户部门金融调查的内容从编制住户部门资产负债表的角度来看，主要是现有的金融统计制度没有涉及或者只有总量没有详细分类的金融资产和负债。现有金融统计只负责统计与金融机构交易的金融产品以及需要金融监管部门监管的金融产品，除此之外的金融产品，如民间借贷、雇员期权、企业员工集资、企业年金、企业事业单位拖欠的个体工商户货款及劳务人员的报酬、住户购买预付款卡等不在金融统计范围之内。而要编制完整的住户部门资产负债表，这些金融产品则应纳入核算范围之内。

住户部门金融调查的另一个重点是，不仅要细化分类金融产品（金融资产和负债），如住户部门持有的现金，它包括本币现钞（央行数字货币）和外币现钞，还要细分为城镇住户和农村住户持有的现金等，这些金融资产和负债的详细分类也是编制资产和负债表所必需的。

2. 要加强对住户与金融机构之外交易所形成的金融资产和负债的研究

住户与金融机构之外的交易主要包括与非金融公司、政府部门、为住户部门服务的非营利机构、非居民之间的金融交易以及住户之间的金融交易。

一是住户与非金融公司金融交易所形成的金融资产和负债。主要包括：非金融公司内部对员工集资所形成住户的债权和股权产品；非金融公司拖欠住户（包括非法人企业）的货款、工程款和劳务报酬等形成的应付款（住户的应收款）；非金融公司预售住户的各种商业借记卡，如汽车油卡、缴费卡、理发卡等形成的预收款（住户的预付款）；企业返还住户的积分（这些积分可以购买企业的商品等，可视为货币）。以上是住户与不专门从事金融业务的非金融公司金融交易所形成的金融资产和负债。

住户与非金融公司金融交易还包括一些投资公司、资产管理公司等非金融公司所专门从事的金融交易，它们所从事的金融交易不是正规金融交易，没有在金融监管部门注册，是不受监管的金融交易。这些企业有的从事非法集资活动，有的也开展理财业务。

上述金融交易实际上形成了金融产品（金融资产和负债），它们应归类为哪些金融产品要进行研究。比如内部集资，是属于债权类金融产品（贷款还是债券），还是属于股权类金融产品（股票、股权），要根据内部集资交易的性质及交易形成的金融产品要素来确定。虽然公司在其资产负债表中也会对涉及住户的金融资产和负债有所反映，如借款、应付款、预收款等，但其中未必需要单独设置住户的核算细项，即使设立了核算细项，有些也未必纳入核算范围，特别是拖欠农民工款项。这些项目最后要靠住户的金融调查来补充确定。

二是住户与政府部门（包括政府控制的非营利机构等）金融交易所形成的金融资产和负债。主要包括：政府和事业单位拖欠住户（包括非法人企业）的货款、工程款、劳务报酬和工资等形成的应付款，住户成员按社会保险规定对养老金实际缴款形成的养老金（有的还应包括雇主代雇员缴纳部分），住户欠政府的社会养老金缴款而形成的应付款等，住户部门存入政府住房公积金管理中心的住房公积金形成的公积金存款和从住房公积金借款而形成贷款等。

三是住户与为住户服务的非营利机构金融交易所形成的金融资产和负债。主要包括住户成员参与企业年金（企业组织的养老保险，又称虚拟企业年金机构）的缴款而形成的企业年金、住户参与业主委员会缴纳的房屋维修费而形成的房屋维修基金等。

四是住户与非居民金融交易所形成的金融资产和负债。主要包括住户持有的外币现钞、境外存款、境外有价证券、境外借款等。

五是住户之间金融交易所形成的金融资产和负债。住户之间金融交易形成的金融资产和负债，如住户间的借贷、非企业股权和应收应付款等，在编制住户部门资产负债表时得不到反映，因为一住户的金融资产就是与其交易的另一住户的负债，在编制住户部门资产负债表时，住户之间资产和负债要合并，即资产和负债要轧差，其结果为零。但该核算过程对于了解住户之间的融资状况还是需要的。

三、完善住户部门核算数据收集的政策建议

我国在数据收集方面具备良好的基础，只要在现有调查制度的基础上，增加反映住户及为住户服务的非营利机构的有关数据，就能得到编制住户部门资

产负债表所需的数据。

（一）进一步完善住户部门的微观调查统计

关于我国住户部门金融资产和负债的微观调查，我们在关于金融资产与负债核算的政策建议中已经提出，这里重点就住户非金融资产数据的收集提出政策建议。

首先，调查住户固定资产结构。要调查固定资产中的住宅用于出租和经营的比率，耐用消费品如汽车、电子设备等用于经营的比率，耕地的转让价格，培育性生物资产所占的比率，知识产权产品的结构及金额等。

其次，调查住户库存的结构。特别是农村住户的农产品库存结构，如未销售的农产品（粮食等）、未成材的树木、未成熟的牲畜等。

最后，调查住户持有的贵金属的结构。调查收藏品（钱币、邮票、其他有价值的收藏品）、艺术品、宝石和贵金属等。

（二）进一步完善住户部门统计制度

首先，要进一步完善现有的住户部门的核算制度，特别是要建立针对为住户服务的非营利机构的统计制度。

其次，要建立和完善有关部门定期提供与住户部门核算有关数据的制度。如住房和城乡建设部的住户住宅调查数据，农业和农村部、自然资源部的耕地调查数据，国家知识产权局的个人知识产权数据，公安部的个人购买汽车等的数据，财政部的社会保险数据，民政部和国家市场监督管理总局有关为住户服务的非营利机构的统计数据等。

参考文献

［1］中华人民共和国国家统计局 . 中国国民经济核算体系（2016）［M］. 北京：中国统计出版社，2017.

［2］联合国，等 . 国民账户体系 2008［M］. 中国国家统计局国民经济核算司，中国人民大学国民经济核算研究所，译 . 北京：中国统计出版社，2012。

［3］杜金富，等 . 住户部门资产负债表编制：国际准则与实践［M］. 北京 . 中国金融出版社，2020.

［4］杜金富，等 . 中国政府资产负债表编制研究［M］. 北京 . 中国金融出版社，2018.

［5］杜金富，等 . 中国政府资产负债表 2008—2016［M］. 北京 . 中国金融出版社，2019.

［6］杜金富，宋晓玲，朱尔茜等 . 住户部门资产负债测度核算研究［J］. 中国金融，2019（20）：88 - 90.

［7］李金华.中国住户生产核算的范式设计与理论阐释［J］.统计研究，2008（9）：57－63.

［8］宋辉.国家资产负债核算的国际比较与借鉴［D］.成都：西南财经大学，2019.

［9］杜金富，朱尔茜，段琪斐.我国住户部门机构核算范围研究［J］.中国金融，2020（8）：88－90.

［10］曾嵘欣，杨莉，涂昭宇，等.住户部门资产负债调查制度的国际比较研究［J］.区域金融研究，2020（7）：40－47.

［11］高敏雪.从家庭资产评估到住户部门资产负债表［J］.中国统计，2021（3）：52－54.

第二章 住户部门核算的范围

编制住户部门资产负债表，首先需要确定住户部门核算的范围。因为住户部门资产负债表是住户部门经济存量核算表，清晰界定住户部门的核算范围，是准确核算住户部门资产负债存量的前提条件，也是进行国际比较分析的基础。

为了清晰界定我国住户部门核算的范围，需要了解国际文献及一些国家对住户的定义，分析我国实务部门和理论界对核算范围的界定情况，本章对此进行研究并提出对住户部门核算范围的建议。

第一节 国际上关于住户部门核算范围的界定

国际性机构及一些国家大多侧重于从微观方面定义住户，从宏观方面界定住户部门的核算范围。

一、国际性机构对住户部门核算范围的界定

对住户部门核算范围界定的国际性机构的文献主要有：联合国等出版的《国民账户体系2008》（SNA2008）、国际货币基金组织出版的《货币与金融统计手册和编制指南（2016）》以及堪培拉专家小组2001年出版的《专家组关于住户收入统计的最终报告及建议》等。

（一）《国民账户体系2008》对住户部门核算范围的界定

SNA2008将国民经济整体划分为非金融公司、金融公司、广义政府、住户、为住户服务的非营利机构和国外等机构部门。机构部门由具有相似特征的机构单位合并而成。机构单位是指能够以自己的名义拥有资产、发生负债、从事经济活动并与其他实体进行交易的经济实体。在现实社会中，具备成为机构单位条件的主要有两类：一类是以住户形式出现的个人或一群人，另一类是法律或社会实体。

SNA认为，住户是这样一群人：他们共用生活设施，把成员的部分或全部收入或财产汇集起来使用，集体消费某些货物和服务（主要是住房和食品）。多

人住户的各个成员不作为单独的机构单位处理，这是因为很多资产或负债是由住户中的两个或更多成员共同拥有或承担的；住户中的个体成员会把获得的部分或全部收入汇集起来共同分享；很多支出决策尤其是食品和住房决策是住户集体作出的。因此，SNA 是把住户整体而不是其中的个体处理为机构单位。

住户与家庭经常是一致的，但同一住户的成员不一定属于同一家庭，因为住户只要求在资源和消费上存在某些共享。然而，与雇主生活在同一住所的家政人员，即使他们被提供了住宿和膳食作为实物报酬，也仍不能成为雇主住户的成员。因为他们对雇主住户的资源没有主张的权利，而其消费的住宿和膳食也不包括在其雇主的消费中，应将其视为独立于雇主住户之外的住户成员。同时，对于那些永久居住或预期将在相对长的时间或无期限居住在某机构的人员，如居住在寺院、修道院或者类似宗教机构的人员，长期住院的病人，长期服刑人员，常年在养老院中居住人员，即使只有很少或者没有行动的自主权或经济事务的决策权，仍要视为该单独机构住户的成员，而不是通常所属住户成员；但短期进入医院、疗养院、宗教静修所或类似机构的人员，常住在学校、学院或在大学学习的人员以及短期服刑人员应视为正常所属住户成员。

住户中包括非法人企业。住户和企业的不同之处在于住户要进行最终消费，而企业没有最终消费的功能；相同之处在于住户也可能从事生产。住户成立市场性非法人企业是为了生产能在市场上销售或易货的货物或服务。事实上，住户可以从事农业、采掘业、制造业、建筑业、零售和其他种类的服务业。住户所从事的这些活动规模差异很大，活动规模小的几乎不需要资本或不动产，如街头小贩或擦鞋匠；活动规模大的拥有许多员工，如大型制造、建筑或服务企业。

住户非法人企业也包括那些生产能在市场上销售或易货的货物或服务的非法人合伙企业。合伙人可能来自不同的住户。当合伙人对于企业债务承担无限责任时，合伙企业必须处理为住户部门内的非法人企业。这是因为住户的所有资产，包括住所本身，在企业破产时都有清偿风险。但由合伙人组成的、具有全套账户的合伙企业，应处理为准公司。合伙人承担有限责任的合伙企业实际上是一个独立的法律实体。

住户非法人企业包含非正规部门。非正规部门中的"部门"和 SNA 中通常使用的"部门"具有不同的基础。SNA 中的部门由完整的机构单位组成，非正规部门则仅涉及生产活动。

非正规部门是指为了创造就业和收入而从事商品生产和服务的单位集合。

这些单位通常组织程度较低，很少或没有区分生产要素中的劳动与资本，并且规模很小。劳动关系主要是基于临时雇佣、亲属以及社会关系，而不是通过正式合同安排。非正规部门的生产单位具有住户企业的特征。生产所使用的固定资产及其他资产不属于生产单位本身而属于其所有者。单位本身不能以自己的名义从事交易，或与其他单位签订合同，或发生债务。所有者必须自担风险筹集必要的资金，且对生产过程中产生的任何债务或义务负无限个人责任。生产支出通常很难从住户支出中区分出来。同样地，像楼房或汽车这样的资本品也很难区分出究竟是商用还是家用。在 SNA 中，住户企业不是一个独立于其住户成员的独立法人实体。生产中使用的固定资本可能会被用于其他目的，比如，实施活动的经营场所可能就是其家庭住宅，汽车既用于运输家庭生产的货物，也用于家庭日常运输。这些资产不属于企业本身而属于住户成员。因此，住户企业的某些资产（包括金融资产和非金融资产）兼具生产属性和生活属性，故几乎不可能为其编制一套完整的账户。住户企业只能作为非法人企业纳入住户部门统计范围，而不是作为准法人公司纳入公司部门统计范围。非正规部门的住户企业子部门具有不同于其他非法人企业的经济目标、行为和组织形式。非正规部门不包括纯粹以自身最终使用为目的而进行生产的单位，也不包括有正规经济特征的部门。只有那些没有在特定国家法律（商法、税法、社会保障法和管理法规等）下注册的单位才被视为非正规部门。非正规部门作为住户非法人企业的一个子部门，主要分为两类：无雇员的非法人企业和有雇员的非法人企业。

（二）国际货币基金组织对住户部门核算范围的界定

国际货币基金组织的《货币与金融统计手册和编制指南（2016）》对住户的定义为：住户是共享居所，集中部分或者全部收入和财富，共同消费某些类型货物和服务（通常是住所和食物）的群体。在部门分类中，把为住户服务的非营利机构作为一个单独部门，但在编制金融统计报表时，却把为住户服务的非营利机构与住户部门合并在一起，作为一个部门进行核算。

非营利机构是这样一类法律或社会实体：其创建目标虽然也是生产货物和服务，但其法律地位不允许那些建立它们、控制它们或为其提供资金的单位利用该实体获得收入、利润或其他财务收益。实践中非营利机构由法人或社会实体创建，从事不以获取收入为目的的生产或分配活动。非营利机构的生产活动一定会产生盈余或亏损，但产生的任何盈余都不能分配给其他机构单位。

非营利机构又分为从事市场生产的非营利机构和从事非市场生产的非营利

机构。从事市场生产的非营利机构被归类为公司。从事非市场生产的非营利机构主要分为两类：政府控制的非营利机构和非政府控制的非营利机构。后者是为住户提供服务的非营利机构，其构成一个独立的经济部门。即为住户提供服务的非营利机构（NPISHs），包括没有被政府控制的从事非市场生产的非营利机构。它们向住户部门免费提供或者以无显著经济意义的价格出售货物和服务。

（三）堪培拉专家小组对住户部门核算范围的界定

堪培拉专家小组从核算住户收入与支出流量的角度，把核算单位分为独立个体、住户、广义家庭、核心家庭。

1. 独立个体

独立个体是指不在家庭中的人，即那些独自生活的人，又称一人户。选择家庭作为核算单位会导致的一种情况是，由于家庭的定义不同，会产生一些在不同"家庭"定义下有所不同的个人群体。其中一个群体被称为"不在家庭中的人"的个人群体，可以分为独自生活的人和与其他人一起生活的人。对于那些独自生活的人，在很多国家，无论所使用的家庭的定义如何，这些人都被归类为"不在家庭中的人"。在核心家庭的定义中，有些人可能与同一住宅中的其他人有关，但不是亲子关系，因此也被认为是"不在家庭中的人"。在广义或经济家庭的情况下，"不在家庭中的人"是指那些只在同一屋檐下但没有亲属关系的人。

如果住户是所选择的核算单位，那么不存在类似于"不在家庭中的人"，因为住户的定义包括独居于住所的人，即一人一户。标准的做法是，将所有住户纳入计算，而不论住户的规模。这提出了使用住户作为核算单位进行测度的一个特点。对于家庭，计算中仅包括两个或更多个人的组合。结果是，虽然住户是更具包容性的单位，但平均住户收入比平均家庭收入更小，这是因为住户的计算中包含了一人一户的家庭。

选择"家庭"作为核算单位，其定义会对"不在家庭中的人"产生影响，最明显的在于对诸如家庭最低收入标准、贫困线等阈值的计算。例如，就核心家庭而言，与亲属生活在一起的人（但不是亲子关系）的经济福利将如同他们独自生活那样计算。他们的个人收入可能很低（老年人的情况经常如此），导致他们被错误地计入"穷人"中，即使他们从他们居住的核心家庭的收入分享中获益很大。在经济家庭的情况下也可能发生这种情况。然而，就经济家庭而言，不在家庭但与他人共同生活的人，与这些共同居住的人没有亲属关系，收入分享假设成立的可能性较低，因此，他们的个人收入歪曲其经济福利的可能性较小。

2. 住户

住户是共享住所并且共享食物的人，可能包括与所有其他家庭成员没有血缘关系、婚姻关系或领养关系的人。这对收入分享假设的影响是：在极端情况下，一些家庭成员，如家庭中的某些住户成员（如寄宿生）可能就其收到的服务向其他住户成员付款。其他住户成员可以分享这笔收入（寄宿生的付款），但他们不分享寄宿生的所有收入。很明显，在住户层面，收入分享假设并不总是有效的。另外，存在跨越住户边界的收入分享情况。在许多发展中国家存在重要的大家族，其在国外的家庭成员向国内的家庭成员进行大量收入转移。在发达国家，高收入的老年人家庭往往将收入转移给居住在不同住所的成年子女（或孙子孙女）。住户间分享收入也发生在家庭破裂时，一方（通常是没有子女监护权的一方）向另一方支付孩子的生活费用。

换句话说，如果我们将核算单位定义为那些分享收入的个人群体，将人与住所联系起来，远离父母住所的学生可能会产生类似的问题。与父母住所无关的学生将被显示为非常低的收入群体，一人一户，并且父母住户的经济福利可能被高估。离婚后儿童的共同监护安排同样也会产生上述问题。上述这些情况都显示出，基于常住地定义的家庭会带来一些较难处理的问题。

一般而言，使用住户作为核算单位来描述收入分配可能是更为合适的，同时，以住户为基础也能进一步构建其他更有用的分析单位。这是因为住户拥有共同的住所且定义相对宽松（不需要限定在血缘、收养等关系中）。对于住户而言，汇集或分享收入和支出决定的假设远不如采用家庭作为核算单位时要求的那样严格。

3. 广义家庭

广义家庭通常包括所有与血缘、婚姻或收养关系有关的、分享同一住所的人，通常被称为经济家庭。这样的定义依赖关系（血缘、婚姻和收养关系）来支持收入分享假设。这样的家庭应该显示出以下特征：它应该由两个或两个以上的人组成，其中一人应该达到法定成人最低年龄（一些国家是 15 岁，一些国家是 16 岁），他们通过血缘、婚姻或领养关系相联系。家庭成员应该是这一住所的常住人员，其中依法登记的婚姻和事实上的婚姻具有同等地位。居住在同一住所的所有其他不符合上述特征的人将被定性为独立个体。

经济家庭的成员被假定为是分享收入的，因为他们彼此相关联并选择共享一个住所。只是彼此相关并不足以确保收入分享，因为生活在不同住所的父母和成年子女以及兄弟姐妹等不会被认为是分享收入的。正如前面所指出的那样，在仅仅分享住所的情况下，可能不足以假定其分享收入。

4. 核心家庭

核心家庭被定义为共享住所的父母和未婚子女。有时，定义中包括儿童的年龄限制。

同样，亲属关系和共享住宅支持了收入分享假设。在核心家庭的情况下，亲属关系的性质加强了对收入假设的影响。具体来说，这些家庭中的儿童，特别是某一年龄段的儿童，自己的收入很少或根本没有，因此他们的所有消费都来自父母的收入。

堪培拉专家小组建议采用的分析单位等级，作为收集和提供家庭收入数据的标准，已被大多数国家采用。

表 2 – 1　　　　　堪培拉专家小组对协调核算单位的建议

住所	结构独立的生活场所，从建筑物外部或从内部的公共走廊或楼梯进入私人房间
住户	一个人或同一住所的一群人
家庭	两个或两个以上的人共享住宅单位，并通过血缘、婚姻（包括同性伴侣、法律上的婚姻以及事实上的婚姻）或领养关系相联系。建议在收集数据时，无论亲属关系的性质如何，共同生活的所有亲属应被视为组成一个家庭
独立个体	独居或在住户中但与其他住户成员无关的人
收入单位	在住户内的一个人或一组相关人员，他们掌管并分享收入

考虑到分析单位与收入估计的实际产品之间的关系，堪培拉专家小组认为住户是首选的基本分析单位。

住户部门包括经济中的所有自然人，住户部门中的机构单位由一个人或一组个人组成。根据定义机构单位的标准，非法人企业的所有者的住户单位一般包括该企业，该企业不被视为机构单位（在某些条件下除外）。住户的主要职能是劳动力供给、最终消费，以及作为企业家生产商品和提供非金融（也可能是金融）服务。

二、部分国家对住户核算范围的界定

这里我们主要研究美国、日本、加拿大、印度、新西兰统计部门对住户部门核算范围的界定。

中国住户部门资产负债表编制研究

（一）美国对住户部门核算范围的界定

美国把住户定义为这样一群人：共用生活设施，把成员的部分或全部收入或财产汇集起来使用，集体消费某些货物和服务（主要是住房和食物）。

美国将住户部门主要区分为四类：个体住户（包括家庭）、机构住户、住户中的非法人企业、为住户服务的非营利机构。

（1）个体住户（包括家庭）是指同住在一所房子里的人，包括婚姻型家庭和独居型家庭两类。婚姻型家庭分为夫妇型家庭和单亲型家庭两种形式，独居型家庭又分为男性业主和女性业主两种形式。

（2）机构住户是指永久居住在一个机构中，或者可能被预计在很长时间或无限期的时间内居住在一个机构中的人（如教堂的修女等），他们几乎没有或根本没有行动自治权或相关经济活动的决定权。

（3）住户中的非法人企业，尤其是在存在自由职业者的情况下，其与生产活动相关的其他收入流、转移支付、金融交易等很难从整体住户中分离出来。在这种情况下，非法人企业仍被视为住户的一部分。

（4）为住户服务的非营利机构是指不由政府资助和控制，免费向家庭提供货物和服务的组织，比如教堂、宗教团体、工会和政党。这类住户既是私人非市场生产者，也是独立的法人实体，除了偶尔出售的资源外，其主要的资金来源是住户以消费者身份自愿以现金形式提供的捐款。

美国住户部门的核算范围还包括农场家庭。美国是世界上最大的农场经营者集中地，美国的农业以家庭农场为主，许多合伙农场和公司农场也以家庭农场为依托，因此美国的农场几乎都是家庭农场。美国的农业是在农户家庭经营基础上进行的。因此，美国的住户部门核算特别强调了农场家庭这一类主体。美国农业部经济研究服务局（ERS）将农场家庭定义为农场主要经营者和与之有血亲或婚姻关系的人，该类群体拥有大部分农场权益并从事农场业务。ERS定义侧重于经营农场的家庭对农场业务的所有权和控制权，而不是农场规模或提供的劳动力。该类人员以群体的形式出现，虽然并非传统意义上的住户，但是纳入住户部门进行核算，而不归类为企业。

（二）日本对住户部门核算范围的界定

日本把住户定义为"集体组织"。在日本国民账户体系中，对住户部门的定义为：住户由从事消费和生产活动的小集体组成，包括雇主、雇员和个人独资企业，以及财产收入和转移收入的接受者。在个人独资企业中，除了自营农户等外，还包括拥有房屋的房东［将其记录为从事房地产业务（房屋租赁业务）

的房屋所有者〕。日本统计局的专项调查对住户部门进行了分类，如家计调查将住户分为劳动者住户、个体户住户和其他住户三类，同时还根据户主职业将住户部门细分为 12 个种类（见表 2－2）。

表 2－2　　　　日本统计局家计调查对住户部门的分类统计表

住户分类	职业分类	种类	分类标准	详细列示
劳动者住户	1	长期劳务工作者	长期在政府机关或民间机构从事体力劳动的工作者	工艺工、检查员、制图工、分析工、见习人员、施工人员、印刷工、油漆工、电车司机、汽车司机、航海员、列车员、邮递员、收银员、警卫人员、保安、勤杂工、清洁工、报纸销售员、舞蹈人员、服务员、木匠、飞行员、泥瓦匠、理发美容师、护士、住户助理、保育助手、销售店员、放映员等
	2	临时工和日工	在政府机关或者民间机构以不满 30 天合同被雇用的或者以日薪计酬的主要从事体力劳动的人	
	3	民间职员	在民间的矿山、工厂、公司、商店、医院、学校等工作，包括在日本的有关外国政府机构中主要从事事务性、技术性或管理性工作的人（分类为"7"的除外）	执行董事、会计事务员、一般事务员、采购主任、人事系长、课长、推销员、所长、检察官、法官、船长、高级船员、站长、校长、教师、警察、消防员、（铁路）养路区长、现场监督员、新闻记者、药剂师、厂长、研究人员、机械技术人员、大学助手、电脑等操作员、电话助手、铁路专务列车员、通信员、摄影师、护士、照相师、外交官、设计师、保健师、专业护理人员、护士助手、牙科助手、动物护士、讲师、广播电视播音员、翻译人员、图书馆管理员、速记员等
	4	政府机关工作人员	在政府机关或者公立医院、学校等，或在日本归民间管理的外国政府机构工作，主要从事事务性、技术性或管理性工作的人（分类为"7"的除外）	
劳动者以外的住户	个体户住户	5	商人和手艺人	独立的、小规模（外聘人员 4 人及以下）提供商品制造、加工、销售或服务的业主（分类为"6"的除外）	香烟店主、鱼店主、点心店主、洋货店主、照相馆店主、印染店店主、当铺老板、理发店店主、钟表店店主、小商贩、经纪人、木匠、园丁、公寓经营者、个人出租车司机等
		6	个体工商户	独立的、大规模（外聘人员 5 人及以上）经营商业、工业、服务业等并从事策划管理的人	大商店经营者、大工厂经营者、私立医院经营者、私立学校经营者、珠宝店经营者、餐厅经营者、房地产业经营者等

住户分类		职业分类	种类	分类标准	详细列示
劳动者以外的住户	个体户住户	7	农林渔业从业者	独立从事农作物栽培、收获、蚕、家畜或其他动物的饲养，林木的培育、砍伐、运输，水产动植物采集、养殖等工作的人	农耕作业者、养蚕作业者、养畜作业者、伐木作业者、育林作业者、捕鱼作业者、潜海采集工作者、海草和贝类采集作业者、水产养殖作业者等
		8	法人经营者	在外聘5名以上人员的公司、团体等法人组织（合伙、合资企业，有限责任制，股份制公司等）中的董事。另外，即使是应该分类为"3"、"4"的人，该项下也应包括其中主要从事计划管理、行政事务或监督事务的人	社长、董事、监察员、理事、银行行长、顾问、大臣、长官、事务次官、局长、总裁、知事、副知事、市长、区长、町长、村长、地方公共团体的会计管理者、教育委员等
	其他住户	9	自由职业者	从事以自己的专业技能和知识为内容的个人工作者，但被雇用者除外	律师、注册会计师、私人开业的医生、助产士、建筑师、按摩指压师、僧侣、神职人员、画家、设计师、作家、作曲家、代书士（代人草拟提向行政机关文件）、评论家、插花教授、专家和顾问（对企业经营管理进行分析与指导）等
		10	其他	不属于"1"至"8"分类的人	议员、艺人（歌手、演员等）、模特、职业运动员（棒球选手、自行车选手、相扑选手等）、兼职人员等
		11	无业者	没有职业的人	依靠养老金生活的人、失业人员、住在住户家中的佣人（帮手）、住在营业场所里的职员、住户主妇等
		12	家族产业的从业者	从事家族产业的人	

注：住户分类根据户主的职业进行分类。

资料来源：http：//www.stat.go.jp/data/kakei/2018np/pdf/gy7.pdf.

（三）加拿大对住户部门核算范围的界定

加拿大把住户定义为这样一群人：共享生活住所，把成员的部分或全部收入和财富汇集起来使用，并集体消费一些货物和服务（如住房和食品）。无论其就业地点如何，同一住户的所有成员都被视为拥有相同的居住地。一般来说，每一个住户成员对住户中的集体资源拥有一定的权利，至少某些影响消费或其他经济活动的决定必须由住户成员全体作出。

除了根据上述定义能够界定出的普通住户外，加拿大统计局还把下列三类人员或组织包含在住户部门中。

一是作为机构单位的住户。永久居住在某机构中的人员，或者可预期将在相当长的时间或无限期的时间居住在该机构中的人员，即使只有很少或者没有行动自主权或经济事务决策权，仍要作为该单独机构住户的成员处理。例如，居住在寺院、修道院或者类似宗教机构中的成员；医院（包括精神病院）中的长期住院病人；长期服刑的犯人；长年在养老院中居住的人。但需要注意的是，短期进入医院、诊所、疗养院、宗教静修场所或类似机构的人员，应被处理为他们正常所属住户的成员，如常住在学校、学院或在大学学习的人员以及短期服刑的人员。

二是住户中的非法人企业。按照加拿大统计局的规定，当合伙人对于企业债务承担无限责任时，合伙企业必须被处理为住户部门内的非法人企业。其理由是，住户的所有资产，包括住所本身，在企业破产时都是有清偿风险的。住户成立市场性非法人企业的目的，在于生产能在市场上销售或易货的货物或服务，类似于个体经营的情况。住户的市场性非法人企业也包括那些生产能在市场上销售或易货的货物或服务的非法人合伙企业，合伙人可以来自不同的住户。

三是存在雇用关系的住户。如与雇主生活在同一住所的家政人员，虽然与雇主住在一起，但对雇主住户的集体资产没有主张权利，故被划分为独立于雇主住户的其他住户成员。

除此之外，加拿大住户部门还包括 SNA2008 中认定的部分准公司，其特征是有足够的信息来编制一套完整的财务账目，像一个单独的公司一样运作，与其所有者的关系类似于公司与股东之间的关系。例如，加拿大统计局将法律、会计和建筑等合伙关系企业认定为准公司，归属到住户部门核算，而不是按照 SNA2008 的标准将其归属为非金融或金融企业部门。

（四）印度对住户部门核算范围的界定

印度对住户部门采用最宽泛的定义，包括以下几个部分：（1）个人，即现实生活中严格意义上的住户；（2）非政府性、非公司性企业，如个人独资企业、由个人控制的合伙制企业等；（3）为住户服务的非营利机构，包括宗教社团，社交、文化、娱乐俱乐部，政治性组织，贸易联盟等。其中，严格意义上的住户指共享住所和共同用餐的人群，不包括临时到访者。子女在外求学不居住在家中则不算在其父母的住户中，但长期居住家中的雇工、佣人或付费房客算在雇主的住户中。一般来说，当"共享住所"和"共同用餐"两个标准发生冲突时，以"共享住所"为判断标准。但有种特殊情况：如果一个人与家人一起用餐，但由于住房面积不足而不得不居住他处，则他仍算在这一住户中。在旅店、寄宿公寓、汽车旅馆等地长期居住的每一个人都算作一户（如果是一家人都住在这些地方，则所有家庭成员算作一户）。监狱中服刑的犯人、住院治疗的病人、居住于疗养院的人都算在其最后归属的住户中。

与此同时，以下几类人群不算在住户之中：（1）流动性人口。流动人口指没有常住地的人群。但居住于露天场所、马路边棚区、桥下等固定地方的人群仍算作住户。（2）外籍人士。如果外籍人士有国内佣人，但按照住户定义应划入外籍人士的住户，则不算作国内住户。（3）常年居住于兵营或非法性军事力量营房里的人群。但在营房周围居住的平民（包括现役军队旁边的家属宿舍）算在住户范围内。（4）居住在孤儿院、收容所、静修社、流浪民居的人群。但居住于养老院的人、居住在静修社/汽车旅馆的学生、静修社的工作人员（非尼姑和和尚）、孤儿院的工作人员（非孤儿）算在住户范围之内。

印度在编制国民账户过程中将国内各经济主体划分为私营公司部门、政府部门、住户部门和其他部门四部分，因此，在住户界定方面，需要厘清其与企业、非营利机构之间的关系。

（1）对企业的定义是：从事生产或分销商品（服务）的组织，目的在于通过销售获利，无论是全职还是兼职都算作企业。企业可以由一个或几个住户拥有、运营，也可以由法人（集团）拥有、运营。在统计过程中，企业部门包含法人制股份公司和合作组织两部分：法人制股份公司是指在印度1956年《公司法》（Companies Act 1956）下注册的公司，分为金融性公司和非金融性公司两类；合作组织则主要包括合作性信贷机构和合作性非信贷机构两类。其中，个人独资企业、个人控制的合伙制企业归入住户部门。由以上分析可见，住户部门与企业既有交叉又有区别，边界划分的主要依据是企业的控制人和控制方式。

（2）住户部门与非营利机构同样是既有交叉又有区别。具体来说，非营利机构如果从事市场生产，应归入公司部门；如果从事非市场生产且受政府控制，则应归入广义政府部门；剩下的非营利机构就称为为住户服务的非营利机构，它们全都免费提供或者以无显著经济意义的价格出售货物和服务，这类部门归入住户部门。

印度住户部门包含严格意义上的住户、非政府性非公司性企业、为住户服务的非营利机构三类。对住户先按照农村住户和城市住户加以区分，再进一步进行粗分和细分。

粗分以职业为依据，即农村住户分为农耕住户和非农耕住户，城市住户分为个体经营户和其他住户。农耕住户是指在统计日之前的 365 天里耕种了至少 0.002 公顷土地的农村家庭；非农耕住户是指没有耕种土地或者耕种土地面积小于 0.002 公顷的农村家庭。个体经营户是指经营自己的农业企业或非农业企业的人群，如果在统计日之前的 365 天里，城市住户的主要收入来源为家庭成员自己经营所得，那么该住户归入个体经营户；除个体经营户以外的城市住户归为其他住户。

细分以住户在统计日之前 365 天里的主要收入来源为依据，且只有来源于经济性活动的家庭收入才纳入考察范围，佣人和付费房客的收入不在考察范围内。据此，农村住户可分为农业/非农业个体经营户、有固定工资收入的住户、农业/非农业临时工、其他。具体定义如下：

（1）农业/非农业个体经营户是指经营自己的农业或非农业企业，或独立从事某一职业，或进行自营贸易的人。个体经营户的收入包括不可分割的两部分：劳动报酬和企业利润。这两部分收入来源于个体经营户的销售收入与采购成本和其他成本的差值。

（2）有固定工资收入的住户是指在非自家经营的农业或非农业企业中工作并且定期获得工资的住户。

（3）农业/非农业临时工是指在非自家经营的农业或非农业企业中工作，并按日结算报酬，或者签订定期工作合同的人群。如在统计日之前的 365 天里，住户收入主要来源于家庭成员的临时打工收入，那么该住户归入"临时工"住户。

（4）不能归入以上类别的住户均归入"其他"。

（五）新西兰对住户部门核算范围的界定

新西兰统计局对住户的定义为：共享生活设施、集中其部分或全部收入和财产，并共同消费一些货物和服务（主要是住房和食品）的一群人。一个住户单位可能包含一个或多个家庭以及除家庭之外的其他人，也可能没有家庭，如生活在一起的不相关的人，但不包括非私人住宅的人群，如招待所、养老院和医院（养老院内的服务式公寓算作私人住宅）。

新西兰统计局在核算过程中将非法人企业划分为企业部门，仅将企业家的收入计入家庭账户，非法人企业的未分配利润（储蓄）则计入企业部门。当住户自营的非法人企业的净收入与住户其他收入混合时，则将该净收入作为转移计入家庭所有者。

新西兰统计局以住户构成为标准对住户进行分类，其中住户构成是指住户中人与人之间的关系。具体来看，住户分类的一级标准是人数，二级标准是家庭数量，三级标准是亲属关系。按照这一原则可将住户分为一人住户、家庭住户、亲属住户、复合住户和其他五种类型（见图2-1）。

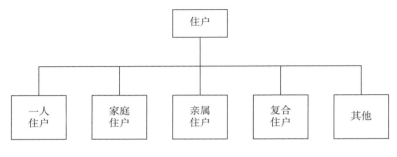

图 2-1　新西兰统计局对住户的分类

三、部分国家对住户核算范围的界定小结

关于住户部门核算的范围，通过对国际文献和各国核算实践的分析研究，我们可得出如下初步结论：一是住户是指自然人的组合，它的主体为自然人；二是住户与住宅、家庭相联系，如何平衡三者之间的关系是研究住户及住户部门核算范围需要考虑的关键要素；三是尽管各国对住户的定义基本一致，但对于住户的成员构成，各国根据本国国情界定核算的具体范围，但有些国家并未清晰地加以界定；四是住户部门基本经济功能包括生产、消费和投资；五是住户部门的核算范围不尽相同，有的既包括非法人企业，也包括家庭独资企业、农场和为住户服务的非营利机构；有的则把非法人企业划分为企业部门。

第二节　我国对住户部门核算范围的界定

我国对住户部门核算范围的界定集中体现在政府有关部门制定的文件和学术界的研究文献方面。

一、我国有关部门对住户部门核算范围的界定

我国有关部门对住户部门的界定主要是指我国政府职能部门从各自职责的角度出发对涉及住户部门经济活动作出的规定。这里我们主要研究统计、公安、司法、民政、市场监管等部门下发的与住户核算范围相关的文件法规等。

（一）有关部门对与住户相关联的户口和家庭的界定

住户与户口相联系，一般一个住户为一户。《中华人民共和国户口登记条例》规定，中国公民、居住在中国境内的外国人和无国籍人都要到公安部门履行户口登记手续。户口登记以户为单位。同主管人共同居住一处的立为一户，以主管人为户主。单身居住的自立一户，以本人为户主。居住在机关、团体、学校、企业、事业等单位内部和公共宿舍的户口共立一户或者分别立户。公民应当在经常居住的地方登记为常住人口，一个公民只能在一个地方登记为常住人口。被征集服现役的公民和被逮捕的人犯，注销户口。常住人口一般指全年在家或者在家居住时间 6 个月以上的居住人口。常住人口的经济和生活与本户连成一体。外出从业人员在外居住时间虽然在 6 个月以上，但收入主要带回家中，经济与本户连为一体，仍视为家庭常住人口。

住户与家庭有联系，一般一个家庭为一个住户。《中华人民共和国民法典》规定，配偶、父母、子女和其他共同生活的近亲属为家庭成员。亲属包括配偶、血亲、姻亲。近亲属包括配偶、父母、子女、兄弟姐妹、祖父母、外祖父母、孙子女、外孙子女。

民政部、国家统计局发布的《关于进一步加强农村最低生活保障申请家庭经济状况核查工作的意见》对共同生活家庭成员的定义为：主要包括户主、配偶、父母、未成年子女（含在校接受本科及以下学历教育的成年子女），以及其他具有法定赡养、扶养、抚养义务关系并长期共同居住人员；监狱服刑人员、连续 3 年以上（含 3 年）脱离家庭生活的宗教教职人员不计入共同生活家庭成员。

从户口登记管理与住户核算关系的角度看，有以下几个重点：一是强调住宅，无论是私有住宅还是公共宿舍，这是户口登记的重要条件；二是户口人员的居住时间，对外国人和无国籍人士更为重要；三是现役人员和服刑人员不包括在内。从住户核算的角度看，现役人员、服刑人员均应纳入住户核算的范围之内；在校学生的户口发生迁移，但还应在原住户核算。

从家庭与住户的关系看，我国家庭可分为广义家庭和狭义家庭：广义家庭

主要是指姻亲和血亲形成的大的家族，不强调住在一起；狭义家庭是指住在一起的姻亲和血亲形成的家庭，与住户的含义更接近。

（二）国家统计部门对住户的界定

我国国家统计部门对住户的定义与其他国家一样，分为微观调查的定义和宏观核算的定义。

国家统计部门在其制定的《住户收支与生活状况调查方案》中对住户定义为：居住在一个住宅内、共同分享生活开支或收入的一群人。而住宅是指人工建造的，有墙、顶、门、窗等结构，有独立入口，供人居住的房屋或场所，既包括单元房、筒子楼、平房、四合院、独栋别墅等普通住宅，也包括工棚、工厂的集体宿舍、餐馆、发廊以及办公室。居住在同一住宅内、不共同分享生活开支的人群，每个人都应视为一个住户。在家保姆、住家家庭帮工视为单独的住户。

根据居住的状态，可将住户分为家庭居住户和集体居住户。家庭居住户指的是以家庭成员关系为主，居住在同一住宅内，共同生活的住户；集体居住户指的是相互没有家庭成员关系，居住在同一住宅内，不共同分享生活开支，独立生活的住户。住户成员包括供养的在外学生，未分家的农村外出从业人员和随迁家属，轮流居住的老人，因探亲访友、旅游、住医院、培训或出差等临时外出的人员；不包括寄宿者、住家保姆和住家家庭帮工，已分家的子女、出嫁人员、挂靠人员，不再供养的在外学生，服役军人，服刑人员等。

国家统计部门在其制定的《中国国民经济核算体系（2016）》中将住户和住户部门定义为：住户是指共享生活设施，共同使用部分或全部收入和财产，共同消费住房、食品和其他消费与服务的常住个人或个人群体。住户部门既是生产者，也是消费者和投资者。作为生产者，住户部门包括所有农户和个体经营者，以及住户自给性服务的提供者。所有住户组成住户部门。

我国统计部门无论是微观调查还是宏观核算对住户部门的定义都与国际标准一致，但在核算范围的确定及分类上，还需要更细致一些。

（三）有关部门对农户和个体户的界定

对住户的定义也涉及农村承包经营户、农业专业合作社、个体工商户等非法人企业。

《中华人民共和国民法典》第五十五条规定：农村集体经济组织的成员，依法取得农村土地承包经营权，从事家庭承包经营的，为农村承包经营户。

《中华人民共和国农民专业合作社法》第一章总则第二条对农民专业合作社

进行了简要的定义，包括两方面内容：一方面从概念上规定合作社的定义，即农民专业合作社是在农村家庭承包经营的基础上，同类农产品的生产者或者同类农业生产经营服务的提供者、利用者，自愿联合、民主管理的互助性经济组织；另一方面从服务对象上规定农民专业合作社的定义，即农民专业合作社是以其成员为主要服务对象，提供农业生产资料购买，农产品的销售、加工、运输、储藏以及与农业生产经营有关的技术、信息服务的互助组织。

个体工商户又称个体经营户或个体户。《个体工商户条例》规定，有经营能力的公民，依照个体工商户条例规定经市场监管部门登记，从事工商业经营的，为个体工商户。个体工商户可以个人经营，也可以家庭经营。

《中华人民共和国民法典》第五十六条规定：个体工商户的债务，个人经营的，以个人财产承担；家庭经营的，以家庭财产承担；无法区分的，以家庭财产承担。即：以个人名义申请登记的个体工商户，个人经营、收益也归个人者，对债务负个人责任；以家庭共同财产投资，或者收益的主要部分供家庭成员消费的，其债务由家庭共有财产清偿；在夫妻关系存续期间，一方从事个体工商户经营，其收入作为夫妻共有财产者，其债务由夫妻共有财产清偿；家庭全体成员共同出资、共同经营的，其债务由家庭共有财产清偿。

我国非法人企业中的个体工商户，从国民经济核算的角度来看，可能介于非法人企业与准公司之间。按照 SNA2008 的标准，非法人企业是指不在有关部门登记注册的企业。如果非法人企业拥有编制全套账户的充分资料，如同独立公司一样运作，且事实上它与所有者的关系就像公司与股东的关系一样，SNA 把它称为准公司。准公司应该与公司一样，纳入公司部门的核算范围。我国个体工商户要登记注册，并且每年都要年检，提供一整套资料，这符合将其纳入准公司核算范围的要求，但它又不是独立的经济实体，是非法人企业。

二、我国学术界对住户部门核算范围的界定

《中国住户调查年鉴》每年公布全国居民收支与生活状况主要数据。国家统计局曾于 1990 年、1996 年和 2002 年对全国城市居民住户财产状况进行了抽样调查，但仅核算住户部门的交易流量，没有核算存量。中国人民银行从 2004 年开始，根据资金流量表编制我国的资金存量表，并据此测算住户部门的金融资产和负债。商业银行等金融机构从商业和市场调查的角度，也实施了一些家庭财产调查，有的对外公布过调查结果。

学术界对住户核算的研究，多集中在 SNA 账户体系下住户部门无偿服务的

生产、住户生产核算的基本范畴与方法、非法生产和地下生产、住户成员时间使用现状等方面。例如，曾五一（2005）提出，无偿服务是社会福利的重要组成部分，人类劳动的相当一部分被用于无偿服务的生产，将此纳入核算可以更加全面地反映全社会的生产劳动成果和经济福利。李金华（2008）根据中国国民经济核算实际，依据联合国标准，界定了住户生产核算中住户的概念、核算主体和核算范围，在此基础上探讨了住户生产核算中综合账户、综合矩阵的设计思想和结构，勾勒了中国住户生产核算的基本框架。西南财经大学中国家庭金融调查与研究中心（CHFS）调查并发布中国城镇家庭资产指数、中国城市家庭财富健康报告、中国家庭金融资产配置风险报告等，中国社会科学院在编制国家资产负债表的同时也编制了家庭部门资产负债表。

还有一部分学者对住户核算范围的界定侧重于生产方面。林玉伦（2009）认为，住户部门事实上是指所有常住住户以及长期住在医院、监狱、学校等机构的人所组成的机构住户。一般来说，每个住户成员都有权利享有住户的共同资源，能够至少影响由整个住户作出的关于消费或其经济活动的一些决策。在国民经济核算体系中，住户部门被分为机构单位住户和生产者住户两部分。机构单位住户是指永久住在某些机构或预期将在一个机构中居住很长时间或无限期居住的人，且他们对于经济事务方面的行为或决策很少或没有自主权；生产者住户是指非法人企业，包括住户非法人市场企业和为自身最终使用而生产的住户企业，主要表现形式为个体工商户。

韩中（2015）认为，住户通常与我们所谓的家庭是一致的，但对于家庭所属的住户成员，若其属于机构住户的范畴，即永久居住或预期在某个机构中居住很长时间或无限期居住的成员，对通常所属住户经济事务方面的行为或决策很少或没有自主权，应将其排除在住户成员之外。同时，住户部门还包括由住户成员个人或合伙拥有的但还没有达到法人性质的非法人市场企业。

李金华（2011）认为，住户核算的主体是住户，但不同国家、不同地区住户概念的内涵和外延是有区别的。SNA2008 定义：住户是指一群人分享同样的生活设施，如住所、游泳池、其全部或部分的收入与财富，消费某些类型的货物和服务（主要是住房和食物等）。住户内涵的界定是住户核算内容划定的前提，2007 年联合国经济和社会事务部、统计司编制的《编制时间使用统计指南：计量有酬和无酬工作》就根据这一定义划定了住户生产活动的范围：住户部门为最终自身使用而进行的生产活动。住户的外延体现为住户的分类。根据住户的收入、经济地位、地域特征等，SNA2008 将全部住户划分为农村住户和城镇住户两个大类。根据 SNA 的准则，可以将中国住户划分为农村住户和城镇住户两大类。农村住户是指长期（通常一年以上）居住在乡镇（不包括在城关镇行政管理区域）内的住户，它包括长期居住在城关镇所辖行政村范围内的农村住户。户口不在本地而在本地居住一年以上的住户也包括在本地农村常住范围内；有本地户口但举家外出谋生一年以上的住户，无论是否保留承包耕地都不包括在农村住户范围内。城镇住户是指中国城镇内的所有住户。城镇是指在中国市镇建制和行政区域的基础上确定的城区和镇区。城区是指街道办事处、市辖区政府驻地和不设区的市政府驻地所辖的居委会地域，以及具有城区基本特征的村民委员会地域，具体包括：户口在本地的常住非农业户，户口在本地区的常住农业户，户口在外地、居住在本地区半年以上的非农业户，户口在外地、居住在本地区半年以上的农业户。

三、需要深入探讨的问题

（一）进一步清晰界定住户部门核算范围

界定住户部门的核算范围，首先要界定住户机构单位的核算范围。在现实核算中，住户部门的核算范围与住户机构单位的核算范围不尽一致。如我国的微观调查中住户机构单位的成员，并不包括住户的现役军人和服刑人员；但在宏观经济核算中，住户部门不可能不包括这两部分人员。尽管微观调查和宏观核算的重点不同，核算范围可能有所差别，但应尽量使二者的核算范围一致。若二者核算范围不一致，就会出现微观调查的数据与宏观核算的数据不尽一致的情况。

（二）进一步对住户进行分类

对住户进行分类的目的是清晰界定住户部门核算的范围和满足对住户结构分析的需要。在可能的情况下，对住户的分类越细，越有利于对住户进行结构分析。SNA2008 从生产、消费、收入及使用参考人的角度对住户部门进行分类，划分为不同的子部门。

SNA2008 从生产角度将住户部门分为机构住户、拥有法人企业住户和一般住户。机构住户是永久居住在某机构的人员，或者可预期将在相当长时间或无上限时期内居住在该机构的人员，即使只有很少或者没有行动的自主权或经济事务的决策权，仍要作为该单独机构住户的成员来处理；拥有非法人企业的住户是指从事生产，但不具备法人企业登记注册条件的住户；一般住户是指除机构住户和拥有非法人企业住户以外的住户。

SNA2008 从消费角度对住户进行分类，即根据住户消费模式对住户进行分类，而消费模式又与收入水平相联系。

SNA2008 从收入角度对住户进行分类，根据住户收入来源的性质，分为雇主、自雇工作者、雇员和财产收入及转移收入接受者四类。最后一类又可分为财产收入接受者、养老金接受者和其他转移收入接受者。

SNA2008 使用参考人对住户进行分类，是指在一般住户中，通常要为每一住户确定一个参考人。这个参考人不一定被一般住户成员视为户主，因为这个参考人应由经济的重要性而不是年龄或者尊卑级别来决定。一旦参考人确定，可用参考人的职业、从事工作的行业、受教育程度、拥有的资产或技能等标志对住户进行分类。

我国是拥有传统文化的多民族的发展中国家，已进入老龄化社会，城乡呈现二元结构。根据我国国情，参考国际上对住户分类的一般原则，结合我国对住户分类的实践，对住户分类进行深入研究，既是高质量开展住户部门核算的需要，也是高质量开展宏观分析的需要。

（三）为住户服务的非营利机构的核算

《中国国民经济核算体系（2016）》把"为住户服务的非营利机构"作为机构部门单列出来，但没有制定单独的核算方案。要不要像有的国家那样把它作为住户部门的一部分，还需要探讨。

第三节　对我国住户部门核算范围的研究

对我国住户部门核算范围的界定，既需要从宏观上划清住户部门核算与其他部门核算的界限，又需要从微观上体现住户部门核算的特征；既要遵循国际规则，又要符合中国实际，还要满足我国宏观经济核算与分析的需要。

一、我国住户的定义和分类

清晰界定住户的核算范围，既是界定住户部门核算范围的基础，又是分析住户结构的需要。下面我们主要从微观方面研究住户部门机构单位的定义和分类，以期完整界定住户部门的核算范围。

（一）我国住户的定义

我们认为，住户可以定义为居住在一起共同从事消费、生产和投资活动的一群自然人的组合。它包括一人户、居住在一起的家庭成员以及长期居住在机构的自然人等。

住户核算的对象是自然人，即使住户包括非法人企业，甚至包括个人独资企业，它核算的对象仍然是自然人。只不过他雇用的人员的核算纳入另一个住户而已。

住户核算的内容主要包括收入和支出，但这些收入和支出不仅限于维持消费的收入和支出，还包括经营方面的收入和支出以及投资支出和投资收入等。住户部门核算的内容是生产、消费和投资。

在我国，通常把住户与家庭并列。无论是制度的规定还是学术研究都赋予二者相同的含义。有的研究家庭金融实际上是研究住户金融。我国的住户调查有的称为家计调查。它的前提是，这里的家庭是狭义家庭，是共同生活家庭，与住户差异不大。二者既有共同点，又有差别。共同点是都具有经济功能，但侧重点和含义并不完全相同。家庭注重社会方面，是一种以婚姻、血缘或收养等关系为基础而形成的社会生活单位，是人类最基本、最重要的一种制度和群体形式，具有抚养儿童、供养老人、经济合作的功能。住户注重经济方面，是由自然人组成的共同消费、共同生产和投资的基本单元。家庭包括在住户中，但住户还包括单人住户。随着社会生活的变化，出现了"共居"的生活单位，如单身共同租房、租车，共同分摊一些生活费用，有的未婚同居时间较长等。在核算中，住户比家庭的概念更精准些。

住户与企业机构单位相联系。构成住户部门的自然人是企业雇员的提供者。企业要为雇员支付薪酬和部分社会福利。即使个体住户单位是个体工商户，它也像其他企业一样，雇用其他住户成员。此外，住户与企业机构单位还存在存贷和投资的融资关系。

住户与政府机构单位相联系。政府机构单位除给住户支付薪酬外，还提供养老金等社会福利和社会服务。

住户之间也存在着雇用、投资和借贷关系。

住户与非居民（国外）也存在着货物交易和金融交易的经济关系。

（二）我国住户的分类

对住户进行分类是为了更好地研究住户的构成。我国住户通常按城乡、住户的文化程度、就业类型、就业行业、收入水平等标志进行分类，这虽然满足了一些社会调查的需求，但并没有对住户从生产和消费的角度进行分类，还不能完全满足国民经济核算的需要。比如，从生产的角度对住户进行分类，将住户划分为机构住户（居住在寺院、修道院或类似宗教机构的成员，长期住院的病人，长期服刑的犯人，久居养老院的老人）、非法人住户、一般住户，这样有利于识别他们与生产活动的关系。再比如从收入的角度划分，住户部门可以分为雇主、自雇工作者、雇员、财产收入及转移收入接受者（财产收入接受者、养老金领取者、其他收入接受者），这不仅覆盖了所有住户，还可以分清住户收入的来源结构。

二、我国住户部门的核算范围

住户部门是住户单位的合并。在住户部门核算特别是编制住户部门资产负债表时要冲销掉住户之间的资产和负债往来。住户部门核算范围界定的重点是，确定住户部门与其他经济部门核算的界限，以及住户部门的核算特征。

（一）住户部门与其他经济部门核算的界限

国民经济核算通常把经济整体划分为金融公司部门、非金融公司部门、政府部门、住户部门、为住户服务的非营利机构部门和国外部门。界定住户部门核算范围，首先需要从宏观方面清楚划分住户部门与其他经济部门核算的界限。

首先，要界定住户部门与国外部门核算的界限。国外部门核算是站在国外的角度核算常住单位与非常住单位的经济活动。常住单位是指在一国的经济领土具有经济利益中心的机构单位，反之则是非常住单位。住户部门核算的是常住单位具有住户特征的机构单位。我国具有住户特征的常住单位有：（1）在中国（不含中国香港、澳门、台湾地区）境内居留一年以上的自然人，不包括外国及中国香港、澳门、台湾地区在境内的留学生、医务人员，外国驻华使领馆外籍工作人员及其家属；（2）中国短期出国人员（在境外居留时间不超过一年）、在外留学人员、就业人员及中国驻外使领馆外籍工作人员及其家属。上述这些住户与国内各经济部门的交易及住户部门内部的交易都在住户部门核算。住户部门与国外的公司、非营利机构、个人或家庭等交易在纳入住户部门核算的同时，也纳入国外部门核算。

其次，要界定住户部门与政府部门核算的界限。政府部门核算的是政府单位的交易。政府单位是通过政治程序设立，具有对其他单位行使立法、司法或行政权的法律实体。我国广义政府单位包括行政司法单位、事业单位、政府控制的非营利机构。这些机构单位核算的内容有财政收入与支出、转移收入、非市场生产等。住户部门与政府部门的交易有税收、工资、转移支付等。这些交易可同时在两个部门核算，即一个部门的收入，如政府部门的税收收入构成了另一个部门的支出，即住户部门的税收支付；一个部门的支付，如政府部门的工资支出构成了另一个部门的收入，即住户部门的工资收入。政府还为住户部门提供了社会福利。

再次，要界定住户部门与为住户服务的非营利机构部门核算的界限。非营利机构部门核算的是非营利机构的交易。如前所述，非营利机构是由法人或社会实体创建的，从事不以获取收入为目的的生产或分配活动的法律或社会实体，非营利机构的生产活动一定会产生盈余或亏损，但产生的任何盈余都不能分配给其他机构单位。非营利机构可能从事市场生产，如企业的商会、同业公会、雇主组织、研究或测试实验室等，它们所从事的活动服务于控制它们、向它们提供资金的企业的共同利益，一般划归为企业的范围。非营利机构从事非市场生产且为政府所控制划归为政府的范围；其余的就成为为住户服务的非营利机构，它们基于非市场原则向有需要的住户提供货物和服务。我国在国民经济部门划分上，实际上是把为企业服务的非营利机构划归到企业部门，把政府出资的民间非营利机构划归到广义政府部门。我国虽有为住户服务的非营利机构的分类，但还没有开展相应的核算工作。事实上我国存在着为住户服务的非营利机构，如注册的或没有注册的基金、寺院、类似协会的组织等。对住户部门与为住户服务的非营利机构的核算界限需要进行详细的探讨。

最后，要界定住户部门与企业部门核算的界限。国民经济核算的企业要比法律意义的概念更为宽泛。企业是以货物和服务生产者或提供者的形象出现的机构单位。"企业"这一术语可以指公司、准公司、非营利机构和非法人企业。公司是从事市场生产、能够为其所有者创造收益、独立承担有限责任的法律实体。准公司是针对政府、住户、非常住单位从事市场生产且具备编制全套账户资料的非法人企业，一般列入公司范围。非法人企业是从事市场生产的非公司的总称。它不能以机构形式开展交易，只能以个人名义承担债务。我国住户部门从事市场生产，若能提供完整的账户资料，且为独立的经济实体，则划归为企业范围；否则划归为非法人企业。

（二）我国住户部门的核算特征

确定住户部门核算范围还需要考虑住户部门的经济目标和功能、行为方式和核算属性等方面。

首先，分析住户部门的功能。住户部门的主要功能是提供劳动力，进行最终消费，充当企业主，生产市场需要的货物和服务。为国民经济各部门提供劳动力，这是住户部门有别于其他部门的显著特征，即国民经济各部门涉及人员的核算，最后都要归结到住户部门；进行最终消费也是住户部门的一个显著特点，住户是由自然人构成的，自然人的消费、财政的公共消费以及为住户服务的非营利机构的消费一起构成了国民经济整体的最终消费；充当企业主，生产市场需要的货物和服务并不是住户部门唯一的特点，因为住户部门只有达到一定的条件，如具备编制整套账户的资料等，才可以划归为企业。国民经济核算是对国民经济运行的描述，现实经济中存在着从事市场生产又达不到企业标准的住户部门的非法人企业，且这些生产活动所用生产资料与生活资料很难分清，故把这些非法人企业划归到住户部门。我国住户部门从整体来看既是消费者，又是生产者，还是投资者。我国存在着二元经济，一般来说，农村每一住户就是一个生产单元。非法人企业的生产经营活动成为我国住户部门核算的重要内容。

其次，分析住户部门的行为方式。住户作为消费者，要有收入，要支付消费；作为生产者，要具备生产货物和提供服务所需的生产资料，要对生产什么产品和提供什么服务作出决策；作为集消费者和生产者于一体的组合，住户拥有资产和发生负债。住户的生产和生活持续下去，是在一定的行为方式下进行的。住户的行为方式与政府的政治程序安排和企业的所有者与经营者分离的机制不同。住户由不同年龄、不同收入水平、不同规模的自然人所组成。受传统、宗教、教育、历史及其他因素的影响，每个住户的行为方式不同。同样是一个住户，它在不同时间段，其行为方式可能也有所变化。但住户部门行为方式的基本特点是：共同生活，集体决定。也正是因为这个行为方式的特点，有的国家如日本把住户定义为"小集体"。我国是一个多民族的国家，每个民族都有优秀的传统文化，因此住户的行为方式具有多样性，但在行为方式上还是有共同点的。

最后，分析住户部门的核算属性。部门核算的基础是机构单位，而机构单位主要有两类：一类是以住户形式出现的个人或一群人，另一类是法人或社会实体。住户若由多人组成，因为拥有的资产和发生的负债由住户成员共同分享或承担，个体成员会把获得的部分或全部收入汇集起来共同分享，支出决策也是由集体作出的。所有住户中的单个成员不能作为机构单位来对待，而应把住户整体作为机构单位。

住户机构单位不具有法人或社会实体的属性。法人或社会实体是指被法律或社会承认的独立于拥有或控制它的自然人或其他实体而存在的实体。我国住户部门的这些机构单位的属性总体上通过正规安排是能够识别的。

三、对住户部门核算范围的建议

（一）宏观经济核算与微观统计调查对住户核算的范围尽量一致

无论是权威部门还是学术界现行对住户部门的核算范围至少漏掉了两部分人员：具有外籍身份的居民和部队的官兵。从国民经济核算的角度看，凡涉及个人经济活动，无论是在哪类住户核算，都会在住户部门进行核算，因此部队官兵个人的收入及外资企业外籍人员的收入，都是住户部门收入的组成部分。若微观调查范围不包括这部分人员，显然与宏观核算的范围不一致，调查出的数据也不可能一致。建议重点详细研究微观调查中住户部门的核算范围，使其与宏观核算范围尽量一致。

（二）要进一步明确居民住户与非居民住户的界限

我国的现实情况是：一方面，我国居民住户在国外购买房地产、汽车等耐用消费品，在核算这些住户的资产时，主要核算他们在国内的资产；另一方面，非居民住户特别是华侨在国内购买房地产、汽车等耐用消费品，我们在宏观核算住户耐用消费品时，需要将这些耐用消费品从住户部门中扣除。另外，还有一些华侨和留学生在国内生活多年，已经是事实上的居民住户。建议通过抽样调查进一步完善居民住户与非居民住户的核算界限，并制定相应的统计核算制度。

（三）住户部门的分类可进一步细分

一是与国际接轨，把现行的常住从业人员就业类型与收入来源相结合，完善住户收入来源分类。住户就业人员只是住户成员的一种类型，但它不是全部，如有的住户以财产收入为主，有的以领取养老金为主，有的以接受其他转移收入（领取救济金等）为主。应该说住户的收入来源可以包括住户的就业类型，但住户的就业类型却不能反映住户收入来源的主要渠道。对住户收入来源的分类要与国民经济核算中的分配核算相衔接，同时这也是现实核算的需要。

二是从生产的角度对住户进行分类。我国住户部门拥有庞大的非法人企业，如个体工商户、生产合作社和出租自有住房等其他自营体等，把这部分住户从机构住户和其他住户中划分出来单独核算，既有利于与国民经济核算中的分配核算相衔接，又可反映住户部门在生产中的作用。

（四）划分出"为住户服务的非营利机构"并与住户部门一并核算

为住户服务的非营利机构具有独特的行为：它可以从事营利和非营利活动，但不可以成为其所有者的收入、利润或资金收益的来源。也正是考虑到它的独特行为，国际上把它列为国民经济核算六大部门之一。近年来，我国社会组织发展较快，为住户服务的非营利机构大幅增加，有的是注册过的，如民间慈善组织、民间基金会等。把"为住户服务的非营利机构"作为一个经济部门来核算，既与国际接轨，可以进行国际比较；又可以反映这一部门在国民经济中的作用，显示出发展这一部门的重要意义。把"为住户服务的非营利机构"作为一个经济部门来核算，国际上有两种方式：一种是SNA2008把"为住户服务的非营利机构"作为国民经济核算六大部门之一单独核算；另一种是国际货币基金组织在《货币与金融统计手册和编制指南（2016）》中规定，在编制金融统计报表时，把为住户服务的非营利机构与住户部门合并成一个部门进行核算。欧洲绝大部分国家采取这种分类核算方式。我国可以借鉴这种方式建立为住户服务的非营利机构核算部门。

参考文献

［1］联合国，等．国民账户体系2008［M］．中国国家统计局国民经济核算司，中国人民大学国民经济核算研究所，译．北京：中国统计出版社，2012.

［2］杜金富，等．货币与金融统计学［M］．4版．北京：中国金融出版社，2018.

［3］杜金富．政府财政统计学［M］．北京：中国金融出版社，2008.

［4］陈共．财政学［M］．北京：中国人民大学出版社，2001.

［5］赵宇，李冰．新编西方财政学［M］．北京：经济科学出版社，2002.

［6］中华人民共和国户口登记条例［M］．北京：中国民主法制出版社，2008.

［7］中华人民共和国民法典［M］．北京：中国法制出版社，2020.

［8］民政部　国家统计局关于进一步加强农村最低生活保障申请家庭经济状况核查工作的意见［EB/OL］.（2020－01－21）［2021－08－02］http：//zyzx. mca. gov. cn/article/zyzx/shjz/202001/20200100023299. shtm.

［9］国家统计局．住户收支与生活状况调查方案［EB/OL］.（2021－03－16）［2021－08－02］http：//www. stats. gov. cn/tjsj/tjzd/gjtjzd/202103/t20210316_1814951. html.

［10］国家统计局．中国国民经济核算体系（2016）［M］．北京：中国统计出版社，2017.

［11］中华人民共和国民法总则　中华人民共和国民法通则［M］．北京：法律出版社，2017.

［12］中华人民共和国农民专业合作社法［M］．北京：中国法制出版社，2018.

［13］个体工商户条例［EB/OL］.（2016－02－06）［2021－08－02］https：//baike. baidu. com/item/% E4% B8% AA% E4% BD% 93% E5% B7% A5% E5% 95% 86% E6% 88% B7% E6% 9D% A1% E4% BE% 8B/9518570？fromtitle = % E4% B8% AA% E4% BD% 93% E5%

B7％A5％E5％95％86％E6％9D％A1％E4％BE％8B&fromid = 15470072&fr = aladdin.

［14］曾五一．无偿服务核算研究［J］．统计研究，2005（6）：44 – 47.

［15］李金华．中国住户生产核算的范式设计与理论阐释［J］．统计研究，2008，25（9）：57 – 63.

［16］林玉伦．中国住户生产核算相关问题研究［J］．统计研究，2009，26（6）：66 – 72.

［17］韩中．住户无偿服务生产时间分配差异及其影响因素研究——基于时间利用调查微观数据的经验分析［J］．金融评论，2015，7（4）：45 – 55 + 125.

［18］李金华，李仓舒．"SNA2008"对中国住户核算理论的若干启示［J］．经济学动态，2011（11）：31 – 35.

［19］IMF. Monetary and Financial Statistics Manual and Compilation Guide 2016［M］. Washington，DC：International Monetary Fund，2016.

［20］The Canberra Group. Expert Group on Household Income Statistics：Final Report and Recommendations［M］. Ottawa，2001.

［21］A. Ouanes，S. Thakur. Macroeconomic Accounting and Analysis in Transition Economies［M］. IMF，1997.

第三章　为住户服务的
非营利机构的核算范围

为住户服务的非营利机构是国民经济部门的组成部分。本章将从国际和国内两个视角对为住户服务的非营利机构的核算范围进行研究，着重分析我国为住户服务的非营利机构核算的发展现状，并提出相应的建议。

第一节　国际上对为住户服务的非营利机构
核算范围的界定

国际上对为住户服务的非营利机构核算范围的界定集中在国际文献和主要国家实践经验两个方面。

一、国际上有关文献对为住户服务的非营利机构核算范围的界定

在国际文献中，SNA2008 和国际货币基金组织对为住户服务的非营利机构核算范围进行了界定。

（一）SNA 对为住户服务的非营利机构核算范围的界定

SNA2008 定义非营利机构（NPI）为这样一类法律或社会实体：其创建目标虽然也是生产货物和服务，但其法律地位不允许那些建立它们、控制它们或为其提供资金的单位利用该实体获得收入、利润或其他财务收益。实践中非营利机构由法人或社会实体创建，从事不以获取收入为目的的生产或分配活动。非营利机构的这些生产活动一定会产生盈余或亏损，但产生的任何盈余都不能分配给其他机构单位。

SNA2008 提出非营利机构的主要特征包括：第一，非营利机构是指按照法律程序成立的法律实体，被承认独立于成立它、向它提供资金、控制或管理它的个人公司或政府单位而存在；第二，许多非营利机构的控制者是团体，团体的成员拥有平等的权利，包括对所有影响非营利机构事务的重大决定有平等的投票权，成员对非营利机构的运营承担有限责任；第三，不存在对非营利机构

的利润或权利具有索取权的股东，所有成员都无权分享非营利机构通过生产活动创造的任何利润或盈余，这些利润要留存在非营利机构中；第四，非营利机构的政策决定权通常归属于一组管理人员、理事会或类似的团体，它们是全体成员以简单多数原则投票选出来的，这些管理人员相当于公司董事会中的董事，并负责任命付酬的经理人员；第五，控制非营利机构的团体的任何成员都不可以从其运营中获得财务利益，也不能将其所挣得的任何盈余划归己有，但这并不意味着非营利机构不能通过其生产获得营业盈余。

在这些特征中，有一个显著特征可用于识别非营利机构，那就是非营利机构的地位要求，设立、控制或资助它的单位不能将它作为获取收入、利润或其他经营收益的来源。非营利机构可以产生利润，可以被免除税收，可以带有慈善目的，但这些都不是决定性的特征。将一个单位作为非营利机构处理的唯一本质标准是它不可以成为其所有者收入、利润或经营收益的来源。

非营利机构又分为从事市场生产的非营利机构和从事非市场生产的非营利机构。从事市场生产的非营利机构被归类为公司。从事非市场生产的非营利机构主要分为两类：一类是政府控制的非营利机构，另一类是非政府控制的非市场性生产的非营利机构。后者是为住户提供服务的非营利机构，其构成一个独立的经济部门。

为住户提供服务的非营利机构包括没有被政府控制的从事非市场性生产的非营利机构。它们向住户部门免费提供或者以无显著经济意义的价格出售货物和服务。

为住户提供服务的非营利机构包括三大类：

第一类是团体为满足成员的需求而建立起来的，它优先向成员提供货物或服务。这些服务一般是免费提供的，其资金来源于定期缴纳的会费或缴款，包括专业或学术团体、政党、工会、消费者协会、教会或宗教团体，以及社会、文化、娱乐、体育等方面的俱乐部。

第二类是出于慈善目的而成立的慈善、救济或援助机构，它们不是服务于控制它们的团体成员的利益的。它们基于非市场原则向有需要的住户提供货物或服务，包括那些受自然灾害或战争影响的住户。

第三类是提供公共服务的机构，如无偿提供其成果的研究机构、环保组织等。

（二）国际货币基金组织对为住户服务的非营利机构核算范围的界定

国际货币基金组织在《货币与金融统计手册和编制指南（2016）》的部门分

类中，把为住户服务的非营利机构作为一个单独部门进行核算，但在编制金融统计报表时，却把为住户服务的非营利机构与住户部门合并成一个机构部门进行核算。

为住户服务的非营利机构包括除下述非营利机构以外的所有常住非营利机构：（1）作为市场生产者的非营利机构；（2）由政府单位控制并主要由政府单位资助的非营利机构。为住户服务的非营利机构部门的主要目的是免费提供或者以无显著经济意义的价格向其成员或其他住户出售货物和服务。

根据创立非营利机构的目的划分，为住户服务的非营利机构部门主要包括两类机构：（1）由个人团体成立的、主要向其成员提供服务的非营利机构，这类机构通常接受成员的定期捐款或会费，免费向成员提供服务，如工会、专业协会或学术协会、消费者协会、教会，以及社交、文化、娱乐和体育俱乐部；（2）出于慈善目的，而非出于维护那些控制非营利机构协会成员的利益而设立的慈善、救济和援助组织，这类机构通常接受来自一般公众、公司、政府和非常住单位的现金或实物捐赠。

二、部分国家对为住户服务的非营利机构核算范围的界定

尽管 SNA 对为住户服务的非营利机构的定义和核算范围进行了明确规定，但是在不同国家其具体定义和核算范围并不完全相同。

（一）美国对为住户服务的非营利机构核算范围的界定

为住户服务的非营利机构是指不由政府资助和控制，免费向家庭提供货物和服务的组织，比如教堂、宗教团体、体育活动和其他俱乐部、工会和政党。这类住户既是私人非市场生产者，也是独立的法人实体，除了偶尔出售资源外，其主要的资金来源是住户以消费者身份自愿以现金形式提供的捐款。

美国的非营利机构具有强大的力量，已经成为美国社会经济组织中不可缺少的一个重要组成部分。在美国，非营利机构主要为市民提供参与和改进社会服务的机会和平台；把联邦政府和全国性基金会的资金吸引到本地；吸引本地企业关心和帮助本地社会服务和文化事业发展；训练与提高居民的就业素质和水平；改进社区的生活和工作环境。据统计，美国登记在册的非营利机构有 150 多万个，约占美国各类组织的 6%，平均每 12 个就业人员中就有 1 个人为非营利机构工作。

依据非营利机构的服务对象划分，大体上可以分为：公益性机构和会员性机构。

公益性机构主要提供公共服务，又可分为专门提供资金支持的资金组织和直接提供公共福利工作的服务组织。资金组织本身并不提供公益性服务，但它可以筹措资金、管理资金并向其他非营利机构提供资金，有基金会、联合筹款组织和专业筹款机构三种组织形式。服务组织是直接提供社会服务的公益性组织，包括提供医疗、教育、托儿、领养、社区、文化、音乐、戏剧、就业培训、个人和家庭危机咨询等服务的组织。

会员性组织是居民为维护共同利益或追求共同兴趣而成立的组织，是为其会员提供服务的组织。美国的会员性组织主要包括四类：一是互助合作组织，如法律援助团体、教师退休基金；二是社交联谊组织，如房主协会、俱乐部、退伍军人协会等；三是业主及专业组织，如律师协会、贸易协会、商会等；四是政党等组织。

美国的非营利机构的分类未完全遵循国际准则，未对非营利机构按控制者进行细分，而是按非营利机构服务的对象将其分别列入企业部门或住户部门下的为住户服务的非营利机构。

在美国，为住户服务的非营利机构需要与为企业服务的非营利机构及由政府控制或者资助的非营利机构（GSE）相区分，后两者分别计入企业部门和政府部门。

在国民经济核算时，美国把住户部门和为住户部门服务的非营利机构合并为一个部门，为住户服务的非营利机构的生产、收入、消费、投资、储蓄以及资产和负债均计入住户部门。主要原因是非营利机构的资金来源和服务对象均为住户部门，并且非营利机构相对于住户部门来说资产较小，即便加入后也不会产生显著影响。

虽然美国经济分析局（BEA）公布的 IMA（综合宏观经济账户）数据中并没有区分住户部门和为住户服务的非营利机构，但在主要负责核算住户部门资产负债的美联储委员会（FRB）住户统计中通过 B. 101 附属表格对两者进行了区分。在美国，非营利机构最显著的影响是通过其持有的房地产、厂房和设备对住户部门净资产的调整，其价值与其他机构代表住户持有的资产有关，特别是为养老基金和人寿保险提供福利。例如，私营部门的合并持股固定福利养老金、联邦雇员养老金资产储蓄计划，以及州和当地员工养老金［资产约占美联储住户部门资产负债表 B. 101（第 27 行）中养老金资产的三分之二］，但这些资产并未计量。在住户层面，如果不考虑这些因素，净资产将降低近 15%。同样，对人寿保险公司的持股也被排除在外，因为这些资产主要是保单资产，不包括人寿保险会减少净值大约2%。最后，一些资产和负债类别要么与非营利机构有关联，要么在住户中没有很好的衡量水平，这些基本上是净值，减少报告净值不到1%。综合来看，对现金流量一致性的调整使固定资产净值减少超过21%，因此将非营利机构纳入住户部门也是有数据支撑的。

根据服务对象的不同，美国养老保险准备金分为三部分：第一部分是由政府主导、强制实施的社会养老保险制度，即联邦退休金制度，这部分应归为政府部门；第二部分是由企业主导、雇主和雇员共同出资的企业补充养老保险制度，即企业年金计划，这部分应在企业部门进行核算；第三部分是由个人负责、自愿参加的个人储蓄养老保险制度，即个人退休金计划，该部分可划归为住户服务的非营利机构进行核算。

（二）英国对为住户服务的非营利机构核算范围的界定

在英国，非营利机构常常被称为"志愿部门"或是"慈善组织"。它的活动范围非常广泛，主要集中在医疗保健、社会服务、环境保护、教育研究等领域，其中有大型机构，也有小型草根组织，总数超过80万家，每年对英国国民生产总值的贡献约为5%。

英国非营利机构按照欧盟国家国民账户核算体系（The European System of National and Regional Accounts，ESA）的原则分为两类，一类是受政府和社会保障基金控制的从事非市场生产的非营利性机构。这类机构均按其所属政府层级归入广义中央政府和地方政府。如英格兰和威尔士青年司法委员会等。这类非营利机构依法成立，独立于政府，但是政府有能力决定这些机构的基本运营方针以及对组织高管的任免。这类机构一般是特定领域的研发机构。一般来说，只要非营利机构受政府控制和资助，就应该划归广义政府，而不论其从事的活动属于何种产业部门。另一类是不被政府控制的非营利机构，这类机构归入为住户服务的非营利机构，其资产和负债在国家资产负债表中与住户部门合并列示。

根据机构业务性质不同，英国的非营利机构可分为三类：第一类是学术机构，主要是大学、开放大学、高等教育和继续教育学院；第二类是主要为其成员提供福利的协会，将会费作为运营资金，包括专业学术团体、工会、教会和宗教团体、住房协会、非收藏友好协会、社团或娱乐组织和体育俱乐部；第三类是为其成员以外的其他人提供服务的机构，包括由公众、政府和企业捐赠资助的慈善机构及类似的救济援助组织。

在英国，为住户服务的非营利机构具有以下三个主要特点：一是免费提供或以低于市场价格的价格出售货物和服务，二是收入主要来自不受政府控制的助学金和捐赠，三是业务活动不受政府控制。为住户服务的非营利机构包括大多数慈善机构、工会、宗教组织、政党以及多数大学。《英国国民经济核算蓝皮书（2018 年版）》分别对英国住户和非本土经济部门进行了估算。为了与以前的蓝皮书进行比较，还提供了合并住户部门和为住户服务的非营利机构的估计数。

对 2012—2017 年英国住户部门资产负债表的分析显示，从资产来看，为住户服务的非营利机构的资产以股权和投资基金份额等金融资产为主；从负债来看，为住户服务的非营利机构的负债以保险、养老金和标准化担保计划为主。

（三）加拿大对为住户服务的非营利机构核算范围的界定

在加拿大资产负债核算中，非营利机构被划分为三类，包括为住户服务的非营利机构、为企业服务的非营利机构以及受到政府控制和资助的其他非营利机构。

不同于美国和英国，在加拿大国民经济核算实践中，为住户服务的非营利机构被划分为一个独立的部门，独立核算资产负债信息，不归属于住户部门资产负债表中；具体包括专业协会、工会、政党、教堂、慈善机构以及文化、娱乐和体育俱乐部等。为企业服务的非营利机构归属为金融企业部门或非金融企业部门，具体包括商会、贸易协会、商业游说团体等。受到政府控制和资助的其他非营利机构，如一些学校、学院、大学和医院，归属为政府部门。但需要注意的是，尽管医院、养老院、监狱本身被归属为政府部门，但里面的长期居住成员是作为机构单位归属为住户部门。

（四）新西兰对为住户服务的非营利机构核算范围的界定

新西兰将住户与为住户服务的非营利机构作为两个部门进行独立核算。新西兰统计局对为住户服务的非营利机构的定义与 SNA2008 基本一致，即向家庭免费提供或以无显著经济意义的价格或收费出售货物和服务的非市场非营利机构，通常主要向自己的成员提供服务。非市场性和非营利性是为住户服务的非营利机构与住户相区别的主要特征。

新西兰为住户服务的非营利机构主要分为三类：第一类是为满足成员的需求建立的机构，它优先向成员提供货物或服务，且一般免费，其资金来源于定期缴纳的会费或缴款，如专业团体或学术团体、政党、工会、消费者协会、教会或宗教团体，以及社会、文化、娱乐、体育等方面的俱乐部。第二类是出于慈善目的成立的慈善、救济或援助机构，以非市场原则向有需要的住户提供货物或服务，包括那些受自然灾害或战争影响的住户。资源主要来自社会公众、公司、政府的现金或实物形式的捐赠。第三类是提供公共服务的机构，如无偿提供其成果的研究机构、环保组织等。与前两类非营利机构相比，第三类机构比较少。

值得注意的是，政府控制的有类似功能的机构不属于为住户服务的非营利机构，如接受政府单位提供的必要资金支持且受政府控制的非市场非营利机构，应归属为广义政府部门。对宗教机构来说，即使其资金主要来源于政府单位，但只要多数资金不受政府控制，仍可将其划分为为住户服务的非营利机构。

（五）日本对为住户服务的非营利机构核算范围的界定

日本与新西兰类似，将住户与为住户服务的非营利机构作为两个部门分开核算。日本是世界上较早编制国民账户体系的国家之一，国民经济账户编制工作由内阁府经济社会综合研究所专门负责，为住户服务的非营利机构资产负债核算是日本国民账户体系的重要组成部分，其核算原则主要遵循国际通用标准SNA，即向家庭免费提供或以无显著经济意义的价格或收费出售货物和服务的非市场非营利机构，通常主要向自己的成员提供服务。

广义的非市场非营利机构（NPO）是指依据《非市场非营利机构法》《民法》及各种特别法规所设立的"特定非营利活动法人""公益法人""宗教法人""学校法人""医疗法人"等具有独立法人资格的组织，同时还包括不具有法人资格的市民活动团体与各种协同组合。根据日本1998年3月通过的《非市场非营利机构法》，只要会员在10人以上，会员可分为正式会员与准会员两种，不要求有注册资金和固定办公场所，但要有3人以上理事、1人以上监事，就可以申请注册为NPO。在日本，NPO、NGO（非政府组织）、民间组织、独立部门等术语一般是可以混用的。

《非市场非营利机构法》详细规定了日本非市场非营利机构活动的17个领域，包括健康和福利、城镇建设、社会教育、艺术、文化和体育推广、环境、救灾、地域安全、人权与维护和平、国际援助、性别平等、增进儿童健康、发展信息社会、振兴科技、搞活经济、消费者保护、就业培训以及与上述内容有关的咨询活动等。具体来看，为住户部门服务的非营利机构包括上述领域相关专业协会、工会、政党、教堂、慈善机构以及文化、娱乐和体育俱乐部等。

值得注意的是，接受中央政府资金支持或运营需要中央政府批准的具有类似功能的机构不属于为住户部门服务的非营利机构，应归属为广义政府部门，如日本司法支援中心、预备金保险机构、核能损害赔偿支援机构、造币局、国立印刷局以及北海道大学、东京大学等 86 家国立大学法人。

（六）部分国家对为住户服务的非营利机构核算实践的总结

1. 一般都对为住户服务的非营利机构进行核算，其定义和核算范围与 SNA 基本一致。

2. 有的国家单独核算，如加拿大等；有的国家与住户部门一并核算，如美国和英国等。

3. 有关国家对为住户服务的非营利机构的核算范围与为企业服务的非营利机构的核算范围的划分是清楚的；主要是与政府控制的非营利机构核算范围存在差别，如新西兰等。

4. 企业提供给雇员的养老金是否纳入为住户服务的非营利机构核算是需要探讨的问题，美国已经做了尝试。

5. 对宗教机构来说，即使其资金主要来源于政府单位，但只要多数资金地位并不意味着政府的控制权，则仍可将其划分为住户服务的非营利机构。

第二节　我国对为住户服务的非营利机构核算范围的界定

本节研究我国为住户服务的非营利机构核算范围的界定，主要研究我国有关部门和学术界对为住户服务的非营利机构核算范围的界定。

一、我国有关部门对为住户服务的非营利机构核算范围的界定

我国为住户服务的非营利机构是非营利机构的一部分。要确定我国为住户服务的非营利机构的核算范围，首先需要研究我国非营利机构的核算范围。

我国非营利机构与政府单位、事业单位存在交叉，相当大的一部分事业单位是非营利机构[①]。而事业单位有的是政府的组成部分，如中国红十字会等；有的是政府控制的非营利机构，如公立医院、学校等。我国现在仍然存在部分企业办医院、学校等事业单位的情况。

我国有关部门对非营利机构及为住户服务的非营利机构核算范围的界定表现在它们发布的文件中。

2004 年财政部颁布的《民间非营利组织会计制度》规定民间非营利机构包

---

① 杜金富，等. 中国政府资产负债表编制研究 [M]. 北京：中国金融出版社，2018.

括依照国家法律、行政法规登记的社会团体、基金会、民办非企业单位和寺院、宫观、清真寺、教堂等，并指出民间非营利机构应当同时具备的特征包括：该组织不以营利为宗旨和目的，资源提供者向该组织投入资源不取得经济回报，资源提供者不享有该组织的所有权。

2007 年国务院颁布《中华人民共和国企业所得税法实施条例》，对符合给予企业所得税优惠的非营利机构进行了定义：依法履行非营利机构登记手续；从事公益性或者非营利性活动；取得的收入除用于与该组织有关的、合理的支出外，全部用于登记核定或者章程规定的公益性或者非营利性事业；财产及其孳息不用于分配；投入人对投入该组织的财产不保留或者享有任何财产权利等。

2014 年财政部、国家税务总局颁布《关于非营利组织免税资格认定管理有关问题的通知》，提出符合免税资格的非营利机构包括依照国家有关法律法规设立或登记的事业单位、社会团体、基金会、社会服务机构、宗教活动场所以及财政部、国家税务总局认定的其他非营利组织，并同时满足从事公益性或者非营利性活动等八项条件。

2017 年 3 月 15 日颁布的《中华人民共和国民法总则》第八十七条规定：为公益目的或者其他非营利目的成立，不向出资人、设立人或者会员分配所取得利润的法人，为非营利法人。非营利法人包括事业单位、社会团体、基金会、社会服务机构等。

根据《中国国民经济核算体系（2002）》的基本描述，中国国民经济核算中机构部门分为非金融企业部门、金融机构部门、政府部门和住户部门四类，与国际标准分类比较，当时的中国国民经济核算中不存在"为住户服务的非营利机构"这一大类。

在《中国国民经济核算体系（2002）》的基础上，结合 SNA2008 及实际情况，我国构建了《中国国民经济核算体系（2016）》。《中国国民经济核算体系（2016）》的一个重要改变是核算的常住机构增加了"为住户服务的非营利机构"，并完善了为住户服务的非营利机构部门的核算标准。《中国国民经济核算体系（2016）》定义为住户服务的非营利机构为从事非市场性生产、为住户提供服务、其资金主要来源于会员会费和社会捐赠且不受政府直接管理的非营利机构，如宗教组织，各种社交、文化、娱乐和体育俱乐部，以及公众、企业、政府机构、非常住单位等以现金或实物提供资助的慈善、救济和援助组织等。

二、我国学术界对为住户服务的非营利机构核算范围的界定

在我国，非营利机构发展不够完善，难以发挥在经济社会领域应有的作用，

学术界对我国为住户服务的非营利机构核算范围的研究偏少，而且主要集中在非营利机构方面。

早期关注非营利机构核算的学者包括杨文雪、李海东和蒋萍等，并且研究以理论分析为主，并没有涉及中国现实状况的具体数据核算分析。王名等在《中国社团改革——从政府选择到社会选择》一书中指出："中国的非营利机构研究重点应集中在以下三个方面。第一是活动，其中既包括筹款、宣传、广告、调查研究、专业服务或营业等日常性活动，也包括接受委托或资助所开展的各种形式的项目性活动；第二是组织，其中既包括非营利机构内部的组织结构、人员配置等硬件方面，也包括其管理制度、运作机制等软件方面；第三是关系，其中包括非营利机构与政府的关系、与企业的关系、与资助者和受益者的关系、与其他非营利机构的关系，以及中国非营利机构的国际联系等方面。"

刘国翰在"非营利部门的界定"一文中提出了界定中国非营利部门的四项原则，认为中国的非营利部门由社会团体、民办非企业单位、事业单位、单位内部的社会团体、特殊社团法人和以企业法人形式存在的非营利机构组成。邓国胜在《非营利机构评估》一书中指出，非营利机构的能力、绩效与影响也是一个非常重要的现实问题和理论问题，并系统研究了中国非营利机构能力与绩效评估的基本原理、理论框架和评估方法等。事实上，上述学者的研究已经涉及非营利机构核算体系的构成，即不仅要核算非营利活动，而且要核算非营利部门的组织数目、构成及其与企业、政府和住户之间的关系，并进一步将非营利机构的能力、绩效与影响纳入核算范围。尽管这些学者的研究目标并未具体针对核算体系的构建，但已经包含了核算体系的要素构成。

杨文雪（2003）与李海东（2003、2004）首先提出社会组织的经济核算问题，提出我国应在经济核算中将第三部门从政府公共服务部门分离出来加以单独核算，这样才能更好地反映第三部门的地位。同时，李海东（2004、2005）和杨文雪（2006）还分别提出针对非营利第三部门的具体核算原则、方法、功能以及分类体系等改进，为后来核算研究提供了一定的借鉴。而蒋萍（2001、2003）、李海东（2006）和周爱华（2009）对非市场服务核算的探索对非营利机构核算也提供了重要的借鉴，是对非营利机构核算范围的进一步拓展。同时，李海东（2007、2014）注重对国际国民经济核算体系的研究并提出对我国国民经济核算的改进建议，其借鉴 Lester 等提出的附属账户（或者"卫星账户"）概念以及《国民经济核算体系（2008）》的核算理念，对附属账户实施、数据来源、扩展变量等进行了深入的研究，为我国社会组织核算提出了一系列改进建议。

最近几年，社会组织核算的概念逐渐被提及并越来越受到研究者的关注。社会组织 GDP 是一个国家或地区按照市场价格计算的一定时期内第三部门生产活动的最终成果，社会组织 GDP 是国民经济核算的构成指标，是衡量一个国家或地区第三部门发展水平的重要指标（吴磊、徐家良，2016）。2013 年，徐永光首先提出我国社会组织 GDP 的问题。徐永光（2014、2015）认为民政部社会组织的增加值数据存在问题，与现实存在严重失衡；按照民政部公布数据计算得出社会组织增加值占比逐年下降，这与社会组织迅速发展的态势不相符合，倡导学术界和实务界关注社会组织 GDP 统计问题。徐家良等（2015、2016）回应徐永光的提议并开始进行社会组织 GDP 的统计研究，通过收入法的 GDP 核算统计方法对部分基金会案例、部门进行具体数据估算，获得的大致研究统计数目远远大于民政部公布的数据，因此得出民政部公布的数据不能反映整体非营利机构在国内生产总值中的贡献率。马庆钰等（2019）通过借鉴 Lester 等非营利部门国际指数的指标，修改完善和建立中国社会组织发展指标体系，并基于民政部已有数据进行指标的预测以形成对我国社会组织未来发展的预期。

我国关于为住户服务的非营利机构核算范围的研究很少，有的认为我国事实上并不存在为住户服务的非营利机构，特别是在对《中国国民经济核算体系（2002）》及更早版本的研究中，认为不受政府控制的"为住户服务的非营利机构"规模相对较小，且在日常统计中收集资料难度较大，因此认为可以将"为住户服务的非营利机构"与政府部门合并在一起核算（伏虎、马庆钰，2019）。高敏雪（2018）也认为由于政府的强势，所有社会资源都纳入高度统制的计划轨道，使得非营利机构无法生存，为住户服务的非营利机构应被合并到政府部门以及其相关事业单位。然而，事实上我国当前的情况已经发生了很大变化，大量社会团体不断涌现，政府之外的民间力量在慈善、公益、环保、社会服务、国际交往、自我组织等方面的作用日益显著，上述观点已经不适用于中国目前的国民经济核算情况。综上所述，我国理论界实际上就没有展开对为住户部门服务的非营利机构核算范围的深入讨论。

三、我国对为住户服务的非营利机构核算范围的界定小结

我国对为住户服务的非营利机构核算范围的界定主要集中在非营利机构的界定方面。直到 2017 年国家统计局制定《中国国民经济核算体系（2016）》时，

才提出"为住户服务的非营利机构"的概念，并对其进行定义和一般的分类。除此之外，无论是政府有关部门还是学术界均未展开详细的讨论。

第三节　对我国为住户服务的非营利机构核算范围的研究

为了清晰界定我国为住户服务的非营利机构的核算范围，我们首先需要研究我国非营利机构概念的演变及其发展变化，以确定我国为住户服务的非营利机构的核算范围，分析我国为住户服务的非营利机构的变化，并提出政策建议。

一、对我国为住户服务的非营利机构概念的研究

（一）我国为住户服务的非营利机构概念的演变

我国为住户服务的非营利机构的概念从社会团体、民间组织、非营利机构到为住户服务的非营利机构，经历了相当长的历史阶段，总体来看可分为四个阶段：第一个阶段为 1942—1988 年，为民众团体形成发展阶段；第二个阶段为 1989—2003 年，为民间组织形成发展阶段；第三个阶段为 2003—2016 年，为非营利机构的形成发展阶段；第四个阶段为 2017 年至今，为为住户服务的非营利机构的形成发展阶段。

在第一阶段中，1942 年中国共产党领导的边区政府颁布了《陕甘宁边区民众团体登记办法》，规定成立民众团体的程序和登记机关：边区内一切民众团体皆须呈报当地政府转呈民政厅申请登记，由民政厅审核后发给登记证。1949 年公布的《陕甘宁边区人民团体登记办法》确定了分级登记的管辖原则。1950 年10 月 19 日政务院颁布了《社会团体登记暂行办法》，规定社会团体的类别包括人民群众团体、社会公益团体、文艺工作团体、学术研究团体、宗教团体以及其他符合人民政府法律规定组成的团体。该暂行办法用列举法对社会团体进行了界定。

在第二阶段中，1989 年国务院颁布《社会团体登记管理条例》，虽然未明确给出社会团体的概念，但规定名称中带有协会、学会、联合会、研究会、基金会、促进会、商会等组织属于社会团体。1998 年修订的《社会团体登记管理条例》明确社会团体是指中国公民自愿组成，为实现会员共同愿望，按照其章程开展活动的非营利社会组织。这一定义既明确了社会团体的含义，也提出了非营利社会组织的称谓，同时明确社会团体属于非营利社会组织。同年，国务

院颁布《民办非企业单位登记管理暂行条例》，明确民办非企业单位是指企业事业单位、社会团体和其他社会力量以及公民个人，利用非国有资产举办的从事非营利性社会服务活动的社会组织。这不仅明确了民办非企业单位属于社会组织，而且明确了民办非企业单位的非营利性的属性。1999年，中共中央办公厅、国务院办公厅发布《关于进一步加强民间组织管理工作的通知》，明确了对民间组织实行业务主管单位和登记管理双重负责的管理体制，该文件正式提出"民间组织"的官方称谓。

在第三阶段中，2004年财政部颁布的《民间非营利组织会计制度》中首次明确使用了民间非营利组织的概念，并指出非营利组织包括社会团体、基金会、民办企业单位和寺院、宫观、清真寺、教堂等。同年颁布实施的《基金会管理条例》将基金会定义为"利用自然人、法人或者其他社会组织捐赠的财产，以从事公益事业为目的，按照本条例的规定成立的非营利性法人"。基金会从原来的社会团体中分离出来，成为民间组织的第三种类型，也属于社会组织的范围。党的十六届六中全会和党的十七大把民间组织纳入了社会建设与管理、构建和谐社会的工作大局，对传统的提法进行改造，提出了社会组织这一称谓。2007年我国开始正式用"社会组织"代替"民间组织"。"社会组织"称谓的提出和使用，有利于纠正社会上对这类组织存在的片面认识，形成各方面重视和支持这类组织的共识。2015年中共中央办公厅印发的《关于加强社会组织党的建设工作的意见（试行）》指出，"社会组织主要包括社会团体、民办非企业单位、基金会、社会中介组织以及城乡社区社会组织等"。其中，社会中介组织是指在政府、市场、公众之间发挥组织、协调、服务等纽带中介职能，不以营利为目的的自治性非政府机构。社区社会组织是指以本社区为主的公民、法人和其他组织自愿组成，以本社区为活动范围，满足居民多样化需求，不以营利为目的的自治性的社会组织。2016年中共中央办公厅、国务院办公厅印发的《关于改革社会组织管理制度促进社会组织健康有序发展的意见》中明确社会组织以社会团体、民办非企业单位、基金会、社会服务机构为主体组成。

在第四阶段中，2017年3月15日颁布的《中华人民共和国民法总则》第八十七条规定：为公益目的或者其他非营利目的成立，不向出资人、设立人或者会员分配所取得利润的法人，为非营利法人。非营利法人包括事业单位、社会团体、基金会、社会服务机构等。

2017年，国家统计局印发的《中国国民经济核算体系（2016）》首次增加了"为住户服务的非营利机构"的核算。

第三章　为住户服务的非营利机构的核算范围

（二）我国为住户服务的非营利机构的发展变化

尽管我国非营利机构不够发达，但我国非营利机构的发展有着悠久的历史和漫长的过程。新中国成立前，中国社会也出现了大量的民间非营利机构，比如各种"行会""会馆""互助会""慈善堂""研究会""学社"等。

1949 年新中国成立后，政府按照社会主义原则对民间结社进行了治理整顿，并一直持续到 20 世纪 50 年代早期。在整顿的过程中，一些政治倾向明显的团体被定义为"民主党派"，转变为政党组织。一大批封建组织和反动组织被取缔，其中包括一些封建色彩浓厚的互助组织、慈善组织和宗教组织。这一时期新成立的社团数量很少，主要是在科技和学术领域中。1950 年，我国通过《社会团体登记暂行办法》，规定了社团管理的基本原则和办法。社会团体在 20 世纪 50年代中期到 60 年代中期经历了一个较为迅速的发展时期。据统计，1965 年我国全国性社会团体发展到近 100 个，地方性社会团体达到 6000 余个。1966 年，"文化大革命"开始，社会组织绝大多数被停止活动，非营利机构发展进入了低谷。

1978 年，我国开始改革开放，伴随着计划体制向市场体制的转变，以及行政管理体制和社会管理体制的改革，非营利机构在各个领域发展壮大起来。

从改革开放之初到 20 世纪 90 年代初期，是我国非营利机构全面兴起的阶段。非营利机构从无到有、由点到面，登记注册的社会组织从 1978 年的不足5000 家攀升到 1992 年底的 155 万家，数量上出现了爆发式增长。一方面，学术类非营利机构恢复和蓬勃发展，并在 80 年代中后期达到高潮；另一方面，社会经济领域涌现出各种非营利机构。比如 1978 年国务院明确红十字会恢复国内活动，揭开了公益类社会组织恢复发展的序幕。地方各级佛教等宗教协会恢复成立，一批具有社区福利性质和行业协会性质的社会组织相继成立，各级个体劳动者协会、消费者保护协会和计划生育协会蓬勃发展。在农村地区，除了各种农业生产和技术专业研究会外，关注农村社区建设的基层组织也出现并发展起来。此外，各种基金会开始发育和生长，基层非营利机构开始萌芽，一些主要服务于社区居民的民间组织开始成长起来。

从 20 世纪 80 年代后期开始，我国的非营利机构开始走向制度规范化的道路，主要体现为非营利机构数量增长减缓和一系列规范发展的政策措施陆续出台。相对于 20 世纪 80 年代中期的迅速增长，这一时期非营利机构数量增长明显放缓，政府加强了对非营利机构的管理，并分别在 1990 年和 1997 年对社会组织进行了两次清理整顿，对农村合作基金会也进行了整顿和取缔。根据民政部的统计，1999 年在民政部门登记的社会组织数量为 14.3 万家，比 1996 年减少 4.2 万家。与此同时，我国在非营利机构管理体制和制度建设层面进一步规范。1988 年通过《基金会管理办法》；1988 年成立民政部社会团体管理司，社会组织从此有了专门的登记管理机关；1989 年通过《社会团体登记管理条例》，以取代 1950 年的《社会团体登记暂行办法》；1998 年，国务院颁布了新的《社会团体登记管理条例》和《民办非企业单位登记管理暂行条例》，这使社会组织等非营利机构的双重管理体制更加明确和完善。

从 1999 年到现在，我国非营利机构数量迅速增长，类型趋于丰富，非营利机构发展逐步走向新的高潮。首先是各种工商协会和新兴的商会组织迅速发展起来，相对应的是民办非企业单位的发展。公民个人以及其他社会力量投资兴办学校、医疗机构、社会福利机构、研究机构等非营利性社会服务组织的积极性迅速高涨。与此同时，各类基金会迅速发展。国务院 2004 年颁布的《基金会管理条例》区分了公募基金会和非公募基金会，形成了鼓励私人兴办基金会的倾向，使基金会发展进入了一个新时期。

在社会组织等传统非营利机构快速发展的同时，随着经济持续快速增长、生活水平显著改善、市场经济趋向成熟、信息技术不断进步、社会转型全面展开，各种新型的非营利机构蓬勃发展。首先，随着经济全球化和对外开放程度进一步加深，非营利机构"引进来""走出去"现象增多。一大批境外商会、行业协会纷纷进入中国，境外在华非营利机构本土化步伐加快，同时，我国非营利机构参与国际事务也逐渐增多。其次，经济社会发展导致社会分层更加显著，新的社会阶层和利益集团的形成推动新的非营利机构不断涌现。比如，由投资人组成的异地商会、面向高收入阶层的富人俱乐部、外来人口协会等新的非营利机构形态逐步发展起来，各种形式的联合会、沙龙、车友会以及五花八门的结社组织等快速涌现。最后，互联网和通信技术快速发展，各种搜索引擎、BBS、博客、微信等层出不穷，使社会关系的形式、内容、手段、范围等都发生了变革，各种形式的网络社团、虚拟社团不断出现，"互联网 + 公益"模式迅猛发展，第三方网络捐赠平台规模（包括平台数量和捐赠金额）显现。这些新型的非营利机构大多未在民政部门等进行登记，根据有关测算，其数量至少是现有合法登记非营利机构数量的十倍以上。

在这些非营利机构中，既有为企业服务从事市场性生产的，也有为政府部门控制从事非市场性生产的，还有为住户部门服务从事非市场性生产的。之所以没划分出"为住户服务的非营利机构"这一部门，并不是不存在这一部门，而是我们没有对这一部门进行界定。

（三）我国为住户服务的非营利机构的定义

我们认为，定义我国为住户服务的非营利机构应把握以下要点：

一是非营利性。如前所述，非营利机构是这样一类法律或社会实体：其创建目标虽然也是生产货物和服务，但其法律地位不允许那些建立它们、控制它们或为其提供资金的单位利用该实体获得收入、利润或其他财务收益。实践中非营利机构是由法人或社会实体创建，从事不以获取收入为目的的生产或分配活动。非营利机构的这些生产活动一定会产生盈余或亏损，但产生的任何盈余都不能分配给其他机构单位。为住户服务的非营利机构是非营利机构的组成部分，应具有非营利机构的特征。

二是非市场性生产。如前所述，非营利机构又分为为企业服务从事市场性生产、为政府部门控制从事非市场性生产以及为住户部门服务的从事非市场性生产三类。非营利机构是从事市场性生产还是从事非市场性生产的主要区别在于它的产出的全部或大部分是否以具有显著经济意义的价格提供给其他单位。以具有显著经济意义的价格提供给其他单位的为市场性生产，否则为非市场性生产。显著经济意义的价格是指对生产者愿意提供的数量和购买者希望购买的数量有显著影响的价格。

三是非政府控制。政府控制与非政府控制是相对而言的，如果我们确定了政府控制的含义，那么也就明确了非政府控制的含义。政府控制非营利机构的特征为：具有决定其总体政策或规划的能力。判断一个非营利机构是否为政府所控制，应考虑以下五个控制标识：（1）官员的任命，即政府有权任命非营利机构的高级管理人员；（2）授权文书的其他条款，即授权文书可能含有有别于管理人员的任命条款，该条款实际上允许政府决定非营利机构总体政策或规划的重要方面；（3）合约安排，即政府和非营利机构间合约安排的存在，可能会允许政府决定非营利机构总体政策或规划的重要方面；（4）资金来源状况，一个非营利机构的资金若主要来源于政府，则可能受政府控制；（5）风险暴露，如果政府公开地让自己暴露在与非营利机构活动有关联的所有或大部分的财务风险面前，那么这样的安排会形成控制。

四是服务对象大部分为住户部门，但也可能提供公共服务。

综上所述，我国为住户服务的非营利机构是从事非市场性生产、为住户部门服务或提供部分公共服务的非营利机构。

（四）我国为住户服务的非营利机构的分类

我国为住户服务的非营利机构的分类是从外延方面界定的。国际文献将为住户服务的非营利机构分为缴纳会费的社团、慈善救援机构、公共服务机构三大类。各国对为住户服务的非营利机构的分类不尽相同。我国是由计划经济转为社会主义市场经济的国家，这一基本国情决定我国对为住户服务的非营利机构的分类具有特殊性。我们认为，我国的为住户服务的非营利机构可分为以下几种。

一是教育卫生机构，教育机构包括民办幼儿园、小学、中学、学校、大学、专修（进修）学院或学校、培训（补习）学校或中心等；卫生机构包括民办门诊部（所）、医院、康复中心、保健中心、疗养所等。

二是文化体育机构。文化机构包括民办艺术表演团体、文化馆（活动中心）、图书馆（室）、博物馆（院）、美术馆、画院、名人纪念馆、收藏馆、艺术研究院（所）等；体育机构包括一些企业和其他组织个人赞助的体育俱乐部，如足球俱乐部、乒乓球俱乐部、拳击俱乐部、攀岩俱乐部等。

三是社交联谊机构。社交联谊机构包括同学会、同乡会、旅游俱乐部、乡村俱乐部等。虽然这些联谊机构有些是由学校或政府出面组织的，但其资金来源和其活动内容均由联谊机构自己决定。

四是慈善救济救援机构。慈善救济救援机构包括民办福利院、敬老院、托老院、慈善中介、法律对个人援助中心、志愿者服务中心、救济中心等。

五是基金会。基金会拥有可处置的资产或捐赠、利用这些资产产生的收入，并将其捐给其他组织或用于实施自身项目和计划，如教育基金、卫生基金、扶贫基金等。

六是宗教组织。中国的宗教组织包括佛教、伊斯兰教、道教、天主教、基督教等宗教组织，提供宗教组织、宗教场所服务。这里的宗教机构是不纳入政府核算范围之内的民间机构。

七是社会服务机构。社会服务机构包括民办环保组织、科技传播或普及中心等。

八是年金等组织。这类组织为退休雇员提供补充退休金等。

九是业主委员会。中国的业主委员会在法律上的地位并不明确，运作程序不够规范，作用不大。业主委员会作为民间组织，提供基本的公共管理、社会服务，产生的增加值主要包括业主委员会人员报酬以及资产折旧，与基层群众自治组织的职能基本相当。按照中国"国民经济统计产品分类"，中国国民经济核算体系将业主委员会服务包含在"城市居民自治服务"中，该项服务由城市居民自治组织提供，应属于为住户服务的非营利机构。

十是未分类的其他机构。

二、完善我国为住户服务的非营利机构核算范围的建议

我国为住户服务的非营利机构核算体系目前尚不完善，建立完善、独立的为住户服务的非营利机构核算体系，需要从规则上厘清为住户服务的非营利机构与相关单位和部门的关系，从法规和制度上确定为住户服务的非营利机构核算的范围，从操作上解决现有机构中被界定为为住户服务的非营利机构的核算边界问题。

（一）从规则上厘清为住户服务的非营利机构与相关单位和部门的关系

为住户服务的非营利机构是国民经济的一个部门，与其他单位和部门存在着紧密关系，厘清与其他单位和部门的关系，是界定单位和部门核算边界的基础。需要厘清的关系主要包括营利机构与非营利机构的关系、非营利机构与非营利性社会组织的关系、非营利机构与事业单位的关系、政府控制的非营利机构与为住户服务的非营利机构的关系、为住户服务的非营利机构与企业的关系。

1. 厘清营利机构与非营利机构的关系

营利机构与非营利机构的根本区别不在于机构盈利与否，而在于盈利是否分配以及治理的结构。凡将盈利分配给出资者的为营利机构，否则为非营利机构。营利机构按出资额参与管理，而非营利机构按出资的单位（或个人）参与管理。特别是随着我国事业单位的改革，一些盈利的非营利机构，如出资者参与盈利的分配，则应划归为企业。另外，我国也存在着盈利（或增值）的非营利机构，如一些教育及医疗机构等，它们是盈利的，但出资者并不参与盈利的分配，它们大都注册为公司。不仅民间机构存在这种情况，政府有关部门管理的公司实际上也是非营利机构。它们也想申请为事业单位，按非营利机构运作，但在目前的管理体制下，事业单位压缩，它们只能通过办公司的途径来解决。要发展非营利机构，首先要厘清非营利机构与营利机构之间的关系，从政策方面支持非营利机构发挥职能作用。

2. 厘清非营利机构与非营利社会组织的关系

《社会团体登记管理条例》《民办非企业单位登记管理暂行条例》和《基金会管理条例》强调社会团体、民办非企业单位和基金会分别是非营利性社会组织、从事非营利性社会服务活动的社会组织和非营利性法人。前两个条例均强调不得从事营利性经营活动，只有后者强调保值增值，但后者也没有强调增值的不可分配及基金的管理机制。也就是说，非营利机构与我国非营利性社会组

织还是有区别的。我国登记的社会团体、民办非企业单位等非营利性社会组织有些还不是完整意义上的非营利机构。

3. 厘清非营利机构与事业单位的关系

我国非营利机构包括一部分事业单位，有些事业单位如红十字会等已是政府的组成部分①。

4. 厘清政府控制的非营利机构与为住户服务的非营利机构的关系

政府控制的非营利机构与为住户服务的非营利机构在服务对象都是住户部门的情况下，二者界限并非绝对清楚，这还取决于治理结构、服务的质量和效率以及社会的成本等。例如，教育机构特别是大学，有的国家纳入政府控制的范围之内，有的国家没有纳入政府控制的范围之内；有的国家一部分纳入政府控制的范围之内，一部分没有纳入政府控制的范围之内。这取决于各国的国情。我们认为，针对政府控制的为住户服务的一部分非营利机构，在加强监管的同时，可在推进事业单位改革中转为为住户服务的非营利机构，并由政府出资，培养一批在养老、环保、科研等方面为住户服务的非营利机构。

5. 理顺为住户服务的非营利机构与企业的关系

我国有许多俱乐部等为住户服务的非营利机构，由企业赞助并挂名，并由企业管理。一般都将其视为企业的一部分，《社会团体登记管理条例》也规定企业内部成立的社会团体不属于登记的范围。实则它们有相当一部分是为住户服务的非营利机构。不能把企业出资和管理的机构都视为企业。因为企业成立的这些俱乐部的服务对象是住户，俱乐部绝大部分不营利，也就没有分配利润一说。判断一个机构是不是为住户服务的非营利机构，不能从谁出资、谁参与管理来区分，而应以是否为住户部门服务、是否分配利润及治理结构方面为依据进行区分。

（二）从法规和制度上确定为住户服务的非营利机构核算的范围

前文中已指出，虽然国家统计局提出了"为住户服务的非营利机构"的概念，但我国目前还没有清晰界定为住户服务的非营利机构核算范围的法规和制度。目前不受政府控制的非营利机构规范文件主要有《民办非企业单位登记管理暂行条例》《基金会管理条例》和《宗教事务条例》。我们分别分析这三个文件规定的登记管理的非营利性组织是否符合为住户服务的非营利机构的特征。

一是民办非企业单位与为住户服务的非营利机构的特征比较。《民办非企业

---

① 杜金富，等. 中国政府资产负债表编制研究［M］. 北京：中国金融出版社，2018.

单位登记管理暂行条例》定义民办非企业单位为企业事业单位、社会团体和其他社会力量以及公民个人，利用非国有资产举办的从事非营利性社会服务活动的社会组织。民办非企业单位不得从事营利性经营活动。民办非企业单位包括：

（1）教育事业。如民办幼儿园、小学、中学、学校、大学、专修（进修）学院或学校、培训（补习）学校或中心等。

（2）卫生事业。如民办门诊部（所）、医院、康复中心、保健中心、疗养所等。

（3）文化事业。如民办艺术表演团体、文化馆（活动中心）、图书馆（室）、博物馆（院）、美术馆、画院、名人纪念馆、收藏馆、艺术研究院（所）等。

（4）科技事业。如民办科学研究院、民办科技传播或普及中心等。

（5）体育事业。如民办体育俱乐部、体育场馆、体育院校等。

（6）劳动事业。如民办职业培训学校或中心、民办职业介绍所等。

（7）民政事业。如民办福利院、敬老院、托老院、老年公寓、婚姻介绍所、社区服务中心（站）等。

（8）社会中介服务业。如民办评估咨询服务中心（所）、信息咨询中心（所）、人才交流中心等。

（9）法律服务业。

（10）其他。

民办非企业单位与为住户服务的非营利机构的区别包括：从服务对象看，它不仅服务于住户部门，还服务于企业部门，如评估咨询服务中心（所）、信息咨询中心（所）；从治理结构看，没有规定不得分配盈余；从机构目标看，只规定不得从事营利性经营活动，没有允许保值增值盈余的条款；从所列机构种类看，没有环境、慈善中介、志愿者活动、宗教等非政府控制的非营利机构。

通过上述分析可以看出，民办非企业单位类似民办事业单位，具有非营利单位的性质，但不完全具备为住户服务的非营利机构的特征。

二是基金会、宗教机构与为住户服务的非营利机构的特征比较。《基金会管理条例》定义基金会为利用自然人、法人或者其他组织捐赠的财产，以从事公益事业为目的按照本条例规定成立的非营利性法人。基金会不以营利为目的，但应按照合法、安全、有效的原则实现保值、增值。基金会分为公募基金会和私募基金会。

基金会是运作财产的组织，它的主要财产来源是捐献，因而不存在营利分配问题；它的财产主要用于公益项目，与服务于住户的公共部门相近；基金会治理结构做了规定，设立理事长、监事长等；但《基金会管理条例》并未对政府控制与非政府控制加以区分，有些基金会，如教育基金会相当一部分是由政府控制的。

《宗教事务条例》第五十二条规定，宗教团体、宗教院校、宗教活动场所是非营利性组织，其财产和收入应当用于与其宗旨相符的活动以及公益慈善事业，不得用于分配。第五十三条规定，任何组织或个人捐资修建宗教活动场所，不享有该宗教活动场所的所有权、使用权，不得从该宗教活动场所获得经济收益。

宗教组织是非营利机构，主要服务于公益慈善事业，且不得分配财产和收入。

通过对登记管理的基金会和宗教组织的特征进行分析，我们认为，基金会和宗教组织具备非营利机构的特征，但没有区分政府控制与非政府控制，即还不能把所有基金会和宗教组织都视为为住户服务的非营利机构。

三是从法规制度上完善为住户服务的非营利机构的核算范围的政策建议。当前非营利机构特别是为住户服务的非营利机构的监管部门，以及统计部门应从法规制度上完善为住户服务的非营利机构的核算范围。

非营利机构特别是为住户服务的非营利机构的监管部门首先应配合其他有关部门，在推进事业单位改革的过程中，既要调动民办非企业单位的积极性，逐步放开其价格；又要防止内部人控制，使其最终符合不分配盈余的非营利机构的特征。其次，应在非营利机构登记注册时，明确是政府控制还是非政府控制，逐步将其作为一个标识，列入登记注册的内容之中。最后，要逐步完善为住户服务的非营利机构的登记范围和制度，为核算夯实基础。

统计部门需要根据我国为住户服务的非营利机构的实际情况，制定核算机构的分类及其识别要点。

（三）从操作上解决现有机构中被界定为为住户服务的非营利机构的核算边界的问题

从操作上解决现有机构中被界定为为住户服务的非营利机构的核算边界的问题，实际上是在现有情况下解决为住户服务的非营利机构单位及部门的识别问题。为住户服务的非营利机构的核算主体可以从法规和制度中确立的已登记的核算主体和未登记的核算主体两种情况分别进行确定。

首先，明确已登记的核算主体。这又分为以下两种情况：一是不仅从非营利机构登记主管部门（民政部门）确定核算主体，还应根据为住户服务的非营利机构的特征从其他登记主管部门确定核算主体。例如，物业管理公司和体育俱乐部等，可能需要到市场监管部门、体育主管部门等确定核算的主体。二是从已登记确定的非营利机构中区分政府控制的非营利机构与非政府控制的非营利机构，从而确定核算的主体。除了宗教组织等非营利机构主要按通行的五项标识区分外，有些国有企业成立的体育俱乐部按其与企业的关系及与住户的关系，应视为为住户服务的非营利机构。

其次，确定未登记的核算主体。这也分为以下两种情况：一是现实中存在但法规制度没有要求登记注册的非法人机构，如志愿者服务中心等。从国际准则来看，志愿行为已经被列为非营利机构的第八类；从其核算的角度来看，国际劳工组织已经提交了《志愿劳动力测算手册》。从我国实际情况来看，我国存在大量的志愿活动和组织，我们应建立类似的统计核算目录，把它们纳入核算主体的范围之内。二是应纳入而没有纳入的核算主体。如前所述，据调查测算，我国未登记的非营利机构是登记的非营利机构的 5～10 倍。应通过典型调查，全面测算，确定核算主体的范围。

参考文献

［1］联合国，等．国民账户体系 2008 ［M］．中国国家统计局国民经济核算司，中国人民大学国民经济核算研究所，译．北京，中国统计出版社，2012.

［2］杜金富，等．货币与金融统计学 ［M］．4 版．北京：中国金融出版社，2018.

［3］杜金富．政府财政统计学 ［M］．北京：中国金融出版社，2008.

［4］杜金富，等．住户部门资产负债表编制：国际准则与实践 ［M］．北京：中国金融出版社，2020.

［5］马庆钰．非营利部门经济规模测量方法与统计体系国际研讨会论文集 ［C］．北京，2019.

［6］许宪春．论中国国民经济核算体系 2015 年的修订 ［J］．中国社会科学，2016（1）.

［7］杜金富，等．中国政府资产负债表编制研究 ［M］．北京，中国金融出版社，2018.

［8］高敏雪．在国民经济核算中给予非营利机构一个名分——"中国国民经济核算体系 2016"中的一个变化 ［J］．中国统计，2018（7）.

［9］IMF. Macroeconomic Accounting and Analysis in Transition Economies ［Z］. 1997.

第四章　住户部门非金融资产核算

在确定了住户部门资产负债核算的主体范围后，本章开始研究住户部门资产负债核算的客体之———非金融资产的核算问题。在本章中，我们重点研究国际上和我国关于住户部门非金融资产的界定与分类问题，最后提出完善我国住户部门非金融资产的界定与分类核算的政策建议。

第一节　国际上关于住户部门非金融资产核算范围的界定与分类

住户部门非金融资产的界定与分类核算的国际准则主要有联合国发布的《国民账户体系2008》（SNA2008）以及国际货币基金组织发布的《2014年政府财政统计手册》和《货币与金融统计手册和编制指南（2016）》。这三个国际准则以SNA2008为核心，共同构建起了宏观经济核算的框架。另外，各国在进行住户部门资产负债核算时，既遵循国际准则的有关原则、方法，又充分考虑了本国的实际情况，对国际准则中的非金融资产的分类进行了合并或调整。

一、国际核算准则中住户部门的非金融资产及其分类

非金融资产只是资产的组成部分。国际准则从货币性的角度将资产划分为非金融资产和金融资产。非金融资产又分为生产资产和非生产资产。

（一）资产的含义

资产首先是针对所有权而言的，而所有权又分为法律所有权和经济所有权。诸如货物服务、自然资源、金融资产和负债等实体的法定所有者，是指在法律上有权并持续获得这些相关实体经济利益的机构单位。相比之下，诸如货物服务、自然资源、金融资产和负债等实体的经济所有者，是指由于承担了有关风险而有权享有该实体在经济活动期间内运作所产生的经济利益的机构单位。

资产是指经济资产。经济资产是指一种价值储藏手段，它反映经济所有者在一段时间内通过持有或使用该实体所生成的一次性或连续性经济利益。它是价值从一个核算期转移到另一个核算期的载体。经济资产是具有以下特点的实体：（1）机构单位对这些资产行使单个或集体所有权；（2）资产的所有者通过在一定时期内持有或使用这些资产获得经济利益；（3）资产能以货币计量。

一是资产必须是持有者或所有者能够实际拥有或控制的实体。对持有者来说，不能为持有者拥有或控制的实体不构成其资产。当机构单位对某实体建立并行使所有权时，该实体就成为经济资产。一些实体也可能是经济资产，但它们的所有权尚未被建立或行使。

二是资产能为持有者或拥有者带来经济利益。机构单位持有或拥有的资产可能获得三个方面来源的收益：第一，通过其作为价值储藏手段提供利益；第二，在使用该资产（如建筑物或机器）生产商品和提供服务的过程中产生利益；第三，获得资本利得。

某一实体若要成为经济资产，必须能够产生经济利益。这种经济利益可以在某一给定时点上存在，也可以是在可预见的将来通过技术、科学知识、经济基础设施、可用的资源在当期价格下取得。

三是资产能以货币计量。资产以货币计量就是指资产应该有价格。资产在任一给定时点的价值是其当期市场价格。当期市场价格的定义是，在定值日获得资产所必须支付的货币数额。考虑到资产的年限、状况及其他相关因素，这一货币数额取决于资产所有者能从持有或使用该资产中获得多少经济利益。该资产预期可获得的剩余利益随时间的推移而减少，这会降低资产的价值。由于价格的变化，剩余价值可能增加或减少。

非金融资产是指除金融资产以外的所有经济资产。非金融资产不像金融资产那样，代表对其他单位的债权、股权或权益以及被货币当局持有作为储备资产的黄金。非金融资产又区分为生产资产和非生产资产。

（二）非金融资产

1. 生产资产

生产资产是在生产范围之内作为生产过程的产出而形成的非金融资产；非生产资产是通过生产过程以外的方式形成的非金融资产。其中，生产资产主要有三类：固定资产、存货、贵重物品。

（1）固定资产

固定资产是生产过程中被反复或连续使用一年以上的生产资产。固定资产的显著特征并不在于其具备某种物理意义上的耐用性，而是它可以在超过一年的长时期里反复或连续地用于生产。某些货物，如作为燃料使用的煤，从物理上来说可能是非常耐用的，但其不是固定资产，因为其只能被使用一次；某些货物，虽然是可以反复或连续使用一年以上，但由于其是以消费为目的的，而非以生产为目的，故属于耐用消费品，而非固定资产。

某些固定资产，如建筑物和构筑物，其生产可能跨越两个或两个以上的会计期间。如果是通过销售合同所要求的分阶段付款而获得未完工建筑，那么，对于任何已分阶段支付的款项，在购买者的资产负债表上列为固定资产，而不是金融资产。如果本期付款超过了已完成工作量的价值，那么就应将其视为提前交易。如果没有事先商定的销售合同，施工企业应根据工程进度，将未完成的建筑记录为在制品，完工的建筑记录为制成品库存。但自己建造的固定资产视为固定资产，而不是在制品库存。

固定资产可以进一步划分为住宅、其他建筑物和构筑物、机器和设备、培育性生物资源、知识产权产品五个三级分类，如表4-1所示。

表4-1 　　　　　　　　　　SNA2008 非金融资产分类表

一级分类	二级分类	三级分类	四级分类
生产资产	固定资产	住宅	境内、境外住宅
		其他建筑和构筑物	①非住宅建筑；②其他构筑物；③土地改良
		机器和设备	①交通设备；②信息、计算机和通信（ICT）设备；③其他机器和设备
		培育性生物资源	①重复提供产品的动物资源；②重复提供产品的林木、庄稼等植物资源
		知识产权产品	①研究和开发；②矿藏勘探和评估；③计算机软件和数据库；④娱乐、文学或艺术品原件；⑤其他知识产权产品
	存货	原材料和用品	
		在制品	①培育性生物资产在制品；②其他在制品
		制成品	
		供转售的货物	
	贵重物品	贵金属和宝石	
		古董和其他艺术品	
		其他贵重物品	

续表

一级分类	二级分类	三级分类	四级分类
非生产资产	自然资源	土地	
		矿物和能源储备	
		非培育性生物资源	
		水资源	
		其他自然资源	
	无形非生产资产	合约、租约和许可，商誉和营销资产	

资料来源：根据 SNA2008 整理而得。

①住宅，是指完全或基本作为居住使用的房屋或房屋的指定部分，包括各种附属结构，如车库和在住所中习惯安装的所有永久性固定装置。需要注意的是，作为住户主要居住场所的居住船只、移动设施和大篷车也包括在内；基本可视为住宅的公共纪念物也包括在内。住户住宅还包括住户在境外拥有的住宅。

②其他建筑和构筑物，又可以进一步分为非住宅建筑、其他构筑物、土地改良。其中，非住宅建筑包括未被指定为住宅的整个或部分建筑物，固定装置、设施和设备等建筑物的组成部分也包括在内。其他构筑物是指除房屋以外的构筑物，其中包括街道、下水道的成本等，也包括场地清理费和准备费。土地改良是指能够极大地提高土地的数量、质量或生产率，或者防止土地退化的行为。

③机器和设备，包括交通设备，信息、计算机和通信（ICT）设备，以及其他机器和设备。

④培育性生物资源，包括能重复提供产品的动物资源和能够重复果的树木、庄稼和植物资源，这些资源应处于机构单位的直接控制、负责和管理之下。

⑤知识产权产品，是指研究、开发、调查或者创新的成果，这些行为会产生知识，开发者能够销售这些知识，或者在生产中使用这些知识来获利。具体又可以分为表4-1中的五个分类。总的来说，知识产权产品这一二级固定资产分类属于无形固定资产。

（2）存货

存货是生产者为今后销售、在生产中使用或其他用途而持有的，在当期或者较早时期产生的货物和服务。货物存货划分为原材料和用品、在制品、制成品、供转售的货物等。

①原材料和用品。它是指企业存在仓库中打算作为中间投入用于生产的所有货物。

②在制品。它是指企业生产的、加工尚不够充分的产品，还未达到能被其他机构单位使用时的正常状态。

③制成品。它是指作为产出而生产的，生产者欲将其提供给其他机构单位且在此之前不再打算进一步加工的货物。

④供转售的货物。它是指诸如批发商或零售商等企业购买的货物，目的是为了将其转卖给顾客。

（3）贵重物品

贵重物品是指主要不是用于生产或消费，而是在一段时间内作为价值储藏手段而持有的、具有相当大价值的生产性货物。预计在正常情况下经过一段时间，贵重物品的实际价值会上升或至少不会下降，其质量也不会变坏。贵重物品包括宝石和贵金属，如不打算作为生产过程中间投入品的钻石、非货币黄金、白金和白银；作为艺术作品或古董的绘画、雕塑；其他杂项贵重物品。原则上博物馆的展品属于贵重物品，但如果博物馆通过收取门票向公众提供服务，这些展品主要不是作为价值储藏手段而持有，那么这些展品具有固定资产的特征。

2. 非生产资产

非生产资产包括对其行使所有权的有形自然资源以及作为社会构成物的无形非生产资产。无形非生产资产包括合约、租约和许可以及商誉和营销资产。

（1）自然资源

纳入非生产资产核算的自然资源包括土地、矿物和能源储备、非培育性生物资源、水资源、其他自然资源五类。如果尚未或不能对自然实体行使所有权，那么它们就不是经济资产。

①土地。土地被定义为地面本身，包括覆盖的土层和附属的地表水，所有者通过持有或使用它们可以对其行使所有权，并获取经济利益。坐落在该土地上或穿过土地建造的建筑物和其他构筑物、土地改良及土地的所有权转移费用等不包括在土地之内。

②矿物和能源储备。它是指位于地球表面以上或以下的，在给定的现有技术和相对价格下具有经济可开采性的矿物和能源储备，如石油、天然气、煤、金属矿藏和非金属矿藏等。矿井及其他开采地下资产的设施是固定资产，而非地下资产。

③非培育性生物资源。它是指可能产生一次性产品也可能重复产生产品，所有者能够对其行使所有权但其自然生长和繁殖不在机构单位的直接控制、负

责和管理之下的动植物资源。例如在一国领土内的原始森林和渔场。

④水资源。它是指其稀缺性已导致行使所有权或使用权、进行市场估价和采取某些经济控制措施的地下蓄水层和其他地表水。

⑤其他自然资源。目前仅包括电磁波谱，即声音、数据和电视传播中使用的无线电频率。

（2）无形非生产资产

①合约、租约和许可

对于合约、租约和许可，SNA 核算中认为只有在一定条件下才被视为资产，即法律协议使持有者的收益超出了支付给自然资源出租人、所有者或许可发放者的价格，并且在法律上和实际上得到持有者的认定。因此，合约、租约和许可的定值要考虑资产认定的可能性、价格信息的可得性、剩余期限等因素。一般地，可交易的经营租赁、自然资源使用许可、从事特定活动的许可、货物和服务的未来排他性权利等合约、租约和许可被视为资产。

合约、租约和许可在 SNA 中又可以分为以下四类：可交易的经营租赁、自然资源使用许可、从事特定活动的许可、货物和服务的未来排他性权力。

②商誉和营销资产

一个企业的潜在购买者常常会准备支付一笔超过该企业可单独识别和估价的资产与负债净价值的额外费用，这个超过的部分称为商誉。它反映了公司治理架构的价值，以及该公司所汇集的人力资源和管理、公司文化、分销网络和顾客基础的价值。营销资产是指诸如品牌名、注册商标、公司标识和域名等项目。

二、部分国家核算实践中住户部门非金融资产核算的范围及其分类

各国的核算实践在遵循 SNA2008 的同时，常会根据本国的实际情况以及核算层次（如对广义政府部门、住户部门），对国际准则进行适当的调整，以实现核算以及分析的目的。

（一）美国住户部门非金融资产的核算范围及其分类

美国住户部门资产负债表中的资产大类遵循国际准则，将资产分为非金融资产和金融资产。但在次一级分类时对国际准则进行了大幅简化。美国的非金融资产分为房地产、机器和设备、知识产权产品和耐用消费品。

1. 房地产

房地产主要是指建筑，是建筑物和构筑物的总称，是人们为了满足社会生

活需要，利用所掌握的物质技术手段，并运用一定的科学规律和美学法则创造的人工环境。美国的住户部门核算中房地产这一资产分类大致对应于SNA2008中固定资产类下的住宅和其他建筑和构筑物。

2. 机器和设备

机器和设备是指购买者用于生产经营过程中的产品，包括固定设备和辅助设备等。固定设备包括所有建筑（工厂、办公室），固定设备是主要设备，其购买或建设过程要经过一个较长的决策过程。相较于SNA2008，在美国住户部门核算中，这一分类的范围特指工业领域，要明显小于SNA2008中的机器和设备分类。

3. 知识产权产品

知识产权又称为知识所属权，通常是国家赋予创造者对其智力成果在一定时期内享有的专有权或独占权，一般只在有限时间内有效。

4. 耐用消费品

耐用消费品是指使用寿命较长的商品，其主要特征是可以多次使用、重复使用。

总结起来，对比前述的SNA2008中有关非金融资产的分类，美国在住户部门核算中对非金融资产的分类进行了大幅缩减，只涉及对固定资产这一分类的核算。另外，在美国住户部门核算中，将原本是备忘项目的耐用消费品列入了非金融资产核算之中。

（二）加拿大住户部门非金融资产的核算范围及其分类

加拿大住户部门的资产项目分为非金融资产和金融资产两个大类，共计24个子项目。其中，非金融资产又进一步划分为生产资产和非生产资产两类。这与国际准则和其他国家的分类基本一致（见表4－2所示）。

表4－2　　　　　　　　加拿大非金融资产分类表

一级分类	二级分类
生产资产	住宅
	非住宅建筑物
	机器和设备
	知识产权产品
	耐用品
	存货
非生产资产	土地

从表4-2可知，加拿大的资产项目分类层级与美国类似，相较其他国家来说，有所简化。在生产资产项直接按照住宅、存货等项目进行划分。

1. 生产资产

加拿大住户部门生产资产分类中，住宅、非住宅建筑物、知识产权产品、存货的含义与国际准则基本一致，这里不再赘述。下面介绍机器和设备以及耐用品的含义。

（1）机器和设备，包括运输设备及其他机器和设备。其中：①运输设备包括机动车辆、船舶、飞机、摩托车及自行车等；②其他机器设备包括一般和特殊用途机器，计算机设备，电子机器，收音机、电视和通信设备，家具，手表和钟，乐器以及体育用品等。

（2）耐用品，是指在正常或平均物理使用率下可在至少一年的时间内反复或连续使用的物品。耐用消费品是以消费为目的、可以反复或连续使用一年以上的货物。

从加拿大住户部门的核算范围可知，其住户部门包括非法人企业及准公司，但不包括为住户服务的非营利机构。因此，机器和设备项关注于非法人企业及准公司的核算，而耐用品项关注于家庭住户和机构住户的核算。

2. 非生产资产

加拿大住户部门资产负债核算中，非生产资产仅包括土地一项。

总结起来，加拿大住户部门资产核算在范围上较国际标准有所缩减，主要是缩减了非生产资产的核算。这样的处理方式与美国类似但也有不同（美国没有对非生产资产单独进行核算）。

（三）英国住户部门非金融资产的核算范围及其分类

英国住户部门资产负债核算范围及分类主要参照欧盟国家国民账户核算体系。在资产的分类上相较美国来说更贴近国际标准（见表4-3）。

表4-3　　　　　　　　英国非金融资产分类表

一级分类	二级分类	三级分类
生产资产	固定资产	①住宅；②其他建筑物和设施；③机器和设备；④培育性生物资源；⑤知识产权资产
	存货	原材料、在制品、制成品、转售货物
	贵重物品	
非生产资产	自然资源	土地资源、地下资产、水资源、非培育性生物资源
	合同、租约和许可	特许经营权、专利权、商誉等

1. 生产资产

（1）固定资产。固定资产是已经产生并在生产过程中重复或连续使用一年以上的有形或无形资产（如表4-3所示），共包括住宅等五个部分。前四个部分统称为有形固定资产，而知识产权资产则称为无形固定资产。需要注意的是，核算住宅、其他建筑物和设施、培育性生物资源这三类资产价值时，不包括该资产下方土地的价值。

（2）存货。英国住户部门资产负债核算时，存货的定义及分类与SNA2008一致，但剔除了军事存货以及海外持有的存货。

（3）贵重物品。贵重物品包括宝石和贵金属（用于生产的除外）、艺术品、珠宝的收藏品等。需要注意的是，虽然英国住户部门资产分类中提到了贵重物品这一分类，但在实际披露的资产负债表中却没有列示这一项生产资产的内容。

2. 非生产资产

英国住户部门核算中非生产资产包括自然资源（有形非生产资产）以及合同、租约和许可（无形非生产资产）。

（1）自然资源。英国资产分类中的自然资源包括土地、地下资产、水资源、非培育性生物资源。相较SNA2008，英国非生产资产分类中没有其他自然资源这一分类。另外，由于非生产资产估值的困难，英国并没有对所有符合条件的非生产资产进行统计，在披露的住户部门资产负债表中仅列示了土地资源这一项资产。

（2）合同、租约和许可，是指通过法律或会计行为证明的资产，如特许经营权、专利权、商誉等，甚至包括珍贵或个性化车牌号。由于这项资产核算的困难，在英国，无形非生产资产仅在住户部门中核算，且仅包括特许经营权这一项，其他机构部门均不核算。

总结起来，英国住户部门资产负债核算对资产的分类与核算范围尽可能地遵循国际准则，同时又根据自身情况以及某些资产核算困难等现实因素，对非金融资产的核算进行了取舍。与美国和加拿大不同，英国并没有将耐用消费品纳入非金融资产中进行核算。

（四）澳大利亚住户部门非金融资产的核算范围及其分类

澳大利亚住户部门资产负债表中的资产分类以国家资产负债核算中的资产分类为基础，但住户部门资产负债核算由澳大利亚国家统计局与储备银行分别编制，而两个部门采用的具体的资产分类有所不同。

第四章　住户部门非金融资产核算

1. 澳大利亚国家统计局住户部门资产负债表的非金融资产分类

澳大利亚国家统计局的非金融资产分为生产资产和非生产资产两大类（见表4-4）。

表4-4　　　　　　　　澳大利亚住户部门资产分类表

澳大利亚国家统计局分类			澳大利亚储备银行分类	
一级分类	二级分类	三级分类	一级分类	二级分类
生产资产	固定资产	住宅、所有权转移成本、非住宅建筑、机器设备、培育性生物资源、知识产权产品	住户非金融资产	住户住宅
	存货			住户耐用消费品
非生产资产	自然资源	土地、可用于商业开发的天然林		
	合同、租约和许可			

（1）生产资产

①固定资产。如表4-4所示，固定资产又可以分为六类。其中，住宅、非住宅建筑、机器设备、培育性生物资源、知识产权产品与SNA2008的标准一致。需要注意的是，澳大利亚在住户部门资产核算时对所有权转移成本进行核算。澳大利亚国民账户体系2015（ASNA2015）的所有权转移成本涉及住宅、非住宅建筑和未占用的土地，包括律师费，向地产中介、拍卖师、建筑师、测量师、工程师和估价师支付的费用和佣金，印花税，相关部门和当地政府的收费。

②存货。存货的定义和范围与SNA2008的标准一致。

（2）非生产资产

对住户部门来说，其自然资产包括两类，第一类是土地，包括住宅用地、非住宅建设用地、耕地、土壤和地表水、私家花园及非商业用途土地；第二类是可用于商业开发的天然林。

2. 澳大利亚储备银行住户部门资产负债表的非金融资产分类

澳大利亚储备银行的住户部门资产分类较少，并且非金融资产仅分为两类（见表4-4）。需要注意的是，澳大利亚储备银行将住户耐用消费品放在住户非金融资产中核算。

（五）日本住户部门非金融资产的核算范围及其分类

日本住户部门资产负债核算比较而言更强调实物资产。在日本的资产分类中，非金融资产首先分为生产资产和非生产资产两大类（见表4-5）。

表 4-5   日本非金融资产分类表

一级分类	二级分类	三级分类
生产资产	固定资产	①住宅；②其他建筑物和构筑物；③机器和设备；④培育性生物资源；⑤知识产权生产物
	存货	原材料、半成品、产成品、流通品
非生产资产	土地	
	矿物	
	能源资源	
	非培育性生物资源	渔场、非培育性森林资源（包括国有林等）

1. 生产资产

日本的生产性非金融资产分类，与 SNA2008 相比，只包括固定资产和存货两类，不包含"贵重物品"这一分类。

（1）固定资产

日本的固定资产在分类上在剔除了武器系统后，按住宅、其他建筑物和构筑物、机器和设备、培育性生物资源、知识产权生产物五类进行分类。总体来看，日本住户部门核算的固定资产项与国际通行标准是基本一致的，仅仅在一些细项中有差别。

（2）存货

在日本的国民账户体系中，将存货形态分为原材料、半成品、产成品、流通品四种类型。其中，半成品由培育性生物资源的半成品和其他半成品构成。总体上，存货这一资产类别与国际通行标准在定义和核算范围上基本一致。

2. 非生产资产

在日本的资产分类中，非生产资产是"自然资源"的同义语，不包括"合约、租约和许可"以及"商誉和营销资产"两项，即非生产资产的核算强调的是实物资产的核算，而不核算无形非生产资产。

总体上来看，日本在住户部门非金融资产核算时，强调对实物资产的核算而对 SNA2008 非金融资产分类进行缩减，尽可能在资产的概念和范围上与国际通行标准保持一致。同时，日本住户部门非金融资产核算中也没有将耐用消费品纳入核算范围。

（六）部分国家对住户部门非金融资产核算实践的总结

对比住户部门核算的国际准则，部分国家在进行住户部门资产负债核算时对非金融资产的分类主要有以下特点：

第一，各国在遵循 SNA2008 标准的基础上，考虑到住户部门只是国民经济总体的一个部门，对标准分类均进行了简化，其中又以美国最为简化。各国实践大体上均是将非金融资产分为生产资产和非生产资产，然后再分别对生产资产和非生产资产分类。

第二，对于生产资产分类不尽相同。一般包括固定资产、存货，有的还包括贵重物品（英国），还有的包括耐用消费品（美国、加拿大、澳大利亚）；固定资产中有的包括培育性生物资源（英国、澳大利亚、日本）。

第三，对非生产资产分类也不尽相同，一般只包括自然资源以及合同、租约和许可；在自然资源核算中，范围差别较大，有的包括土地、矿物、能源、非培育性生物资源等，有的只核算土地（加拿大）。

第四，部分国家如美国、加拿大、澳大利亚等将"耐用消费品"纳入住户部门资产负债表的核算之中，但澳大利亚将"耐用消费品"作为"存货"的子项。

第二节　我国对住户部门非金融资产核算范围的界定与分类

我国目前还没有编制和公布住户部门资产负债表，没有就住户部门专门设置过非金融资产核算项目并进行分类。相关内容散见于有关部门的文件中；同时，国内学术界对住户或家庭资产负债问题进行研究时，根据研究目的的不同对住户的非金融资产进行了不同的分类。

一、我国有关部门对住户部门非金融资产的界定与分类

我国有关部门对住户部门非金融资产的界定与分类的主要见于统计部门的《中国国民经济核算体系（2016）》（CSNA2016）、住户部门收支调查，以及中国人民银行的城镇居民家庭资产负债情况调查。

（一）中国国民经济核算体系（2016）中非金融资产的界定与分类

中国国民经济核算体系（2016）是我国进行宏观经济核算的基础性文件，对其他有关的核算文件具有指导意义。与国际准则 SNA2008 一致，在 CSNA2016 中，资产分为非金融资产和金融资产两大类。非金融资产进一步分为生产资产和非生产资产。其中，生产资产包括固定资产、存货、贵重物品；非生产资产包括自然资源，合约、租约和许可，商誉和营销资产。相关资产项目的具体含义也与国际准则基本一致（见表 4-6）。

表4-6　　　　　　　中国国民经济核算体系（2016）非金融资产分类

一级分类	二级分类	三级分类	统计制度是否建立
生产资产	固定资产	①住宅；②其他建筑物和构筑物；③机器和设备；④培育性生物资源；⑤知识产权产品	已建立
	存货	①原材料、燃料和储备物资；②半成品和在制品；③产成品；④流通品	已建立
	贵重物品	①贵金属；②宝石；③古董；④其他贵重物品	未建立
非生产资产	自然资源	土地、地下资产、其他资产	未完全建立
	合约、租约和许可		已建立
	商誉和营销资产		已建立

如表4-6所示，我国大部分资产的相关核算制度已经建立，但到目前为止，我国并没有建立关于贵重物品的有关核算制度。这也使我国的国民经济核算各报表中暂时缺少这一部分内容。另外，在非生产资产核算实践中，我国的土地按用途可以分为农用地、建设用地和未利用地。农用地特别是国有农场，有的在固定资产核算中仅核算其中的投入，而并未核算农用地的市场价值；建设用地在固定资产中核算；未利用地还没有详细的归属划分。

（二）统计部门抽样调查方案中非金融资产的界定与分类

虽然我国目前并没有针对住户部门编制机构部门层次的全套账户，但统计部门在住户或家庭情况抽样调查中根据实际情况建立了有关家庭资产情况的调查方案。

国家统计局在住户收支调查方案中设置了有关住房和耐用消费品情况的调查以及家庭经营和生产投资情况的调查。这两项调查方案都涉及住户部门的非金融资产的界定和分类（见表4-7）。

表4-7　　　　　　　　　住户收支调查中非金融资产分类

分类	项目
住房	自有现住房、出租住房、出租商用建筑、偶尔居住房、空宅或其他用途住房
耐用消费品	家用汽车、摩托车、助力车、洗衣机、电冰箱（柜）、微波炉、彩色电视机、空调、热水器、洗碗机、排油烟机、固定电话、移动电话、计算机、照相机、中高档乐器（500元以上）、空气净化器（含新风系统）、吸尘器
家庭经营和生产投资	在家庭或个人从事的生产经营活动中，所拥有的使用期限在两年及以上、单位价值在1000元以上的房屋建筑物、机器设备、器具工具、役备、产品畜等资产应作为固定资产统计
农业经营	经营土地面积、粮食与经济作物、建筑工程、安装工程、设备工器具等
非农经营	固定资产等

从表4-7中可以看出，在住户收支调查中虽然没有明确将住户部门资产按照非金融资产和金融资产的标准分类，但在实际的调查过程中，仍对住房以及家庭生产经营方面的固定资产进行了调查统计。同时，还对住户部门的耐用消费品（共计19项）进行了调查统计。其中，在农业经营的固定资产调查中，将固定资产具体分为建筑工程、安装工程和设备工器具。

（1）建筑工程，是指各种房屋、建筑物的建造工程，又称建筑工作量。这部分投资额必须兴工动料，通过施工活动才能实现，是固定资产投资额的重要组成部分。

（2）安装工程，是指各种设备、装置的安装工程，又称安装工作量。

（3）设备工器具，是指达到固定资产标准的设备、工具、器具。

（三）中国人民银行城镇居民家庭资产负债情况调查

中国人民银行调查统计司于2018年开展了中国城镇居民家庭资产负债情况的调查。这一调查将家庭资产分为实物资产和金融资产两大类。其中，实物资产又可以分为住房、商铺、汽车、金银珠宝和收藏品、经营性项目资产（厂房、设备等非上市公司权益）。

（四）我国机构部门统计实践中非金融资产的界定与分类

中国国民经济核算体系（2016）是我国对国民经济整体进行核算时采用的统计准则。按照核算原理，国民账户体系可以在经济整体层次编制也可以在机构部门层次编制。但在我国的统计实践中，在机构单位及机构部门层次核算资产负债表中的非金融资产时，并未做到完全与上述非金融资产分类相一致。

表4-8　　　　　　　　　　我国机构部门资产分类表

广义政府部门			非金融企业	金融企业
财政单位	行政单位	事业单位		
财政性存款	流动资产	流动资产	流动资产	流动资产
有价证券	固定资产	非流动资产	非流动资产	长期投资
暂付及应收款	在建工程			无形、递延及其他资产
预拨款项	无形资产			
财政周转金放款	政府储备物资			
借出财政周转金	公共基础设施			
待处理财政周转金	受托代理资产			

资料来源：杜金富，等．政府资产负债表：基本原理及中国应用［M］．北京：中国金融出版社，2015：93.

如表4-8所示，我国在机构单位层次核算时，采用的资产分类与国际准则以及国家统计局CSNA2016相比存在着较大的不同。主要表现在：

第一，资产划分标准不同。在我国机构部门对资产的分类以流动性划分为主，将非金融资产与金融资产合并后再进行划分。而国际准则中资产的划分是先按照货币性标准划分为非金融资产和金融资产后再进行细分。

第二，资产核算的范围不同。在我国的资产负债核算中，非生产资产大部分没有纳入核算范围（除无形非生产资产中的专利外）。

第三，资产划分的目的不同。这主要体现在对于资产的定义及其分类，财政部门侧重于从管理的角度出发制定各种规章制度，而尚未从国民经济核算的角度制定标准。

第四，我国还没有编制住户部门资产负债表，因而没有建立住户部门资产的定义及分类，但可以根据住户部门的经济功能比照上述机构单位设置非金融资产的核算项目并界定核算范围和分类。

二、我国学术界在研究中对住户部门非金融资产的界定与分类

我国学术界对住户部门非金融资产的研究主要集中在两个方面：家庭金融研究和经济统计研究。

（一）家庭金融研究中非金融资产的界定与分类

在家庭金融研究中，主要是从资产选择角度研究住户部门的非金融资产。这类研究的重点是探讨家庭金融资产选择的影响因素和行为特征。因此，研究中并没有重点讨论非金融资产的界定与分类，只是将非金融资产作为金融资产选择的一个对应面展开研究，具有代表性的是西南财经大学中国家庭金融调查与研究中心开展的中国家庭金融调查。

表 4 – 9　　　　　　　　中国家庭金融调查中非金融资产分类表

分类	项目	对应 SNA/CSNA
房产	自住或出租、城镇房产、农村房产	固定资产
土地		自然资源
汽车	新车、二手车	固定资产
耐用消费品	电视机、手机、家具、冰箱、洗衣机、电子计算机/电脑、太阳能/电热水器、空调、摄像机/照相机等	无
收藏品和奢侈品	游艇/私人飞机、古董/古玩、珍稀动植物、珍贵邮票/字画/艺术品、金银首饰、高档皮包、化妆品、高档服饰、高档箱包、名表等	贵重物品
经营性工商业资产	商铺、存货、固定资产、机械、货车等	固定资产、存货
经营性农业资产	机械、牲畜、生产性农作物等	固定资产

从表4－9中可以看出，中国家庭金融调查中的非金融资产分类根据其研究目的，分类较 SNA/CSNA 详细，同时还包括了 SNA 中不包含的耐用消费品的核算。

（二）经济统计研究中非金融资产的界定与分类

在经济统计中，主要是针对住户部门卫星账户进行研究。这类研究着眼于在机构部门层次编制住户部门的综合经济账户，因此，必然涉及对住户部门非金融资产的界定与分类，由此展开资产负债流量与存量的核算。有代表性的研究包括：

韩中（2015）的研究在遵循统计国际准则的基础上，在机构部门层次对非金融资产的分类进行了扩展。非金融资产包括固定资本、与 SNA 定义的生产相关的耐用消费品、存货、贵重物品、土地、其他非生产资产。

李扬等（2018）的研究目的是编制国家资产负债表，在此基础上按机构部门分别编制了五大机构部门的资产负债表。其中，在住户部门资产负债表中，非金融资产仅包括固定资产一项。固定资产又具体分为城镇住房、农村住房、汽车资产、农村居民生产性固定资产。

李静萍对贵重物品进行了研究，许宪春等的《中国资产负债核算问题研究》对固定资产、知识产权、存货、土地、其他非生产资产从经济总体的角度进行了深度研究，但针对住户部门的非金融资产的界定与分类还需进一步探讨。

（三）对学术界关于住户部门非金融资产的界定与分类的看法

一是现有耕地不等于自然资源。SNA2008 界定，原则上记录在资产负债表之自然资源项下的土地价值，不包括土地改良的价值，以及土地之上建筑物的价值。通常在经济总体层面上把土地和建筑物分开，比在个别部门或子部门层面上操作容易得多。分开的数据是研究国民财富和环节所必需的。幸运的是，合在一起的数据常常可用来分析机构单位和机构部门的行为。SNA2008 没有明确规定土地的具体分类，如果需要对土地细分，建议采用 SEEA（综合经济核算）。显然，我国耕地的价值已经包括了土地改良的价值。

二是收藏品和奢侈品不完全属于贵重物品。SNA2008 把贵重物品界定为，主要不是用于生产或消费，而是在一段时间内作为价值储藏手段持有的、具有相当大价值的生产性货物。贵重物品是永不变质的珍贵耐用品，不会在消费或生产中被消耗掉。在收藏品和奢侈品中，有些奢侈品是消费品，如化妆品无论购买价值有多大，它都会被消费掉，且有使用期，过期不但不能升值，甚至会贬值，不符合贵重物品的核算特征。

三是经营性农业资产不等于固定资产。经营性农业资产包括牲畜和生产农作物等。我们仅以饲养牲畜和种植苗圃为例，它分为专业者生产和自给性生产两种。作为饲养牲畜和种植苗圃的专业户，未出售前，它们视为在制品，出售后视为产成品；作为自给性生产的固定资产，未成熟前视为在制品，成熟后视为固定资产；重复提供产品的树木、庄稼、植物和动物等培育性生物资源被视为固定资产。显然，我国的牲畜等还不能笼统地被视为固定资产。

三、我国住户部门非金融资产界定与分类的总结

第一，我国统计部门从经济总体核算考虑，对非金融资产的分类遵循SNA2008 的分类原则。存在的差异包括：（1）土地仅包括占有土地的房屋和构建物部分，不包括其他土地，如农业用地等；（2）非生产资产不包括非培育性生物资源、矿产资源、水资源等；（3）没有对贵重物品进行核算。

虽然在经济总体核算中对非金融资产进行了界定和分类，但没有针对部门特别是针对住户部门和为住户服务的非营利机构的非金融资产进行详细的分类，即有的只进行了一级、二级分类，没有进行三级、四级分类，以此分类进行核算操作上有难度。例如，农村住户收获的粮食在未销售和消费前，哪些纳入存货核算、哪些不纳入核算，仅靠目前的分类难以进行界定。

第二，我国国民经济总体核算对非金融资产的分类与部门核算时对机构单位的调查的分类不尽一致。统计部门的调查主要关注的是对实物资产，特别是固定资产的核算。财政部门的核算是为了满足会计与财务管理的需要，是从资产流动的角度对资产进行分类。因为住户部门没有编制资产负债表，统计部门对住户部门进行统计调查时采用的非金融资产的分类也与总体核算不尽一致。这使两套标准之间出现了差异，虽然不会影响总体核算，但仍需要详细分类来补充。

第三，学术界对住户部门非金融资产的分类，更多的是在非金融资产与金融资产的资产选择行为的视角下进行的分类，并没有全面探讨住户部门非金融资产的界定与分类。

第四，我国具备住户部门非金融资产核算的基础，但对经济总体的核算项目与住户机构单位和部门的核算项目的衔接，以及对住户部门的固定资产、耕地、存货、耐用消费品、贵重物品、非生产资产等具体核算项目的界定与分类还需深入探讨。

第三节　对完善我国住户部门非金融资产核算范围的建议

根据 SNA2008 和 CSNA2016，我国对非金融资产的界定与分类在国民经济整体层面是清晰的。但具体到部门层面特别是编制住户部门资产负债表时，还需要进一步研究和完善。这就需要从准则上探讨住户部门非金融资产的界定与分类，从统计核算框架上确定住户部门非金融资产核算项目与分类，并提出政策建议。

一、从准则上探讨住户部门非金融资产的界定与分类

从准则上探讨住户部门非金融资产的界定与分类，主要探讨编制住户部门资产负债表与非金融资产的界定和分类的关系，住户部门的经济功能和行为与非金融资产的界定和分类的关系，住户部门核算范围与非金融资产的界定和分类的关系，从而探讨经济总体核算项目与住户机构单位和部门核算项目的衔接，以及对住户部门的固定资产、耕地、耐用消费品、贵重物品、非生产资产等具体核算项目的界定与分类的问题。

（一）编制住户部门资产负债表与非金融资产界定和分类的关系

从国际准则来看，编制包括住户部门在内的国民经济资产负债表与非金融资产的界定和分类的关系主要体现在编表的目的与逻辑顺序两个方面。

1. 编制住户部门资产负债表的目的与非金融资产的关系

编制资产负债表的主要目的有三个，即经济监测、服务于分析和政策目的、进行国际比较，这三个目的是相互关联的。我们通过分析编制住户部门资产负债表这三个目的与非金融资产的界定和分类的关系，探讨我国住户部门非金融资产的界定和分类。

一是经济监测。经济监测的基础是核算。编制资产负债表是核算存量。从流量与存量的关系来看，存量是流量变化的结果。与编制资产负债表相关，核算流量主要界定生产的范围；核算存量主要界定资产的范围。编制住户部门资产负债表，特别强调住户部门服务于消费，对经济福利具有重要贡献的自给性服务不纳入核算（生产核算）范围之内。其原因主要是：对其他部门的影响非常有限，且通常没有合适的市场价格进行估价。但也有例外，从流量核算来看，也并不是所有自给性服务都不纳入核算范围之内，比如，自有住房的服务，其

原因是它一直包括在国民经济核算的生产范围之内，若不纳入核算范围之内，国际比较就会失真；从存量核算来看，也并不是所有自给性服务用于消费的成果都不纳入核算之内，比如自有住宅，它是耐用消费品。它纳入核算范围之内的原因是，自有住房的房主被认为是提供住房服务用于自己消费的非公司性企业单位的所有者。也正因为住宅是住户部门的消费品，不具有用于生产、不提折旧等特征，SNA2008和有的国家（如美国）并未将它纳入住户部门固定资产的核算范围，而是单独列为一项——住房或住宅（房屋）。

二是服务于分析和政策目的。住户部门流量与存量的核算要服务于宏观经济分析和制定及调整宏观经济政策的需要。实际上纳入核算范围与没有纳入核算范围的成果有时起着替代作用。比如住户部门的汽车，有的作为耐用消费品没有纳入表内核算范围，与此相对应，汽车等耐用消费品的自给性服务，就不像住宅的自给性服务那样纳入核算范围之内。汽车的市场服务价格过高，有些就会转化为自给性服务，如洗车等。即使是从服务宏观经济分析及其政策调整的角度来看，有些没有纳入表内核算的成果，如部分耐用消费品，也应纳入表内核算。

三是进行国际比较。这可能是一个重要目的。但SNA2008在住户部门资产负债核算时，并未像非金融公司、金融公司、政府和国外部门那样，详细讨论资产负债的核算范围与分类。它特别强调"耐用消费品"不作为财富处理，而是作为一种支出。美国、加拿大、澳大利亚等已经将其纳入表内核算。

2. 编制住户部门资产负债表的逻辑顺序与住户部门非金融资产的关系

从国际准则来看，编制经济总体资产负债表的逻辑顺序是，在定义机构单位和部门以及界定资产负债核算范围的基础上，首先，编制机构单位资产负债表；其次，汇总机构单位资产负债表编制部门资产负债表；最后，汇总部门资产负债表编制经济总体资产负债表。在国民经济总体的五个部门中，只有住户部门不能提供一套完整的资产负债表。若它能提供一套完整的资产负债表，则一般归为公司部门。我们编制住户部门资产负债表时一般参照总体经济部门的核算项目设计住户部门的核算项目。实际上即使已经编制机构单位资产负债表的机构，其资产负债核算项目也并未与经济总体的核算项目完全相对应，有的核算需要通过二级、三级等核算项目进行识别加以确定。我们既可以编制全面反映住户部门包括非金融资产在内的财富状况的资产负债表，又可以编制与经济总体相衔接的包括非金融资产在内的资产负债表；既可以根据需要设计住户包括非金融资产在内的不同的核算项目开展调查，又可以汇总这些调查的核算项目编制部门资产负债表。这里关键是要细化住户核算项目并有清晰的界定与分类。

（二）住户部门的经济功能和行为与非金融资产界定和分类的关系

国际准则对住户的定义是集体消费某些货物和服务——主要是住房和实物的一群人，对住户经济行为的表述是住户不同于公司，要进行最终消费。作为住户并不需要从事生产活动。可能的话，住户内的生产活动应被视为准公司，并纳入公司部门。特别是自由职业者，尽管可获得生产活动的完整信息，但不能获得与生产活动相关的完整账户，非法人企业仍然被视为住户的一部分。从国际准则对住户的定义及其经济行为的表述我们可以得出如下判断：（1）住户部门的主要经济功能是最终消费，它用于消费的收入主要来源于住户部门之外的工作（生产活动），而不是住户内部的生产，即自雇报酬；（2）但也不排除住户内部的生产活动，若有的话，视同非法人企业，仍然纳入住户部门；（3）住户部门既是消费者也是生产者，作为生产者，能够提供一套完整账户就纳入公司，否则纳入非法人企业（包括非正规经济部门）；（4）住户部门内部的生产活动以非法人名义产生的收入，也纳入住户部门，但有些用于最终消费，有些可能用于购买固定资产和流动资产等；（5）各国住户的经济功能重点不同，专业化程度高的发达国家，住户部门经济功能主要是消费，而专业化程度低的发展中国家，生产的功能可能占一定的比例。正因为SNA2008把住户的主要功能定位为消费，所以它认为，对许多住户来说，主要资产就是土地、房屋以及累积的养老金。对包括其他非法人企业的家庭来说，资产负债表中可能会记录其他固定资产。

住户部门内部的生产活动以非法人企业的名义开展，而非法人企业与公司的根本区别是能否提供一套资产负债表。我们在编制资产负债表时，尽量向编制完整的住户部门资产负债表方面努力。但住户部门的经济功能即消费和生产使我们在界定住户部门这个层次上的非金融资产时遇到了一些需要深入探讨的问题。我国的个体工商户和农户都在住户部门内从事生产活动，把它们的生产活动与消费活动一并核算，就会在非金融资产的界定与分类上遇到以下需要探讨的问题。

一是耕地（有的称为土地）。对城镇住户来说，土地与其上面的建筑物连在一起，构成了住宅和其他建筑物；对农村住户来说，除住宅和其他建筑外，大部分耕地（包括承包的池塘、荒山等）用来养殖和种植。这部分耕地可以多次使用，符合固定资产的特征，应由非生产资产的自然资源归为生产资产的"固定资产"。有的认为，耕地归集体所有，农户不是所有者，耕地应作为"合约、租金和许可"非生产资产。耕地有承包期，在承包期内，农户有经济所有权，可以转让承包，让渡耕地使用权，具有固定资产的特征。而"合约、租金和许可"是针对合约、租金、许可本身的核算，它们是非生产资产。土地从经济总体核算来说，属于非生产资产；但对住户部门来说，它应该属于生产资产。

二是耐用消费品。随着我国自由职业者和民宿的增多，许多消费品与固定资产的界限越来越模糊。比如，住户部门的汽车过去是作为耐用消费品，但现在可以作为出租车使用；视为耐用消费品的家用电脑和手机除为家庭使用外，现在已是从事线上交易的工具。住户部门新增加的生产服务活动内容，需要从核算上特别是非金融资产的界定与分类上进行必要的调整。

我们建议，根据耐用消费品的用途（既可以作为消费品，也可作为生产服务工具）、金额、转让情况等因素，将部分耐用消费品纳入相应的生产资产核算项目内。比如汽车、私人飞机等纳入"固定资产"中的"交通设备"核算项目之内。

三是培育性生物资源。培育性生物资源是与自然生物资源和一次性提供产品的生物资源相对的，它是重复提供产品的动物资源和重复产果的树木、庄稼和植物资源。

重复提供产品的生物资源包括种牛、奶牛、役畜、绵羊等用于产毛的动物，用于运输、比赛和娱乐的动物。这些生物资源纳入固定资产核算。而包括家禽在内的为宰杀而饲养的牲畜不是固定资产，而是存货。

重复提供产品的林木、庄稼及植物资源包括为产出水果、坚果、树汁或树脂、树皮和树叶而培育的树木（包括葡萄藤和灌木）。这些树木纳入固定资产核算。但是，提供木材的树木（其在被砍伐时被视作一次性提供最终产品）和只生产一季的庄稼和蔬菜不属于固定资产。

以上是国际准则对培育性生物资源核算的分类。我们认为，这对于除住户部门之外特别是非金融公司的非金融资产核算是可行的，但对住户部门来说，这样核算可能识别有难度。比如羊，往往是产毛几年后宰杀。它既可以作为产毛的固定资产，又可作为为宰杀而饲养的存货。也正因为难以识别，印度的住户部门核算单独设立了"牲畜和家禽"项目，用于核算培育性动物资源。我国住户部门非金融资产核算既要遵循国际准则，又要结合中国实际情况，需要细化培育性生物资源的核算。

（三）住户部门核算范围与非金融资产界定和分类的关系

住户的核算范围决定了其核算的非金融资产的界定与分类。前面我们在讨论住户部门的经济功能和行为与非金融资产的关系时，已经涉及了住户部门核算范围与非金融资产的关系，即非法人企业与住户部门非金融资产的关系。根据前面章节的论述，我国住户部门的核算还可以包括为住户服务的非营利机构。

与住户部门不同，我国政府财政部门发布了《民间非营利组织会计制度》，可以依此编制非营利机构单位资产负债表。但没有发布为住户服务的非营利机构会计制度。根据对《民间非营利组织会计制度》的分析，我们认为，为住户服务的非营利机构的非金融资产的界定和分类与住户部门相比，除固定资产和存货等基本相同外，其还包括文物文化资产和无形资产。

（1）文物文化资产。文物文化资产是指用于展览、教育或研究等目的的历史文物、艺术品，以及其他具有文化或历史价值并作为长期或永久保存的典藏等。与经济总体核算的"贵重物品"相比较，未包括贵重金属和宝石、珠宝等。我们认为，可以将此项目保留，在经济总体核算时，纳入"贵重物品"的核算中。

（2）无形资产。无形资产指非营利机构拥有的为开展业务活动，出租给他人或为管理目的而持有的没有实物形态的非货币性长期资产，包括著作权、商标权、土地使用权、非专利权。这些无形资产可视为知识产权产品。

二、住户部门非金融资产核算项目与分类框架

综合上述对非金融资产分类的国际准则、各国实践和我国统计实践的对比分析，我们认为，我国住户部门非金融资产的分类，在非金融资产的下一级分类层次上应与国民经济核算保持一致，以便将国民经济总体的核算与机构部门层次的核算相衔接。即在大类上非金融资产可以分为生产资产、非生产资产。同时，应结合我国住户部门的实际情况，在往下的层级分类上可以进行调整。

（一）生产资产

生产资产又可以具体细分为固定资产、存货和贵重物品。这与国际规则保持一致。

1. 固定资产

固定资产可包括住宅、其他构筑物、机器和设备、耕地、重复提供产品的培育性生物资源以及知识产权产品。

（1）住宅。住宅不一定全都是建筑物。这取决于各国的实际居住情况。比如印度把船屋、泊船、移动房屋、房车也归于住宅。我国的住宅也可以包括其他居住场所，这取决于其所占的比重及分析的需要。住宅的进一步分类，如分

为自用、出租等，这取决于分析的需要。需要说明的是，不具有产权的住宅如集体宿舍、工棚等不应纳入住宅的核算范围。

（2）其他构筑物。这是指除住宅以外的建筑物，包括非住宅建筑和其他建筑物。非住宅建筑包括经营建筑（饭店、旅馆等）、仓库等，其他建筑物包括排水渠、机井、大棚等。

（3）机器和设备。机器和设备包括交通运输设备和其他机器设备。交通运输设备包括汽车、渡船、私人游船、私人飞机等。其他机器设备包括农用机器设备（拖拉机、收割机等）、通信机器设备（手机、电脑等）、娱乐设备（电视、家庭影院设备等）、能源设备（太阳能、风能发电和取暖设备等）、家用其他耐用消费品等。

（4）耕地。耕地是指用于养殖、种植的土地和水域，不包括建筑等其他用地。

（5）重复提供产品的培育性生物资源。重复提供产品的培育性生物资源作为家庭农业生产的重要资产应纳入固定资产核算范围。

（6）知识产权产品。知识产权产品包括研究与开发，计算机软件和数据库，娱乐、文学或文艺品原件，其他知识产品。

2. 存货

存货是指生产者为今后销售，在生产中使用或因为其他用途而持有的货物和服务。存货具体又可以分为原材料、在制品、制成品、转售商品。我国住户部门存货界定与分类的难点在于培育性生物资源。如前所述，有些生物资源具有固定资产和存货的双重特征，需要详细的分类补充加以确定。

3. 贵重物品

SNA2008建议，贵重物品包括贵金属和宝石、古董及其他艺术品、其他贵重物品［包括邮票、纪念币（钞）、瓷器、书籍等收藏品，以及精美的首饰、时尚的宝石和有重大可实现价值的金属］。目前，我国没有建立专门的关于贵重物品的统计制度，但在一些针对住户或家庭的抽样调查中已经陆续开展了有关贵重物品的调查。从现有调查来看，贵重物品界定的难点在于，贵重物品与收藏品、历史文物、金银首饰、艺术品等的界定。我们建议先从住户部门入手，制定容易收集数据的统计制度，然后再逐步完善。例如，印度住户部门贵重物品核算仅核算"金银首饰"，我国可增加邮票和货币收藏品等。

（二）非生产资产

在国际准则中，非生产资产包括自然资源，合约、租约和许可，商誉和营销资产。然而，在部分国家的统计实践中，住户部门资产负债核算并没有将非生产资产列入核算范围。反观我国的现实和统计实践，国际准则中在自然资源类别进行核算的土地，对住户部门核算来说，可以纳入固定资产核算范围；其他自然资源如矿物和能源储备、非培育性生物资源、水资源等，不在住户直接控制、负责和管理之下，不纳入住户核算范围之内。

我国合约、租约和许可的核算尚处于探索研究阶段，住户部门的调查还没有涉及这些非生产资产。我国会计核算中的"无形资产"与国际准则中的合约、租约和许可核算范围并不相同。我国的合约、租约和许可应包括无形资产中的著作权、商标权、专利权、特许权等，而专利技术、计算机软件和数据库等属于知识产权产品。我国住户部门不涉及商誉和营销资产，它们是企业在合并、重组或者在买卖某一企业过程中产生的资产，因而住户部门没有进行这两项资产的核算。

参考文献

［1］联合国，等．国民账户体系2008［M］．中国国家统计局国民经济核算司，中国人民大学国民经济核算研究所，译．北京，中国统计出版社，2012.

［2］中华人民共和国国家统计局．2016中国国民经济核算体系［M］．北京：中国统计出版社，2017.

［3］国家统计局住户调查办公室．中国住户调查年鉴2018［M］．北京：中国统计出版社，2018.

［4］杜金富．政府财政统计学［M］．北京，中国金融出版社，2008.

［5］杜金富，等．政府资产负债表：基本原理及中国应用［M］．北京，中国金融出版社，2015.

［6］杜金富，等．货币与金融统计学［M］．4版．北京：中国金融出版社，2018.

［7］杜金富，等．住户部门资产负债表编制：国际准则与实践［M］．北京：中国金融出版社，2020.

［8］王毅，郭永强．政府资产负债表：国际标准与实践［M］．北京：中国金融出版社，2015.

［9］甘犁，等．中国家庭金融调查报告2014［M］．成都：西南财经大学出版社，2015.

［10］韩中．住户部门卫星账户构建的理论与方法研究［M］．北京：中国社会科学出版社，2015.

［11］李扬，等．中国国家资产负债表2018［M］．北京：中国社会科学出版社，2018.

［12］许宪春，等．中国资产负债核算问题研究［M］．北京：北京大学出版社，2019.

第五章　住户部门金融资产和负债核算范围

住户部门的资产包括非金融资产和金融资产。在上一章我们研究了我国住户部门非金融资产的核算范围，本章我们研究我国住户部门金融资产和负债的核算范围。

第一节　国际上对住户部门金融资产和负债核算范围的界定

本节主要研究国际经济核算文献和部分国家对金融资产和负债的定义与分类。

一、国际经济核算文献对金融资产和负债核算范围的界定

国际上关于金融资产和负债核算的主要文献包括联合国等机构的《国民账户体系2008》（SNA2008）与国际货币基金组织的《货币与金融统计手册和编制指南（2016）》等。

SNA2008 和国际货币基金组织对金融资产和负债核算范围作出的界定，是针对所有经济部门的，且二者的核算范围是一致的。除了 SNA2008 在"住户部门"部分论述"住户部门资产负债表"中指出住户部门的主要金融资产和负债外，其余基本相同，主要包括八种金融资产和负债。除货币黄金和特别提款权外（中央银行），其余七种金融资产和负债都与住户部门的核算相关。它们是通货和存款、债务性证券、贷款、股权和投资基金份额、保险和养老金、金融衍生工具和雇员股票期权、其他应收/应付款。

（一）通货和存款

通货包括纸币和硬币。它们由中央银行或政府单位发行，是发行单位的负债。通货可分为本币和外币。本币具有固定的名义价值。外币以资产负债表数据相关日期有效的汇率转换为本币。此外，可根据实际情况，按照所持有的本币或外币的金额再进行细分，是否有必要做这种划分取决于所拥有的外币的数量。

存款也是一种具有固定名义价值、用于支付的金融资产。它可以作为一种价值储藏手段，有些类型的存款还可以作为直接交换手段，有的可以获得利息，有的赋予存款持有者享受特定服务的权利。国内存款的价值是其名义价值，当存款变现时，债务人根据合同有义务向债权人偿还相应的数额。

（二）债务性证券

债务性证券是一种可流通的金融工具，作为某单位具有需要结清的债务的证明，这种债务通过提供现金、金融工具或其他一些具有经济价值的项目来结清。通常证券规定了利息支付和本金偿还的时间表。

债务性证券包括：（1）短期债券；（2）长期债券和担保债券，包括可转换为股票的长期债券；（3）商业票据；（4）可流通的大额存单；（5）可交易的存款收据；（6）通过循环承购便利和债券发行便利发行的票据；（7）证券化的抵押贷款和信用卡应收款项；（8）事实上可交易的贷款；（9）支付固定收入，但在公司解散时不参与残余价值分配的优先股；（10）银行承兑汇票。

短期债券、可流通的大额存单、银行承兑汇票及商业票据都是短期证券，它们赋予持有者在规定的日期无条件收到事先约定的固定金额的权利。债券通常以低于面值的价格发行和交易，这一差额取决于利率和到期时间。如果这些证券没有市场价值，那么应以发行价格加上应计利息定价，利息额由原始发行价格中隐含的利率决定。

长期债券和担保债券属于长期证券，它们赋予持有者无条件得到固定金额收入或合同确定的可变金额收入（主要指利息）的权利。很多长期债券和担保债券还赋予持有者在一个（或几个）规定的日期无条件得到一项（或几项）作为本金偿付的固定数额的权利，但永续债券没有到期日。

零息债券是在债券期限内无定期支付的长期证券。与短期证券类似，这种债券折价发行，到期时按面值一次性支付本利。高折价债券是一种在期限内定期支付利息的长期证券，但支付金额远低于市场利率。

如果长期证券没有市场价值，应以发行价格加上尚未支付的应计利息进行定价。需要注意的是，高折价债券和零息债券不应以面值定值。

只要债券持有者愿意，一些公司债券可转换成同一公司的股票。这种转换期权单独交易时应被视为一项单独的资产，划为金融衍生工具。

（三）贷款

贷款是指债权人直接将资金借给债务人，并收到一份不可流通的资产证明的金融工具。贷款包括抵押贷款、分期贷款、租购信贷、为贸易信贷和预付款提供融资的贷款，由金融租赁隐含产生的金融资产和负债等。普通贸易信贷和类似的应收/应付账款不是贷款。

以融资租赁的方式获得商品时，即使法律规定租赁商品仍是出租人的资产，其所有权也从出租人向承租人转移。这是因为所有权的所有风险和收益事实上都转给了承租人。基于所有权的这种变化而形成了实际意义上的贷款融资，该融资是出租人的资产，是承租人的负债。

证券贷款是指证券持有者将证券转给借入者，在规定的日期或持有者要求时，借入者必须归还同样的或类似的证券。与证券回购协议一样，所有权的风险和收益仍属于原始所有者。如果借入者以现金作为担保品，那么对这种贷款的处理方法与回购协议相同。如果借入者以非现金资产作为担保品，那么就不记录交易。在这两种情况下，相关证券仍在其原始所有者的资产负债表上。

黄金掉期交易是货币黄金与其他储备资产（通常是外汇存款）进行交换的回购协议。黄金贷款与证券贷款的形式相同，应以同样的方式处理。

向第三方出售从回购协议或证券贷款而获得的证券时，就发生了卖空。在这种情况下，卖方的资产负债表上应包括一项负资产，金额等于被出售证券的当期市场价值。

（四）股权和投资基金份额

股权和投资基金份额包括所有这样的工具和记录，即在所有债权人的债权都得到偿付后，对公司的残余价值具有求偿权。多数权益证券不赋予持有者得到事先确定的收入或在公司解散时得到一个固定金额的权利。权益的所有权通常由股份、股票、参股证书或类似文件来证明。

除公司的普通股外，以下类型的证券划为股权和投资基金份额：（1）住户部门对准公司所有权股权的价值；（2）合伙公司或有限合伙公司的权益；（3）在公司解散时参与剩余价值分配的优先股或股票；（4）共同基金股份。

一般来说，股权和投资基金份额包括有活跃交易的公共公司的股票，应以其在股票交易所或其他有组织的金融市场上的当期价格定价。对所持有的不定期交易的私人公司股票进行估价时，应参考与该公司在盈利、股息历史和前景方面都相似的上市股票的价格。考虑到不上市股票的交易性和流动性较差，这一价格可向下调整。

（五）保险和养老金

保险和养老金包括寿险、年金权益以及养老金权益等。寿险和年金权益反映了投保人对提供寿险或年金的企业所拥有的金融债权。养老金权益反映了现有和未来的养老金领取者对其雇主或雇主指定的到期支付养老金的基金所拥有的金融债权，属于雇主与雇员所签的报酬协议的一部分。

（六）金融衍生工具和雇员股票期权

1. 金融衍生工具

金融衍生工具是一种与某一特定金融工具、指标或商品相联系的金融工具，特定的金融风险本身可以通过金融衍生工具在金融市场上进行交易。金融衍生工具的价值衍生自标的资产的价格，这一价格称为参考价格。"标的资产"一词与某种商品、金融资产、利率、汇率、另一个金融衍生工具、两个价格之间的价差、指数、一揽子价格等有关。对金融衍生工具定价时，标的资产的市场价格或指数是必不可少的。如果因为缺少标的资产的市场价格和指数而不能完成对金融衍生工具的定价，那么这一金融衍生工具就不属于金融资产。与许多其他金融债权不同，金融衍生工具不需要偿还本金，也没有应计的投资收入。

金融衍生工具可以分为两大类：远期合同（包括掉期）和期权合同。在远期合同下，双方同意在某一特定的日期以事先约定的价格交换特定数量的标的资产（可以是实际产品或金融产品）。合同开始时交易双方就交换了具有相等市场价值的风险，合同本身价值为零。一段时间之后，双方风险的市场价值才会出现变化，一方得到了资产，另一方产生了负债。在远期合同的期间内，债务人与债权人的关系在数量和方向上都可能发生变化。

（1）远期合同。常见的远期合同包括利率掉期、远期利率协议、外汇掉期、远期外汇合同以及交叉货币利率掉期。

①利率掉期是指在一定时间内，货币相同、本金相同、期限相同的两笔资金做固定利率和浮动利率的互换，但不交换本金。

②远期利率协议是这样一种协议，双方同意在特定的交割日对一定名义数额的本金支付某一利率。如果市场通行利率高于商定的利率，卖方向买方支付利率差额；如果市场通行利率低于商定的利率，买方向卖方支付利率差额。

③外汇掉期是指即期卖出/买入一种货币，同时远期买入/卖出同一种货币。

④远期外汇合同是双方同意在将来某一商定的日期以商定的汇率交易特定数量的某种外币。

⑤交叉货币利率掉期（有时也称货币掉期）是交换与利息支付有关的现金流量，并在合同结束时以商定的汇率交换本金。在合同开始时也可以交换本金。

（2）期权合同。期权合同中的期权购买者有权利但没有义务在将来某一时期内或某一日期以事先确定的价格购买（买入期权）或出售（卖出期权）某种特定的金融工具或商品。可针对多种基础工具出售或开立期权，如权益、利率、外币、商品及特定的指数。期权的卖方承诺在买方要求时出售或购买特定数量的基础工具或商品，买方为此向卖方支付一定的期权费。

①认股权证是期权的一种。它是可交易的工具，赋予持有者在特定期间内以特定的条件从认股权证的发行者（通常是公司）手中购买一定数量的股票或债券的权利。此外，还有货币权证（基于购买一种货币所需另一种货币的数量）及交叉货币权证（与第三种货币相连）。

②保证金是为了保证金融衍生工具合同中规定的实际或潜在义务的履行而缴纳的现金或抵押品。可退还的保证金包括为保护交易方免受违约风险而存入的现金或其他担保品，这种现金或担保品归存入者所有。以现金支付的可退还的保证金是存款，而不是金融衍生工具。以证券或其他非现金资产支付的保证金仍保留了它们作为证券或其他资产的特征。不可退还的保证金使金融衍生工具合同下产生的负债减少。

许多金融衍生工具都在活跃的市场上进行交易，因此它们都具有市场价值。如果没有市场价值，可使用其他方法对金融衍生工具定价，如期权模型或贴现现值。如果没有期权的当期市场价值，可以用已付或应付的期权价格定价。

2. 雇员股票期权

雇员股票期权是雇主与雇员在某日（授权日）签订的一种协议。根据协议，在未来约定的时间（含权日）或紧接着的一段时间（行权期）内，雇员能以约定价格（执行价格）购买约定数量的雇主股票。

（七）其他应收/应付款

其他应收/应付款包括贸易信贷和预付款以及其他应收或应付的杂项资金。债务人应根据合同向债权人支付欠款以减少或结清债务。

二、部分国家对住户部门金融资产和负债核算范围的界定

部分国家关于住户部门金融资产和负债核算的界定与分类的基本依据是一系列国际准则。在此基础上，不同国家根据本国国情与实践对住户部门金融资产和负债核算做了一些调整。

（一）美国住户部门金融资产和负债核算的界定与分类

美国住户部门的金融资产和负债核算分为国民经济核算（经济总体核算）的金融资产和负债核算（美联储和美国经济分析局分别进行）以及美国消费者金融调查（SCF）的金融资产和负债核算。美国的住户部门包括为住户服务的非

营利机构。

1. 金融资产

美联储和美国经济分析局经济总体核算的住户部门金融资产主要包括存款和现金（包括外国存款、活期存款、现金、定期和储蓄存款、货币市场基金）、债务证券、贷款、公司股权、共同基金份额、应收补贴和货款、人寿保险责任准备金、养老保险责任准备金、非公司企业股权、其他资产等。

美国消费者金融调查的金融资产主要包括存款（包括外国存款、活期存款、现金、定期和储蓄存款、货币市场基金）、信贷市场工具（公开市场票据和汇票、美国国债、政府支持机构债、地方政府债券、公司与国外债券、其他贷款、抵押贷款等）、公司股权、开放式基金、证券公司信用、人寿保险金、养老保险金、非公司企业股权、其他资产等。

这里我们重点研究美国的养老保险金。美国养老保险准备金分为三部分：第一部分是由政府主导、强制实施的社会养老保险制度，即联邦退休金制度；第二部分是由企业主导、雇主和雇员共同出资的企业补充养老保险制度，即企业年金计划；第三部分是由个人负责、自愿参加的个人储蓄养老保险制度，即个人退休金计划。以下主要介绍前两个部分。

联邦退休金制度是由政府主导的基本养老保险制度，是美国政府为退休人员提供的一种保障型社会福利。社会保障税是联邦退休金制度最核心的内容。社会保障税是美国仅次于个人所得税的第二大税种，由联邦政府按照一定工资比率在全国范围内统一征收，强制要求企业在每月发工资时按照雇员的社会保障号码（SSN）代扣代缴。社会保障税由美国财政部国内工资局集中收缴后，专项进入养老保险管理机构——美国社会保障署（Social Security Administration）设立的社会保障基金。

在企业补充养老保险制度下，公司根据每个员工的薪资情况，为其提供一个退休金账户。每个员工可根据自己的情况为下一年的退休计划制定一个储蓄计划，一般是工资的百分之几或政府规定的上限。这部分钱可暂不付当年的个人所得税，直到个人使用这部分钱的时候（一般是在退休后）才补交个人所得税。公司根据1：1的比例为员工存入相应的资金。一般各家公司都有自己的原则，比方说不超过员工工资的5%。账户里的资金可由个人支配进行投资，但需经由合格的退休金管理公司来管理。

2. 负债

美联储和美国经济分析局经济总体核算的住户部门负债主要包括债务证券、

贷款和人寿保险。

（1）债务证券

债务证券是指除股票外的有价证券，包括在金融市场上交易的各种金融工具。

按照是否有财产担保划分为抵押债券和信用债券。抵押债券是以企业财产作为担保的债券，按照抵押品的不同又可以分为一般抵押债券、不动产抵押债券、动产抵押债券和证券信托抵押债券，以不动产如房屋等作为担保品的，称为不动产抵押债券，以动产如适销商品等作为担保品的，称为动产抵押债券，以有价证券如股票及其他债券作为担保品的，称为证券信托债券，一旦债券发行人违约，信托人就可将担保品变卖处置，以保证债权人的优先求偿权。信用债券是不以任何公司财产作为担保，完全凭信用发行的债券，政府债券属于此类债券，这种债券由于其发行人的绝对信用而具有坚实的可靠性。除此之外，一些公司也可发行这种债券，即信用公司债，与抵押债券相比，信用债券的持有人承担的风险较大，因而往往要求较高的利率。

（2）贷款

贷款包括住房按揭贷款、消费贷款、存款机构贷款、商业抵押贷款等。

住房按揭贷款是购房者以所购住房做抵押并由其所购住房的房地产企业提供阶段性担保的个人住房贷款，它占负债的大部分。

消费贷款是指银行或其他金融机构采取信用、抵押、质押担保或保证方式，以商品型货币形式向个人消费者提供的信用贷款。按照接受贷款对象的不同，消费信贷又分为买方信贷和卖方信贷。买方信贷是对购买消费品的消费者发放的贷款，如个人旅游贷款、个人短期信用贷款等。卖方信贷是以分期付款单证做抵押，对销售消费品的企业发放的贷款，如个人小额贷款、个人住房贷款等；按照担保的不同，又可分为抵押贷款、质押贷款、保证贷款和信用贷款等。

存款机构贷款是指银行根据国家政策以一定的利率将资金贷放给有资金需求的个人，并约定期限归还的贷款类型。

商业抵押贷款包括个人使用的汽车和卡车贷款、其他自用车辆贷款、教育贷款、其他消费贷款、住房改善贷款、初级抵押贷款、其他住宅房地产贷款、土地合同贷款、保证金贷款、人寿保险单贷款、养老金贷款、信用卡贷款，以及信用额度。

3. 人寿保险

人寿保险是人身保险的一种，是以被保险人的寿命为保险标的，且以被保险人的生存或死亡为给付条件的人身保险。与所有保险业务一样，被保险人将风险转嫁给保险人，接受保险人的条款并支付保险费。与其他保险不同的是，人寿保险转嫁的是被保险人的生存或者死亡的风险。这里是指住户延期或未支付的人寿保险。

美国消费者金融调查的负债包括信贷市场工具、证券公司信用、延期或未支付的人寿保险。其中，信贷市场工具包括住房按揭、消费信贷、银行贷款、商业抵押贷款和其他贷款等；证券公司信用是指住户在证券市场买卖证券而从证券公司所借的资金。

（二）日本住户部门金融资产和负债核算的界定与分类

日本经济总体核算由内阁府经济社会综合研究所专门负责，其将机构部门分为非金融公司、金融公司、广义政府、住户、为住户服务的非营利性机构和国外六大类机构部门。日本银行的资金流量账户（Japan's Flow of Funds Accounts，J-FFA）、统计局家计调查、消费实态调查等都较为清晰地界定了住户部门核算范围。

1. 金融资产

日本经济总体核算的住户部门金融资产包括现金和存款，贷款，债务证券，股权和投资信托受益证券，保险、养老金和标准化的担保计划，金融衍生品及员工股票期权及其他金融资产。

（1）现金和存款

现金和存款大致由"现金"和"存款"组成。住户持有的现金是指由中央银行或政府发行或认定的纸币和硬币，以及外币现金。住户存款包括流动性存款、定期存款、可转让存款、外币存款等。

（2）贷款

贷款是指货币贷款协议和分期付款销售合同等产生的货币债权。住户部门持有的贷款除贷款协议外，还包括一些应收款等实际已经具有贷款性质的金融资产。

（3）债务证券

债务证券是指住户部门持有的其他部门有偿还义务的证券形式的金融债权，包括金融工具交易法约束下的有价证券和不受该法约束的有价证券，具线包括国库短期证券、国债、财政投资债券、地方政府债券、政府机构债券、金融债券、企业债券、居民发行的对外债券、商业票据、信托受益权、债务证券化等。

（4）股权和投资信托受益证券

股权和投资信托受益证券是指住户部门对发行主体的剩余请求权的权益。其中，"股权"是对在本国设立的各种法人的股权，在国民经济核算体系中，作为发行机构部门的负债来处理。除了根据金融商品交易法发行的股权外，还包含根据专利法设置的特殊法人的股权。股权分为上市股权、非上市股权和其他股权。上市股权以当期市场价格估价，未上市股票和其他股权在无法测得实际市场价值时则应采取各种接近市场价值的方法进行估算。"投资信托受益证券"是指投资信托公司将自己持有的投资信托受益权分割，对投资信托的购买主体发行的受益证券，以及在投资法人发行的投资证券中，属于投资信托及投资法人相关法律规定的投资信托受益证券及投资证券。

（5）保险、养老金和标准化的担保计划

保险、养老金和标准化的担保计划是金融机构中介收入、财富再分配的一种形态，是指保险、养老金和标准化的担保计划的参加者持有的资产，表现为住户部门向为提供此类服务的金融中介机构进行支付所形成的债权以及未来现金流的索取权，包括"非人寿保险准备金""人寿保险、年金保险领取权""年金领取权""年金基金对年金责任人债权""定型保证支付准备金"。

（6）金融衍生品及员工股票期权

金融衍生品是从特定金融产品（原始债券）中衍生出的、不对原债权的本金部分进行资金收受的金融资产类商品，包括远期和期权两种，每种金融衍生工具以市值记录。员工股票期权是指实体向员工（包括官员）授予股票的权利，允许员工在一定时期（行使期）或之后以预定价格（行使价）购买公司特定数量股份的权利。在核算过程中该项包括已归属但尚未行使的期权价值。

（7）其他金融资产

其他金融资产是指以上六大类之外的金融资产，包括对外直接投资、对外证券投资、应收账款、其他外部债权等。其中，对外证券投资指对非居民在海外市场或国内市场发行的股票或债券的投资。

日本住户调查中的金融资产分为存款、邮政储蓄、货币信托、人寿保险、非人寿保险、个人年金保险、债券、股票、投资信托、其他。

2. 负债

日本经济总体核算的住户部门负债可分为三大类：贷款、金融衍生工具和雇员股票期权以及其他负债。

（1）贷款。贷款是指住户部门对其他人形成的债务。

（2）金融衍生工具和雇员股票期权。日本住户本身不发行金融衍生工具，但参与买卖金融衍生工具，当交易出现负值时，就会形成负债。

（3）其他负债。住户的其他负债是指以上两类负债以外的负债。

日本住户调查中的负债主要是借款，包括住房贷款、教育贷款和自由贷款等。

（三）加拿大住户部门金融资产和负债核算的界定与分类

加拿大住户部门的金融资产分为通货和存款、债务证券、贷款、股权和投资基金份额、人寿保险和养老金以及其他应收账款六大类，其中，人寿保险和养老金只包含个人的终身人寿保险与雇主缴纳的养老金，不包含政府缴纳的养老金。

1. 金融资产

（1）通货和存款

加拿大住户部门的通货和存款分为本币通货和存款与外币通货和存款。

本币通货和存款是指住户部门持有的流通中的加拿大元纸币和硬币（不包括因特殊目的发行的纪念币）以及在加拿大商业银行以加拿大元计价的存款，包括活期、储蓄和定期存款以及银行间存款。活期存款包括可通过支票、汇票或直接借记/贷记转让的金融资产。

外币通货和存款是指住户部门持有的流通中的外币，在加拿大商业银行及其外国分支机构和子公司、外国银行和其他外国存款机构以外币计价的存款，也包括持有的信用合作社、信托和抵押贷款公司少量的外币和存款。

（2）债务证券

债务证券是证明投资者向发行人借出资金的可交易证券，并且具有特定的发行条款，如借入的金额、应付的利率以及到期日或续约日期等。债务证券主要包括政府、企业和非住户部门的短期票据，联邦、省、地区和市政府债券，公司债券，外国债券以及抵押证券等。

（3）贷款

贷款仅包括抵押贷款一项。抵押贷款是指住户部门持有的以不动产担保的分期回款销售协议。

（4）股权和投资基金份额

住户持有股权和投资基金份额是指在支付公司所有债权人的债务后对公司剩余价值的所有权。股权和投资基金包括持有上市和非上市股权、共同基金份额以及国外股权投资。

（5）人寿保险和养老金

加拿大人寿保险和养老金资产涉及人寿保险公司和养老基金对保单持有人和受益人的责任，具体包括人寿保险公司、兄弟福利协会、人寿保险公司的隔离基金，意外和疾病保险公司以及养老金计划成员的养老金计划。相应的金融资产完全由住户部门持有。在加拿大国民账户体系中，人寿保险公司和养老基金被视为个人协会，累计的净金融资产被视为保单持有人的财产，最终将支付保险费。

（6）其他应收账款

其他应收账款主要包括回购协议和其他金融衍生工具，如期权和远期合约。

2. 负债

住户部门的负债主要包括信用卡、购物卡、加油卡、汽车贷款、助学贷款及其他贷款等各类消费贷款、抵押贷款、非抵押贷款和应付账款。

（四）印度住户部门金融资产和负债核算的界定与分类

目前，印度住户部门资产负债状况主要由两个部门编制和发布，一个是印度中央统计局（CSO）编制和发布的国民账户核算中的住户部门资产负债表，另一个是印度国家抽样调查局（NSSO）组织和开展的全印度负债与投资调查（AIDIS）。统计局定义的住户更加宽泛，除了 AIDIS 定义的住户外，还包括为住户服务的非营利机构。

1. 金融资产

CSO 住户部门的金融资产主要包括现金、存款（银行存款、非银行性公司存款、合作银行或组织存款、贸易债务净额）、股权和债券（私营公司、合作银行或组织、共同基金）、政府性资产（政府性有价债券、政府小额储蓄）、保险基金（人寿保险、国家保险）、公积金和养老金。

AIDIS 金融资产包括现金、存款、股票、债券、保险费、企业年金、公积金、代金券等。

2. 负债

CSO 住户部门的负债包括银行垫款、合作银行或组织贷款或贷款、银行机构和非银行机构贷款、政府贷款和垫款、保险公司贷款。

AIDIS 住户部门的负债包括本票、不动产抵押、动产抵押（金银饰品等）、无担保贷款、应付款项或商业信用等。

（五）新西兰住户部门金融资产和负债核算的界定与分类

新西兰统计局和新西兰储备银行均编制住户部门资产负债表，两表的编制既存在差异又紧密联系。

1. 金融资产

新西兰统计局编制国民经济资产负债表涉及住户部门的金融资产主要包括通货和存款，债务性证券，贷款，股权和投资基金份额，保险、养老金和标准化担保计划五项。

新西兰储备银行住户部门资产负债表的金融资产包括货币、存款、非股票证券、贷款、股票和投资基金份额、保险技术准备金等。

2. 负债

新西兰统计局编制国民经济资产负债表涉及住户部门的负债仅涉及贷款一项。

新西兰储备银行住户部门资产负债表中负债主要是贷款，包括消费贷款、住房贷款、学生贷款等。

（六）部分国家关于住户部门金融资产和负债核算范围的界定小结

一是上述五个国家编制的住户部门资产负债表与该国经济总体资产负债表的金融资产和负债基本一致，而这些国家经济总体资产负债表基本遵循SNA2008 和国际货币基金组织对金融资产和负债核算范围的界定。

二是这些国家对住户部门金融资产和负债的核算除了国家统计部门和中央银行编制国民经济资产负债表（包括住户部门资产负债表）外，有的还进行住户调查，而由于住户调查的目的不同，各国金融资产和负债的定义和分类也不尽相同。

三是这些国家住户的金融交易不仅核算与金融机构交易形成的金融产品（金融资产和负债），大多也核算与金融机构之外交易形成的金融产品，如印度有政府贷款等。

四是住户的养老基金一般不仅包括雇主代雇员支付的那部分缴款，也包括企业年金等。

五是住户在金融市场交易形成的金融资产和负债纳入核算范围之内，如证券公司贷款、金融衍生工具（若为负值，则计入负债方面）等。

第二节　我国对住户部门金融资产和负债核算范围的界定

我国对住户部门金融资产和负债的核算与研究始于20 世纪90 年代，主要包括有关政府部门（统计主管部门与金融统计部门）和学术界的研究两大部分。

一、我国有关部门对住户部门金融资产和负债核算范围的界定

我国统计部门没有针对住户部门确定金融资产和负债核算范围及分类，而是将其涵盖在整体的统计制度之中。

（一）统计主管部门对金融资产和负债的核算

国家统计局印发实施了《中国国民经济核算体系（2016）》，从国民经济核算的角度对整个经济总体的金融资产和负债的了界定和分类。而统计部门针对住户部门的调查，只对住户的非金融资产进行调查。根据《中国国民经济核算体系（2016）》的划分标准，除去国际储备（包括货币黄金、特别提款权、在国际货币基金组织储备头寸、外汇），住户部门金融资产和负债一般分为通货、存款、贷款、股权和投资基金份额、债务性证券、保险准备金和社会保险基金权益、金融衍生品、其他。

（1）通货。通货是指以现金形式存在于市场流通领域中的货币，包括纸币和硬币。通货是持有者的金融资产，是中央银行的负债。

（2）存款。存款是指金融机构接受客户存入的货币款项，存款人可随时或按约定时间支取款项的信用业务，主要包括活期存款、定期存款等。存款是存款者的金融资产，是金融机构的负债。

（3）贷款。贷款是指金融机构将其吸收的资金，按一定的利率贷放给客户并约期归还的信用业务，主要包括短期贷款及票据融资、中长期贷款、外汇贷款、委托贷款和其他贷款。贷款是金融机构的金融资产，是贷入者的负债。

（4）股权和投资基金份额。股权是指对清偿债权人全部债权后的公司或准法人公司的剩余财产有索取权的所有票据或证明记录，包括上市股票、非上市股票和其他股权。股权是持有者的金融资产，是发行机构单位的负债。投资基金份额是指在将投资者的资金集中起来投资于金融或非金融资产的集体投资时，证明投资人持有的基金单位数量的受益凭证。投资基金份额是基金持有者的金融资产，是金融机构的负债。

（5）债务性证券。债务性证券是作为债务证明的可转让工具，包括票据、债券、资产支持证券和通常可在金融市场交易的类似工具。其中，债券是指机构单位为筹措资金而发行，并且承诺按约定条件偿还的有价证券。债务性证券是持有者的金融资产，是发行单位的负债。

（6）保险准备金和社会保险基金权益。保险准备金和社会保险基金权益是

指社会保险和商业保险基金的净权益、保险费预付款和未决索赔准备金，包括人身保险准备金和其他保险准备金。保险准备金和社会保险基金权益是投保人的金融资产，是金融机构的负债。

（7）金融衍生品。金融衍生品是指以货币、债券、股票等传统金融产品为基础，以杠杆性信用交易为特征的金融产品。通常与某种特定金融产品、特定指标或特定商品挂钩，对特定的金融风险本身进行交易。金融衍生品是持有者的金融资产，是金融机构的负债。我国统计主管部门没有设定"雇员股票期权"核算项目。

（8）其他。这部分主要为其他应收或应付款。其中，其他应收款是应收方的金融资产，是应付方的负债。

（二）金融统计部门对金融资产和负债核算范围的界定

中国人民银行从2004年开始根据资金流量表编制了我国的资金存量表，并测算了住户部门的金融资产和负债。从中国人民银行住户部门金融资产存量编制情况来看，住户部门金融资产总量涵盖了金融资产持有量的全部内容。并且中国人民银行在SNA2008的基础上，结合国际货币基金组织的《货币与金融统计手册及编制指南（2016）》，进行资金流量金融交易核算，包括资金流量表和资金存量表。资金流量表反映一定时期（如一年）内的金融交易，以金融资产或负债的新增量表示，资金存量表反映一定时点上金融资产或负债的余额，为研究我国住户部门金融资产的变化提供了全面的数据基础。其中，除去货币黄金与特别提款权，住户部门金融资产和负债包括七大类金融工具：（1）通货和存款；（2）债务证券；（3）贷款；（4）股权和投资基金份额；（5）保险、养老金和标准化担保计划；（6）金融衍生品及雇员股票期权；（7）其他应收/应付款。

中国人民银行逐年公布资金流量表（金融交易账户），除国际储备资产之外，涉及住户部门金融资产和负债的指标主要包括：（1）通货；（2）存款，包括活期存款、定期存款、外汇存款、其他存款；（3）证券公司客户保证金；（4）贷款，包括短期贷款与票据融资、中长期贷款、外汇贷款、委托贷款和其他贷款；（5）未贴现的银行承兑汇票；（6）保险准备金；（7）债券，包括政府债券、金融债券、企业债券；（8）股票；（9）证券投资基金份额。

从具体实践来看，根据中国人民银行居民金融资产存量表中对居民金融资产和负债的分类，金融资产大致包括以下八个部分：（1）现金，包括本币和外币。我国住户持有的外币越来越多，因此手持现金应包含这一部分，并将外币折算成等值人民币。（2）存款，根据现有情况用城乡居民储蓄存款代替；（3）债券，主要包括国债和非国债中的住户持有部分；（4）股票，是指住户手中持有的按市场价值计算的股票；（5）证券投资基金，是指住户手中持有的按市场价值计算的证券投资基金份额；（6）证券公司客户保证金，是指办理证券交易时向金融机构缴纳的保证金；（7）保险准备金，主要包括居民财产险和人身险；（8）其他金融资产。

住户部门负债大致包括以下五个部分：（1）贷款，主要包括购房贷款、汽车消费贷款、教育贷款、个人经营性贷款等；（2）信用卡未还透支额；（3）应付未付的保险金；（4）其他。

（三）我国有关部门对金融资产和负债核算范围的界定小结

国家统计局和中国人民银行统计部门都对我国金融资产和负债进行了定义和分类，但都是从经济总体核算的角度考虑的，未形成制度性、直接性的对住户部门金融资产和负债进行调查的定义与分类。国家统计局对经济总体金融资产和负债的定义和分类与中国人民银行基本一致。它们都遵循国际准则的基本分类（除不包括雇员股票期权外）。中国人民银行统计部门对住户金融资产和负债的定义又是以住户与金融机构发生金融交易为基础的，这与SNA2008略有不同。这两个部门都没有对住户部门与非金融机构发生的金融交易及住户部门与国外的交易进行核算。比如，民间借贷、住户在国外的存款等金融资产没有全部包括在住户部门核算范围之内。

二、我国学术界对住户部门金融资产和负债核算范围的研究

我国学术界涉及住户部门金融资产和负债的研究大体分为四种情况：一是从国民核算的角度，研究我国金融资产和负债的定义及分类，如许宪春等的《中国资产负债核算问题研究》、张岩等的《对完善人民银行住户部门金融资产统计体系的思考》等，但并没有针对住户金融资产和负债的定义及分类进行深入研究。二是从会计核算的角度研究我国金融资产和负债的定义及分类，如凌敏等的《浅议我国金融资产的分类与披露》，根据国际会计准则（IAS）从会计核算的角度研究我国金融资产的分类，虽然对住户部门金融资产分类有参考价值，但住户本身编制不出资产负债表，而是在调查的基础上，编制住户部门资产负债表。三是对住户部门资产负债数据的分析，如于雪的《我国住户部门金融资产负债研究》，分析住户部门金融资产和负债结构及其对经济的影响，但研究的重点不是住户部门金融资产和负债的定义及分类。四是对住户部门进行分

类，并编制住户部门资产负债表，如李扬等的《中国国家资产负债表》、西南财经大学中国家庭金融调查与研究中心的《中国家庭金融调查报告》等。我们主要研究分析第四种情况。

（一）李扬等的《中国国家资产负债表》

李扬等的《中国国家资产负债表2013》对国家资产负债表的编制进行了分析与说明，其中根据国家统计局发布的《中国资产负债表编制方法》中居民部门的定义，即"常住居民户组成的集合。包括城镇常住居民户、农村常住居民户和城乡个体经营者"，展开对居民部门的宏观视角研究，并在该研究报告中估算了近年来中国居民部门资产负债表。居民部门的金融资产主要包括以下类别：（1）通货；（2）存款；（3）债券；（4）股票；（5）证券投资基金份额；（6）证券公司客户保证金；（7）保险准备金；（8）金融机构理财产品；（9）结算资金；（10）其他金融资产。

居民部门的负债在该研究报告中仅限于贷款，包括消费性贷款和经营性贷款。

之后，李扬主持编著了系列报告——《中国国家资产负债表2015》《中国国家资产负债表2018》《中国国家资产负债表2020》。在《中国国家资产负债表2020》中，作者结合我国近年来居民部门金融资产与负债变化的新特点，尤其是居民财富积累、民间借贷、项目变化、债务风险以及住房资产与居民消费关系等重大实践问题，采用最新的数据信息和调整后的估算方法，对2017—2019年中国居民资产负债表进行了更新，对往年金融资产与负债项进行了修订。

《中国国家资产负债表2020》中居民部门的金融资产主要包括以下类别：（1）通货；（2）存款，包括保本和非保本理财；（3）保险准备金；（4）证券投资基金份额；（5）股票及股权，包括个人持有的上市公司股票及最终属于居民部门的企业部门权益；（6）债券；（7）贷款，主要是指居民部门内部的小额贷款和P2P贷款。

居民部门的负债全部为贷款，包括银行贷款（含消费贷款、经营贷款）、公积金贷款、小额贷款、P2P贷款等。

（二）西南财经大学中国家庭金融调查与研究中心的《中国家庭金融调查报告》

西南财经大学中国家庭金融调查与研究中心的《中国家庭金融调查报告》基于每两年一次在全国范围开展的抽样调查项目——中国家庭金融调查（CHFS）编制，调查结果成为中国家庭金融领域的基础数据库。在《中国家庭金融调查报告 2014》中，家庭金融资产主要包括以下类别：（1）银行存款，包括活期存款和定期存款；（2）股票；（3）基金，包括股票型基金、债券型基金、混合型基金、货币市场基金等；（4）债券，包括国库券、公司债券、地方政府债券和金融债券；（5）金融理财产品，包括银行理财产品、其他金融理财产品；（6）其他金融资产，包括其他正规风险资产（金融衍生品、非人民币资产、黄金）、现金、家庭借出款。

家庭负债主要包括以下类别：（1）家庭经营负债，包括工商业负债和农业生产负债，既包括银行贷款，也包括从民间融资渠道获得的借款；（2）家庭房产负债，既包括银行贷款，也包括从民间融资渠道获得的借款；（3）汽车负债，既包括家庭为购买汽车从银行获得的贷款，也包括从民间融资渠道获得的借款；（4）教育负债，既包括银行贷款，也包括民间借款；（5）信用卡负债；（6）其他负债。

（三）我国学术界对住户部门金融资产和负债核算范围的研究小结

我国学术界对住户部门金融资产和负债核算的定义与分类多从经济总体核算的角度进行研究，更多的是研究住户部门金融资产和负债数据的获得与分析。在住户部门资产负债表编制与金融资产和负债调查以及我国住户部门金融资产和负债的研究方面进行了深入探索。但在金融资产和负债核算项目的界定及分类方面可能还要进一步研究，如在理财核算方面，理财与存款、证券、基金等界定还不清晰；在现金和存款调查方面，注意到现金不仅包括本币，也包括外币，存款不仅包括本币存款，还包括外币存款，但没有包括在境外的存款；在股票调查方面，注意到了对股票和股票账户的现金（存款）的余额，但二者都纳入了股票资产的核算范围，且没有包括股权投资等；在保险调查方面，注意到了除人寿、养老保险外的诸如车辆险等其他财产险，但未包括企业的年金等。

三、我国对住户部门金融资产和负债核算范围的界定小结

一是国家有关部门针对经济总体对我国机构部门的金融资产和负债进行了分类，这种分类与国际准则 SNA2008 基本一致；国家统计局对金融资产和负债的定义则与中国人民银行的定义一致，而这些定义主要是以与金融机构的交易为准，有些不涉及与金融机构的交易如住户在金融机构之外的借款等并未定义为借款，而是纳入贷款核算范围之内；现行已经分类的金融资产和负债有些并未开展核算，如雇员股票期权、企业年金等；针对住户部门对金融资产和负债的定义与分类还需完善。

二是与 SNA2008 和其他国家通行做法相比，我国对住户部门金融资产和负债的调查应该加强。我国统计部门开展的住户部门收支调查主要是针对住户部门非金融资产和负债的调查，有些部门也进行了住户部门的一些调查，但没有制度化、系统化。SNA2008 及其他国家对住户部门包括金融资产和负债在内的资产负债表的编制，都特别强调开展调查的必要性，并指出"住户调查统计人员与国民经济核算人员采用的惯例并不总是一致"，但可以通过调查弥补部门核算的不足。比如，住户部门金融资产中的"通货"，即我们通常所称的现金，若不通过调查很难作出较为准确的定义和分类。现金应包括本币现金和外币现金。有的认为中央银行"流通中货币"，即 M_0 减去其他非金融部门资产负债表的现金，即为住户部门本币现金，但实际上人民币现金还有一个跨境流出流入的数额，要想测算这些数额仍然需要调查。

三是我国学术界对住户部门金融资产和负债核算定义与分类的研究多集中在住户部门金融资产和负债数据的获得与分析。在住户部门资产负债表编制与金融资产和负债调查方面以及在金融资产和负债核算项目的界定与分类方面还要做进一步研究。

四是我国针对住户部门金融资和产负债的定义与分类需要做进一步研究。要针对住户部门（包括为住户服务的非营利机构）本身金融交易的特点，完善既能满足国民经济核算的需要，又能反映住户部门状况的金融资产和负债的定义及分类。特别是要针对我国近年来出现的新的金融产品以及还没有纳入核算范围的金融资产和负债，如理财产品、企业开展的家用耐用消费品保险、企业年金、雇员股票期权等开展进一步的研究。

第三节　对我国住户部门金融资产和负债核算范围界定的建议

对照国际准则，根据我国住户部门金融资产和负债实际核算范围界定及研究的情况，我们建议完善住户部门金融资产和负债调查的制度，重点放在住户与金融机构之外的金融交易所形成的金融资产和负债的定义与分类，对新形成的金融产品加以分类，在此基础上，形成住户部门资产负债定义与分类的核算框架。

一、完善住户部门金融资产和负债调查制度

我国虽然已经具备了较为完善的金融统计制度，但仍需要建立住户部门的

金融调查制度。它除了弥补金融统计的不足外，重点是反映住户部门融资的动态情况及特点。住户金融调查制度有些内容，如住户之间的融资，从国民核算的角度来看可能并不重要，但对于反映和研究住户部门经济金融却是必不可少的信息。

从部门的分工来看，住户部门金融调查的内容要么纳入统计部门现行住户收支调查制度之内，要么由金融部门分别建立定期调查制度进行调查。比如证券监管机构可建立包括住户部门在内的证券股权融资的调查制度，负责证券股权融资调查；银保监会可以建立包括住户部门在内的保险融资的调查制度，负责保险融资调查；人民银行建立包括住户部门在内的综合金融调查制度。

从编制住户部门资产负债表的角度来看，住户部门金融调查的内容主要是现有的金融统计制度没有涉及以及只有总量没有详细分类的金融资产和负债。现有金融统计只负责统计与金融机构交易的金融产品以及需要金融监管部门监管的金融产品，除此之外的金融产品，比如民间借贷、雇员期权、企业员工集资、企业年金、企业事业单位拖欠的个体工商户货款及劳务人员的报酬、住户购买预付款卡等不在金融统计范围之内。而要编制完整的住户部门资产负债表，这些金融产品应该纳入核算范围之内。

住户部门金融调查的另一个重点是细化分类金融产品（金融资产和负债），比如，住户部门持有的现金分为本币现钞（央行数字货币）和外币现钞，但还要细分为城镇住户和农村住户持有的现金等，这些金融资产和负债的详细分类也是编制资产负债表所必需的。

二、对住户与金融机构之外交易形成的金融资产和负债的研究

住户与金融机构之外的交易主要包括与非金融公司、政府部门、为住户部门服务的非营利机构、境外以及住户之间的金融交易。

一是住户与非金融公司金融交易形成的金融资产和负债，主要包括：非金融公司内部对员工集资形成住户的债权和股权产品；非金融公司拖欠住户（包括非法人企业）的货款、工程款和劳务报酬等形成的应付款（住户的应收款）；非金融公司预售住户的各种商业借记卡，如汽车加油卡、缴费卡、理发卡等形成的预收款（住户的预付款）；企业返还住户的积分（这些积分可以购买企业的商品等，可视为货币）等。

住户与非金融公司金融交易还包括一些投资公司、资产管理公司等非金融公司专门从事的金融交易，它们所从事的金融交易不是正规金融交易，没有在

金融监管部门注册，是不受监管的金融交易。这些企业有的从事非法集资活动，有的也开展理财业务。

上述这些金融交易事实上形成了金融产品（金融资产和负债），它们归类为哪些金融产品要进行研究。比如内部集资，是属于债权类金融产品（贷款还是债券），还是属于股权类金融产品（股票、股权），要根据内部集资交易的性质及交易形成的金融产品的要素来确定。虽然公司在其资产负债表中也会对涉及住户的金融资产和负债有所反映，比如借款、应付款、预收款等，但其中未必单独设置住户的核算细项，即使设立了细项，有些也未必纳入核算范围，特别是拖欠农民工款项。这些最后要靠住户的金融调查来补充确定。

二是住户与政府（包括政府控制的非营利机构等广义政府）金融交易形成的金融资产和负债，主要包括：政府和事业单位拖欠住户（包括非法人企业）的货款、工程款和劳务报酬以及工资等形成的应付款；住户成员按社会保险规定对养老金实际缴款形成的养老金（有的还应包括雇主代雇员缴纳部分）；住户欠政府的社会养老金缴款而形成的应付款等；住户部门存入政府住房公积金管理中心的住房公积金形成的公积金存款，以及从住房公积金借款而形成的贷款等。

三是住户与为住户服务的非营利机构金融交易形成的金融资产和负债主要包括：住户成员参与企业年金（企业组织的养老保险，又称虚拟企业年金机构）的缴款而形成的企业年金；住户参与业主委员会缴纳的房屋维修费而形成的房屋维修基金等。

四是住户与非居民金融交易形成的金融资产和负债，主要包括：住户持有的外币现钞、在境外的存款、境外有价证券、境外借款等。

五是住户之间金融交易形成的金融资产和负债。比如住户间的借贷、非企业股权和应收应付款等，在编制住户部门资产负债表时这些得不到反映，因为一住户的金融资产就是与其交易的另一住户的负债，在编制住户部门资产负债表时，住户间资产负债要合并，即资产与负债要轧差，其结果为零。但这些数据有助于了解住户之间的融资状况。

需要说明的是，编制住户部门资产负债表是要反映住户部门包括金融资产在内的资产负债规模及其结构，它不是简单的流水账的汇总，而是要抓主要核算项目。只有了解住户部门整个金融交易（包括与金融机构之外的交易）形成的金融资产和负债后，通过统计和调查才能确定金融资产和负债的核算范围。

三、住户部门金融资产和负债定义与分类的框架

根据前述研究，我们建议住户部门资产负债核算范围应以住户的金融交易

特征为基础，既与国民经济核算相衔接，又能反映住户部门特点，还能考虑数据的可获得性，建立住户部门金融资产和负债定义与分类的框架。它包括金融资产和负债两个方面。

（一）金融资产的定义与分类

住户金融资产不包括为住户服务的非营利机构金融资产，主要包括通货和存款、债务性证券、贷款、股权和投资基金份额、保险及人寿养老基金、金融衍生工具和雇员股票期权、其他应收/预付款。

1. 通货和存款

住户持有的通货是中央银行发行的现钞，包括本币现钞和数字人民币、外币现钞和外国央行数字货币。

住户的存款是住户在金融机构及其他非金融机构存入款项，包括在银行的存款、在证券公司的保证金存款、在住房公积金管理中心的住房公积金存款等。

住户在银行的存款既包括住户的储蓄存款，也包括非法人企业的经营性流动资金存款等。

住户的存款还应包括住户在境外的存款。

2. 债务性证券

住户持有的债务性证券是指到期还本付息的债务性凭证，主要包括企业债券、国库券、可流通的大额存单等。

3. 贷款

住户的贷款是指住户借给其他机构单位的款项，包括通过中介机构贷给其他机构单位的款项及员工贷给企业的贷款等，有些企业拖欠工资等转化为贷款等。

4. 股权和投资基金份额

住户股权指对清偿债权人全部债权后的公司或准法人公司的剩余财产有索取权的所有票据或证明记录，包括上市股票、非上市股票和其他股权（非企业股权）。

住户部门持有的投资基金份额包括持有金融机构资产管理产品（银行非保本理财、信托公司资管产品、证券公司及其子公司资管产品、基金管理公司及其子公司专户、期货公司及其子公司资管产品、保险资管产品、金融资产投资公司资管产品和公募基金）和其他投资基金份额。

5. 保险及人寿养老基金

保险及人寿养老基金是指住户持有的商业保险和人寿养老保险基金等的净

权益、保险费预付款和未决索赔准备金。其中，人寿养老基金是其购买的人寿保险单、养老保险单、社会养老保险上缴款（应包括雇主代雇员缴款）、企业年金缴款（应包括雇主代雇员缴款）等（从国民经济核算的角度还包括这些基金的投资收入等，这些我们不再展开研究）。

6. 金融衍生工具和雇员股票期权

住户持有的金融衍生工具是一种与某一特定金融工具、指标或商品相联系的金融工具，是对特定的金融风险本身进行市场化交易而产生的金融工具。金融衍生工具的价值衍生自标的资产的价格，这一价格被称为"标的价格"。金融衍生工具可以分为远期合同（包括掉期）和期权合同。

雇员股票期权是雇主与雇员在某日（授权日）签订的一种协议。根据协议，在未来约定的时间（含权日）或紧接着的一段时间（行权期）内，雇员能以约定价格（执行价格）购买约定数量的雇主股票。

7. 其他应收/预付款

住户的其他应收款主要包括应收的货款和劳务款、应收的欠发工资、其他应收款等，其他预付款包括预付货款、预付的各种消费卡、其他预付款等。

（二）负债的定义与分类

金融负债简称负债。住户部门的负债主要包括贷款、金融衍生工具和应付预收款。

1. 贷款

住户的贷款是将按照贷款协议所借款项，包括向银行机构的借款、商业机构的贷款、证券公司的贷款（购买证券的借款）。信用卡透支视为贷款。

2. 金融衍生工具

住户部门的金融衍生工具主要是指住户购买金融衍生工具产生的负值。

3. 应付预收款

住户部门应付款主要是指应付的各项货款、费用、贷款利息和其他应付款项等，预收款主要是指货物预收款。

参考文献

［1］联合国，等. 国民账户体系 2008 ［M］. 中国国家统计局国民经济核算司，中国人民大学国民经济核算研究所，译. 北京：中国统计出版社，2012.

［3］杜金富，阮建弘，朱尔茜. 住户部门资产负债表编制：国际准则与实践 ［M］. 北京：中国金融出版社，2020.

［4］杜金富. 货币与金融统计 ［M］. 4 版. 北京：中国金融出版社，2018.

［5］中国金融年鉴 2019［M］. 北京：《中国金融年鉴》杂志社，2020.

［6］国家统计局住户调查办公室. 中国住户调查年鉴 2020［M］. 北京：中国金融出版社，2020.

［7］中国人民银行金融稳定分析小组. 中国金融稳定报告 2012［M］. 北京：中国金融出版社，2012.

［8］中国人民银行金融稳定分析小组. 中国金融稳定报告 2020［M］. 北京：中国金融出版社，2020.

［9］中国人民银行调查统计司. 中国资金流量核算（金融交易）1992—2010 年［M］. 北京：中国金融出版社，2014.

［10］李扬. 中国国家资产负债表 2013［M］. 北京：中国社会科学出版社，2013.

［11］李扬，张晓晶. 中国国家资产负债表 2020［M］. 北京：中国社会科学出版社，2021.

［12］甘犁，尹志超，谭继军. 中国家庭金融调查报告 2014［M］. 成都：西南财经大学出版社，2015.

［13］吴卫星. 中国家庭金融研究报告（2012—2013）［M］. 北京：对外经济贸易大学出版社，2013.

［14］史代敏. 居民家庭金融资产选择的建模研究［M］. 北京：中国人民大学出版社，2012.

［15］杜朝运，丁超. 中国居民家庭金融资产配置：规模、结构与效率［M］. 成都：西南交通大学出版社，2017.

［16］王聪. 中国家庭金融资产选择及财富效应研究［M］. 北京：经济科学出版社，2015.

［17］张海云. 我国家庭金融资产选择行为及财富分配效应［M］. 北京：中国金融出版社，2015.

［18］韩中. 住户部门卫星账户构建的理论与方法研究［M］. 北京：中国社会科学出版社，2015.

［19］孙元欣，杨楠. 家庭资产统计研究［M］. 上海：上海财经大学出版社，2013.

［20］张志伟. 中国家庭金融研究［M］. 成都：西南财经大学出版社，2017.

［21］黄凌灵. 中国居民家庭资产配置问题研究［M］. 北京：经济科学出版社，2011.

［22］许桂华. 资产价格波动对城镇居民消费的影响研究：基于家庭债务的视角［M］. 北京：经济管理出版社，2014.

［23］臧旭恒. 居民资产与消费选择行为分析［M］. 上海：上海人民出版社，2001.

［24］刘楹. 家庭金融资产配置行为研究［M］. 北京：社会科学文献出版社，2007.

［25］许宪春，等. 中国资产负债核算问题研究［M］. 北京：北京大学出版社，2019.

第六章　住户部门核算资料的收集、
估价和整理

编制住户部门核算表需要研究资产负债表和收入支出表，所需数据的数量多且细分类别多。虽然我国调查统计部门较多，但统计口径不同，按照国际标准和我国实际编制住户部门核算表，还需要进行数据的收集、估价和整理。本章首先研究国际上关于住户部门核算资料收集、估价和整理的一般做法，在此基础上分析我国对住户部门核算资料收集、估价和整理的现实做法，并对完善我国住户部门核算资料收集、估价和整理提出建议。

第一节　国际上关于住户部门核算资料收集、
估价和整理

本节我们重点研究并分析国际上较早开展国民经济核算国家，如美国、日本、加拿大等国家关于住户部门核算资料收集、估价和整理的一般做法，为我国住户部门核算资料收集、估价和整理工作提供借鉴和参考。

一、美国住户部门核算资料收集、估价和整理

（一）美国住户部门核算资料的收集

美国住户部门资产负债核算统计主要分为宏观统计和微观统计两个层面。在宏观层面，主要由美联储负责统计，数据来源于美国金融账户的住户部门与非营利机构资产负债系列报表，分析住户资产、负债和净资产状况，具体包括五张表：住户与非营利机构部门资产负债表（B. 101 Balance Sheet of Households and Nonprofit Organizations）和住户部门与非营利机构净资产变化表（R. 101 Change in Net Worth of Households and Nonprofit Organizations）；三张附表，分别为住户部门资产负债表（B. 101. h Balance Sheet of Households）、非营利机构资产负债表（B. 101. n Balance Sheet of Nonprofit Organizations）、附股权明细的住户部门与非营利机构资产负债表（B. 101. e Balance Sheet of Households and Nonprofit Organizations with Debt and Equity Holdings Detail）。核算的数据来源主要包括四个部分：一是监管报告，如各银行上报给美国货币监理署、联邦存款保险公司、国家信用社管理局和储蓄机构监管署等机构的信息，证券公司上报给美国证券交易委员会的信息；二是从纳税申报渠道获得的汇总数据，三是美联储的调查，如住户和金融公司的资产负债信息；四是其他机构的数据，如财政部的财政和国际资本流动信息，商务部的外商直接投资统计、国民收入和生产账户数据及其他商业和政府数据，农业部及非政府实体（如行业协会、评级机构和新闻服务机构）的数据。

在微观层面，主要是住户资产分类系列报表，将住户按资产类型、住户特征（年龄、收入、性别、净资产持有程度等）划分，分析不同类型住户持有不同类型资产的状况，具体包括六张表：根据资产类型分类的住户持有非金融资产情况表（Non-financial Assets Held by Families by Type of Asset），根据住户特征分类的住户净资产——以不变美元计价的平均净资产和净资产中位数表（Family Net Worth Mean and Median Net Worth in Constant Dollars by Selected Family Characteristics），以资产类型、性别和净资产规模为分类标准总资产规模不低于150 万美元的超级富豪持有资产情况表（Top Wealth Holders with Gross Assets of $1.5 Million or More by Type of Property，Sex，and Size of Net Worth），净资产规模不低于150 万美元的超级富豪地区分布表（Top Wealth Holders with Net Worth of $1.5 Million or More—Number and Net Worth by State），根据资产类型和住户特征分类的住户部门资产拥有率情况表（Asset Ownership Rates for Households by Type of Asset and Household Characteristics）以及根据资产类型分类的住户部门资产拥有率和中位数情况表。

在微观层面，美国住户部门资产负债调查主要通过住户部门抽样调查、个人税收推算、重点人群调查等方法，分析不同教育程度、不同户主年龄等类型住户的资产和负债状况。

（1）美国消费者金融调查（SCF）。该调查的目的是获取不同类型住户金融资产和负债及其他方面如收入、非金融资产等相关信息。其调查对象仅包括美国住户，不包括非营利机构。美国联邦储备委员会公布的美国住户与非营利机构部门资金流量表详细说明了住户与非营利机构的收入形成、分配、实物资产和金融资产。

（2）个人所得税推算。美国具有完善的税收制度，因此该方法具有覆盖范围广、收集成本低、数据质量好等特点。个人填报收入项目包括工资薪金、小费、普通股息、合格股息、个人退休账户分配、退休金、养老金、社会保障福利等。根据纳税申报表中的相关数据，主要通过"调整后的总收入"（AGI）和"1979 年收入概念"两种方式来衡量个人和家庭收入状况。然后将纳税申报中那些"已婚分别申报"的夫妻重新组合为"纳税家庭"，最后将数据合并得到以家庭为单位的相关数据。

（3）重点人群调查。以全美富豪为目标人群，以其净资产作为划分依据，编制出全美 400 富豪排行榜。之后《福布斯》杂志又相继推出全球亿万富豪榜、全球最具影响力人物排行榜、福布斯中国富豪榜等。其中最出名的仍然是福布斯全球富豪榜，该榜单每年推出一期，通常是在当年的 4 月份发布。在编制过程中，福布斯研究员通过与上榜人及其员工、竞争对手、律师、证券分析师等接触，查阅上榜人在证券交易委员会的文件、法庭记录、遗嘱、纳税记录、政府财政公开信息和网站公布的事件等方式，全面掌握这些人的财富变化。福布斯将所有能够反映该富豪身价的资产均纳入计算。上榜富豪净资产的估计主要通过其拥有的上市公司股权、私有公司、不动产、游艇、艺术品以及现金等个人资产之和减去其所承担的负债获得。上市公司股权价值通过持有的股份数乘以截止日（如 2018 年为 2018 年 1 月 8 日）该股的收盘价计算；私有公司的价值通过之前一年的市盈率或市净率，并结合利润及相关的收益进行评估；不动产、游艇、艺术品则由福布斯相关领域研究员结合市场行情给出具体的市场价格。

（二）美国住户部门核算的估价方法

1. 主要估价方法

不同的资产在估价时面临的问题不同，具体估算方法也不同，主要包括以下四种。

（1）市场现价法

市场现价法是指以同一市场上相同或相似资产在评估基准日附近的交易价格为基础，并对这些价格进行差异化分析从而得出被评估资产价值的一种估价方法。市场现价法的应用条件有两个：一是存在充分活跃与完善的市场，二是市场上能够找到与被评估资产相同或相似的参照物。市场现价法的公式为：

被评估资产的评估值 = 调整差异后参照物资产现行市场的平均值

= 参照物成交价 × 各项调整系数

（2）重置成本法

重置成本法是指将过去构建形成的资产按照现在的重置价值进行估价的一种评估方法。这种方法对被评估资产已存在的各项贬值因素进行估测，将各项贬值在重置成本中扣除，最终得到被评估资产的价值。重置成本法的基本公式为：

$$资产的评估价值 = 资产的重置成本 - 资产实体性贬值 - 资产功能性贬值 - 资产经济性贬值$$

在三大贬值难以估算的情况下，也可以采用重置成本乘以综合成新率的方法进行评估，公式为：

$$评估值 = 重置成本 × 综合成新率$$

（3）资产净值法

资产净值是在某一估值时点上，按照公允价格计算的资产的总市值扣除负债后的余额。资产净值是衡量资产经营好坏的主要指标，也是资产单位交易价格的计算依据。资产净值法的公式为：

$$资产净值 = 总资产 - 总负债$$

其中，总资产是指基金拥有的所有资产（包括股票、债券、银行存款和其他有价证券等）；总负债是指基金运作及融资时形成的负债，包括应付给他人的各项费用、应付资金利息等。

（4）账面价值法

资产按照购置时支付的现金或者现金等价物的金额，或者按照购置资产时所付出的对价的公允价值计量；负债按照因承担现实义务而实际收到的款项或者资产金额，或者承担现时义务的合同金额，或者按照日常活动中为偿还负债预期需要支付的现金或者现金等价物的金额计量。

2. 具体项目估价

下面以美联储编制的住户部门资产负债表为例，阐述各项核算要素的估值原则。

（1）美国住户部门金融账户中非金融资产的估价

房地产按市场现价法估值；设备和软件按重置成本法估值；知识产权产品，如果在市场上有交易，按现期市场价格估值，如果在市场上无交易，按重置成本法估值；耐用消费品按重置成本法估值。

（2）美国住户部门金融账户中金融资产的估价

住户存款的价值按债务人清偿债务时，依照存款条件及合同义务向债权人偿还的本金额估计。存款利息不能计入本金增加额，本金增加额需计入应收应付款项目中。存款按账面价值计算。基金价值按照市场现价和基金持有资产账簿价值综合折算。债务证券按照市场现价法估值，持有证券的价值变化（重估值）用市场价格指数估计。对于短期债券，若存在市场交易，应按现期市场价格估计；无交易的短期债券应根据发行价格和已产生利息加以调整。对于长期债券，无论是发行者（负债）还是持有者（资产）都应该始终按现期市价估计。

在贷款方面，债务人在贷款债务到期时按贷款合同规定的义务偿还给债权人的本金额估计。对贷款利息的处理与存款利息相同，将贷款利息计入其他应收应付款账户。贷款按账面价值计算。在股权方面，公司普通股的价值按照市场现价法估值，非公司企业股权的价值按照资产净值计算。当股权在有组织的金融市场上交易时，应按其现期市场交易价格估计；若没有上市交易，可参照可比上市公司的收益等指标进行估值，但考虑到未上市股票的实用性和流动性均较低，可以适当下调其估算价值。

保险准备金应按照编表时点其被投资于其他各种资产（如土地、建筑物、金融资产、贵重物品等）的实际和估算的现期市场价值估价。应收补贴和货款，如商业信用、预付款和其他应收应付项目对债权人和债务人来讲，都应按当债务清偿时债务人有合同义务向债权人支付的本金额估价。本项目的应计利息只包括存贷款的应计利息。

（三）美国住户部门核算的数据整理

整体而言，美国住户部门账户基本遵循 SNA2008 准则，但仍存在一些差异：第一，相较于 SNA2008 中有关非金融资产的分类，美国的住户部门核算进行了大幅缩减，只涉及固定资产这一分类的核算。而且，在美国住户部门核算中，耐用消费品的购买被视作投资，而非消费，因此，将原本是备忘项目的耐用消费品列入了非金融资产核算之中；第二，土地在资产负债表和重估账户中没有单独列示，只列示了房地产总额。第三，用于计算净资产的净借贷来自资本账户而非金融账户。资本项目与财务（金融）项目之间的统计差异，通过净资产变化进行计算，使两者报告一致。第四，将非金融非生产类企业（通常为小型商业）单独列出，而不是包括在住户部门中。但是经营家庭农场的家庭农户，虽然并非传统意义上的住户，却纳入住户部门中进行核算（而不归类为企业）。

数据合并汇总以家庭为单位，如微观数据个人所得税的推算主要基于纳税申报表中的相关数据的合并汇总，纳税人在填写纳税申报表时，申报身份包括未婚单身申报、已婚联合申报、已婚分别申报、户主申报及符合条件抚养子女的丧偶者申报五种情况。1986 年的税改法案要求纳税人在纳税申报表中填写他们被抚养家属的社会安全号码（SSN），通过纳税申报中与"被抚养者宽免"项相关的姓名和社会安全号码等信息，将纳税申报中那些"已婚分别申报"的夫妻重新组合为"纳税家庭",最后将数据合并得到以家庭为单位的相关数据。

美国国民经济核算的住户部门核算与微观调查数据的关系如下:虽然由美联储负责统计的美国金融账户的数据来源众多,但部分数据依靠外部提供者,因此某些数据的形式或细节不能完全满足金融账户的要求。而美联储通过住户部门抽样调查方法建立了微观层面消费者金融调查,调查内容较广,除金融资产与负债内容外,还对实物资产、收支状况、经济预期等住户情况进行调查,但在这一过程中获取的数据质量仍受美联储的严格监控。

二、日本住户部门核算资料收集、估价和整理

日本国民经济账户编制工作由内阁府经济社会综合研究所专门负责,日本银行的资金流量账户统计(J – FFA)是编制住户部门资产负债表的主要信息来源,非金融资产则来自包括经济普查活动调查及财政金融统计月报等在内的多机构编制的报表。此外,中央金融服务信息委员会的住户金融和负债民意调查、日本统计局的家计调查、消费实态调查等也对住户部门资产和负债信息起到了较好的补充作用。

(一) 日本住户部门核算资料的收集

J – FFA 统计是一个反映各经济实体的金融交易和相应的金融债权与负债存量数据的矩阵,由资产负债表、交易表和调节表组成。其中,资产负债表是记录经济实体在某一期末时点持有的资产和负债的矩阵,经济实体分类项目称为部门,包括非金融公司、金融公司、广义政府、住户、为住户服务的非营利性机构和国外六个部门,各部门又进一步细分为若干子部门。金融工具(交易或资产和负债)分类项目称为交易项目,包括现金和存款,财政贷款基金存款,贷款、债务证券、股权,保险、养老金和标准化的担保计划,金融衍生品等,贸易信贷和外贸信贷,对外项目等总计项目及其子项目。包括子部门、子项目在内,J – FFA 共有 50 个部门和 57 个交易项目,从国际范围来看是较为详细的。

日本在微观层面对居民住户金融资产和负债的调查始于 1953 年,被称为住户金融资产和负债民意调查。该项调查由中央金融服务信息委员会组织实施。中央金融服务信息委员会由来自金融机构(包括日本银行家协会)、产业组织(包括日本经济团体联合会)和其他组织〔包括日本广播公司(NHK)和消费者协会〕的专家组成。

日本住户金融资产和负债民意调查内容广泛。调查问卷共包含 35 个大问题、近 100 个小问题,主要涉及以下内容:住户收入用于储存的比例,住户拥

有的金融资产和负债总额、类别，选择金融产品、金融机构的标准，对股票、外币存款等金融产品的风险了解程度，储存的原因、目标、金额变化情况，对存款保险基金、投资者保护基金、保险公司责任等的了解，对金融资产安全性、"自我责任"的认知，住户主要支付方式、现金持有情况、收入和支出状况、负债情况，住户生活规划、目前生活状况、住房条件、购房资金来源、晚年生活费用来源、儿童津贴等。其中，金融资产分为 11 类：存款、邮政储蓄、货币信托、人寿保险、非人寿保险、个人年金保险、债券、股票、投资信托、公司内部存款及其他存款。对负债的调查主要为借款，并将借款分为住房贷款、教育贷款和自由贷款三类，同时对借款来源和借款用途进行了重点调查。调查时采用两阶段分层抽样方法选取调查样本。第一阶段采用分层方法逐步抽取调查地区，第二阶段抽取样本住户。

经济普查活动调查表由日本总务省及经济产业省负责。调查对象包括除国家、地方公共团体的事务所等外的所有事务所和企业。调查的内容主要是事务所和企业的经济活动基本情况，包括各行业事务所（小型经营主体）和企业数量、从业者数量、销售收入、增加值等内容。该项调查是住户部门非金融资产项目中矿产资源等信息的基础资料。

财政金融统计月报由财务省政策研究所负责编制。统计内容主要包括国有财产余额及变动情况，行政财产、普通财产分析统计，政府出资法人名单，普通财产管理处置情况等。采集指标主要有土地、竹木资源、建筑物、工件、机器设备、船舶、航空器、土地权、特许权、政府股权、不动产信托受益权。

（二）日本住户部门核算的估价方法

1. 主要估价方法

日本住户部门核算的估价方法分为金融项目估价方法和非金融项目估价方法。

（1）金融项目估价方法

日本资金流量账户统计的编制方法对各种金融项目的估价方法及估价准确性进行了说明，编制方法主要有两种：一是使用部门的财务报表来确定 J－FFA 中项目数据的"垂直法"，二是将汇总数据分配到持有资产/负债的各部门来确定 J－FFA 项目数值的"水平法"。前者估计部门数据，后者估计交易项目数据。在实际确定 J－FFA 数据的过程中，首先通过"垂直法"确定部分部门的数据，其次使用"水平法"通过确定交易项目数据来确定其他部门的数据，使用"水平法"的部门包括住户部门等。

由于源数据限制和获得延迟，即使通过"垂直法"和"水平法"构建数据，仍有一些单元格数据无法获取，当发生这种情况时，需要采取以下方法进一步估算，直到完成矩阵单元格的填报。一是使用其他数据。如果需填报的数据与某些数据具有一定的相关性，则通过将某些比率乘以该数据来计算估计数据。或者，某些数据与需填报的数据在特征上相似时，将其用作替代。二是使用历史数据。当源数据或数据遵循某种趋势时，基于历史数据进行估计。或者，当数据看起来不会出现显著波动时，使用上期数据。三是通过流量数据估算存量数据。在前一期存量数据的基础上，加上本期的流量数据来估算当前期限结束时的存量数据。

（2）非金融项目估价方法

在评估资产负债表中各资产价值时，通常的做法是尽可能采用评估时的市场价格，但能得到市场价格的资产较为有限，为了得到与市场价格接近的评估价值，采用了重置成本法、收益还原法和土地鉴定价格法等各种适合资产特性的价值评估方法。推算方法如下：①重置成本法。重置成本即再采购价格，是指在评价时重新采购该资产获得的推定价格，将取得价格（针对新产品的价格）乘以与再采购时相比较的物价倍率以及与使用年数相应的残值率来计算。②收益还原法。收益还原法是指从现在的资产未来能获得多少收益出发，利用利率将纯收益除以现值。该方法适用于地下资源、渔场等的资产评价。③土地鉴定价格。因为房地产市场的价格不统一，所以土地的价格需通过土地鉴定价格方法进行估值，例如，采用土地公示价格等通过交易事例比较法和收益还原法等进行评价。

2. 具体项目估价

（1）金融项目估价

一是现金。持有部门无法识别的现金金额视为住户和私人非金融公司持有的金额，用两个部门的比例估算每个部门的持有量，该比例是内政和通信部的非法人企业结构调查报告中按行业统计的公司现金持有量占销售额的比例。住户的现金持有量是从发行总额中扣除包括私人非金融公司在内的所有其他部门现金持有量的剩余部分。由于源数据的限制，假设私人非金融公司与本财年末住户的现金持有比例在全年四个季度相同。

二是存款凭证。对于持有部门无法识别的存款凭证中住户持有的部分，通过将这一数量乘以住户、地方政府和私人非金融公司三个部门中的住户持有比率（基于存款凭证买家数据）获得。

三是股权。上市股权是使用股东分配数据（股权调查等）计算得出的，非上市股权和其他股权是通过从总金额中扣除其他部门的持有金额计算得出的。这些数字是通过使用股东分配数据计算的比率与私人非金融公司部门按比例分配的数据（股权调查）进行计算的，个人的股票均假定为住户持有。

四是金融衍生品及员工股票期权。远期工具的未偿还金额是通过从总金额中扣除私人非金融公司的金额来计算的，该金额主要是根据外汇保证金交易公司的财务报表等估算的。期权类型工具的未偿还金额的估算方法是，利用外汇市场数据，然后用估计比率乘以金额计算得出。

五是贸易信贷和外贸信贷。资产方面的数据记录了独资企业的应收账款，这些数据是根据"中小企业基本调查"估算的。负债方面的数据记录了独资企业应付账款，这些数据是根据"中小企业基本调查"估算的。资产方面包括从公共保险覆盖的医疗支出中提取到的私人医疗从业者向社会保障基金发放的未偿信用额的数据，这些数据是根据医疗支出趋势的调查计算得出的。

（2）非金融项目估价

一是固定资产。固定资产根据永续盘存法以固定资产形成的时间顺序从基年推算得到，每年的资产变动额则以年末折旧后的再采购价格进行估价。

二是存货。存货估价以1970年全国财富调查结果为准，累计推算每年增长量。根据1970年全国财富调查中的资产额按部门及形态重新分类，再将存货基年资产额设置为1970年资产额，并根据每年存货余额变动情况推算每年年终存货余额。每年的调整额则通过将期初存货余额及期中存货变动额乘以期初及期中到期末的平均价格变化率推算得到。

三是土地。土地存量核算方法基本上是根据地理位置和面积乘以相应的单位面积价格计算得到。

四是矿产和能源资源。根据收益还原法推算。即净收益从产值中扣除原料、材料、燃料、电力、其他支出及现金工资总额获得，可运行年数使用可采粗矿总量计算。折现率使用无风险利率和报酬利率两种。无风险利率是指通过开采、销售矿石无风险地回收矿业权价值的利率，参考国债、公债、存款等利率后进行设定。报酬利率是资本投资的平均回报利率，是对无风险利率进行风险加权后得到的风险利率，根据各种资料设定。

五是非培育性生物资源。关于国有森林资源，以财政金融统计月报（国有财产专刊）和《国有林业事业统计书》的"森林的资产量"的面积为基础，乘以与面积相对应的单价进行推算。

（三）日本住户部门核算的数据整理

1. 数据归并处理

根据收集与估算的相关统计数据，按照主要交易项目和金融工具的归并关系，填报住户部门资产负债信息。为了使矩阵保持一致性，数据填报完成后，需要对每个交易项目及部门之间的资产和负债进行平衡处理。对于 J－FFA 确实无法识别的数据，应将该交易项目所有部门的数据扣除其他部门数据后的剩余部分，作为不能识别部门的交易项目数据。

2. 数据调节处理

若价格发生变化，则交易项目期末未结清金额与期末金额之间的差额与相应期间的交易不匹配。为了记录存量和流量之间的这种差异，编制了"调节表"，旨在调和流量表和存量表之间的差异。

三、加拿大住户部门核算资料收集、估价和整理

（一）加拿大住户部门核算资料的收集

加拿大住户部门资产负债表的核算数据来自宏观和微观两个方面。

宏观方面主要来自央行统计报表、商业管理部门、税务部门、社会保障部门等政府机构的行政管理记录、监管和统计数据。例如，央行的货币银行系列报表中关于货币与存款、贷款等金融资产和负债的统计数据，加拿大政府行政和管理机构关于住宅、非住宅、存货、土地的有关记录和统计数据，加拿大统计局市场物价调查中关于知识产权产品的数据，国民经济账户系列报表中关于股权和投资基金的核算数据，社会保障部门关于养老基金的调查和行政记录资料等。

微观方面主要来自加拿大统计局开展的住户支出、金融安全等专项抽样调查数据，它们是加拿大住户部门资产负债表数据的重要来源。

1. 住户支出调查

从 1997 年起，加拿大统计局开始定期开展住户支出问卷调查，样本覆盖加拿大十个省的 17792 个家庭和三个省会城市的 929 个家庭，是加拿大住户部门资产负债表数据的重要来源。调查内容包括加拿大住户的各类详细支出、居住特征（如住房特点和类型、居住期限、是否存在住房抵押或租用等）、人口情况、家用设备（如移动电话、电脑、车辆）、个人所得税、养老金等信息。调查时，要求受访者从访谈后的第一天开始记录所有家庭成员两周内的支出情况，但租金、定期水电费、购买房屋和汽车的支出除外。住户也可以选择提供购物收据，

以减少手工记录。住户支出调查最早为年度调查，之后不断增加调查频度，目前是按月进行调查。

2. 金融安全调查

为了全面掌握住户部门净资产及其组成部分，充分了解住户部门资产、债务、就业与教育等信息，分析研究经济压力对住户造成的影响情况，从 1999 年起，加拿大统计局开展了金融安全调查。加拿大金融安全调查基本上每三年开展一次，调查对象为加拿大十个省的住户。该数据是编制住户部门资产负债表的重要参考。调查的内容涵盖住户全面的财务状况信息，以帮助政府部门制定政策。其中，资产负债的主要内容包括：（1）金融资产，包括住户的人寿保险和养老金以及债券、共同基金、股票及股权、免税储蓄账户、退休基金等其他金融资产情况。（2）非金融资产，如持有的房地产、收藏品、车辆、主要居住场所的价值等。（3）负债，包括住户的抵押贷款、汽车贷款、信用卡和分期付款、学生贷款与其他债务等。此外，为了保证调查结果的全面性，该调查数据来源还包括个人税务数据记录、雇主资助退休金计划条款等监管信息。

（二）加拿大住户部门核算的估价方法

1. 主要估价方法

加拿大统计局在编制资产负债表的过程中使用的估值方法主要有永续盘存法和市场价值法。

（1）永续盘存法是会计核算的一种盘存方法，又称账面盘存制，是对产品、商品、材料等物品的增加或减少的连续记录，以便可以随时了解结存数。

（2）市场价值法采用产品的市场价格来计量资产持有期间的产值和利润变化，估算环境变化带来的经济损失或经济效益。

2. 具体项目的估价

（1）非金融资产的估价

一是住宅。参照经济合作与发展组织发布的《资本测算手册》，根据加拿大实际情况按永续盘存法进行估算。公式如下：

$$NS_t = NS_{t-1} + GFCF_t - DM_t - DP_t$$

式中，NS_t 表示第 t 期的住宅存量；$GFCF_t$ 表示第 t 期的固定资本形成总额；DM_t 表示第 t 期的住宅拆除价值；DP_t 表示第 t 期的折旧。以 1941 年的普查结果作为初始住宅存量。在折旧值时，加拿大统计局给出了一个折旧率，并假定当期固定资本形成总额折旧率为上期资本存量折旧率的一半。

二是非住宅建筑物、机器和设备、耐用品使用永续盘存法，按总额和扣除累计折旧后的净额进行计算。土地的价值也是按永续盘存法进行估计，计算时要将土地附属物的价值从总价值中剔除。

三是知识产权产品，按照市场价值估价。如从市场上购买的软件，按照购买时价格估价。

四是存货。采用两种方法对其存量价值进行估值。农产品存货的价值等于牲畜、农作物数量乘以市场价格。非农产品存货的估值一般采用初期账面价值加上当期发生的投入，并根据核算期内的价格变化进行调整估计。

（2）金融资产和负债的估价

一是通货和存款按面值进行估价。

二是债务证券按当期市场价值计值，其价格包含随时间发生的利息（即含息价）。

三是贷款按市场价值计价，包括已产生但未付的利息以及间接测算的由该项债务所承担的已产生但未支付的服务费用的数额。

四是股权和投资基金份额分为上市和非上市两类，均应按市场价格估值。如果未上市股权和投资基金份额难以取得公开市场价格，则采用近期交易价格法和市场资本化法进行估值。近期交易价格法主要用于未上市的大型公司，因为相对较容易获取可比公司的信息；其他按市场资本化法则进行估值，即选择恰当的资本化率来计算未上市公司的股权和投资基金份额的价值。

五是人寿保险和养老金，按未来受益人持有金融资产的市场价值进行估值。

六是其他应收账款，是指根据合同有义务向债权人支付的资金数额，以市场价值计价。

（三）加拿大住户部门核算的数据整理

1. 数据的收集合并

针对从数据源取得的基础统计数据，在登录住户部门资产负债表时主要根据交易对手和金融工具类型进行数据录入。同时，数据合并时也根据本国的实际情况进行一些调整。例如当遇到各部门执行的会计准则不一时，在编制合并资产负债表时，要先合并部分机构以消除会计准则差异。

2. 数据调节处理

加拿大住户部门资产负债表中数据涉及资产存量和流量的计算。在流量计算中，主要根据交易、重新定值和资产数量的其他变化三个因素整理流量数据。对于存量数据，主要是采用间接法进行核算，即借助资金流量表，根据资金流量表的累计变化数据推导出存量数据。从 2012 年起，加拿大统计局按季度从数据源直接收集存量数据，用于编制住户部门资产负债表。在数据整理时，加拿大统计局还十分关注数据质量，不仅从准确性、时效性、可获得性、一致性等多方面进行评估，而且从各种数据的兼容性、完整性上进行把控，同时借助内部管理委员会、特定事务委员会和外部专家顾问委员会进行管理并向其咨询，将质量管理融入所有的统计项目中。

四、印度住户部门核算资料收集、估价和整理

（一）印度住户部门核算资料的收集

目前印度住户部门资产负债状况主要由两个部门编制和发布，一个是印度中央统计局（CSO）编制和发布的国民账户核算中的住户部门资产负债表，另一个是印度国家抽样调查局组织（NSSO）和开展的全印度负债与投资调查（AIDIS）。前者参照 SNA 标准在国民账户核算体系下进行统计，后者对印度住户资产负债总量和结构情况，尤其是非金融资产结构情况进行深入调查，分类更加全面、详尽，是前者的补充。

印度住户部门核算参考 SNA 的方法，将机构部门分为非金融公司、金融公司、广义政府、住户及其他五大部门。其中，非金融公司、金融公司又分别可进一步细分为公共及私营两部门。因此，CSO 开展的国民账户核算又可从另一维度分为私营公司、政府、住户和其他四大部门，住户部门资产负债表跟随国民账户核算每年发布一次，且公布的为独立的住户部门资产负债表，采集内容包括金融资产、非金融资产等，数据于次年 1 月左右在印度中央统计局网站上公布，还通过《国民核算年报》的方式公开出版。

AIDIS 每十年进行一次，调查对象包括全印度的 11 万住户。采集内容除金融资产和负债情况外，还涉及其他实物资产，主要包括住户资产价值和构成、负债程度及资本支出情况。其中，金融资产包括现金、存款、股票、债券、保险费、企业年金、公积金、代金券等；金融负债包括本票、不动产抵押、动产抵押（金银饰品等）、无担保贷款、应付款项或商业信用等。AIDIS 采用问卷调查方式，包括十余张调查表，但最后并未将调查成果编制为资产负债表的形式，也没有专门的编制表样。

（二）印度住户部门核算的估价方法

印度住户部门不仅包括个人，还包括企业和非营利机构，其编制资产负债表时，各项目数据收集相对复杂，采用直接取数与间接推算相结合的方式，数据来源渠道主要有印度储备银行（RBI）、各项调查、商务部门等。

CSO 的估价方法主要有账面价值法与市场价格法，账面价值为取得资产（负债）时支付的价格，市场价格法则是随市场变化而变动的价值。印度住户部门资产和负债的具体项目的估价方法如下。

1. 非金融资产估价

非金融资产估价包括土地与建筑价值估计、其他实物资产估价两个方面。

（1）土地与建筑价值估计。截至调查日，住户通过遗产继承或其他方式获得的土地价值通过询问专业人员或机构的方法进行估价。农村地区土地与建筑估价标准由调查员咨询 Patwaris① 确定，城市地区土地估价标准则通过向注册办公室咨询确定。对于"村庄之外的土地"等特殊情形，则将调查住户填报的估计价值作为最后的估价。

（2）其他实物资产估价。如果住户对机器和设备、存货等能够进行估价，则按填报价值计入；如果住户对机器和设备、存货等无法填报价值，则需要联系对情况了解的当地人对这些资产进行估价，或者由调查人员根据市场均价进行估价。

2. 金融资产与负债估价

（1）现金和存款估价。CSO 对现金和存款均按账面价值确定。

（2）股权和债券估价。股权分为上市股票和非上市股票，上市股票的计价按市场价格估值；非上市股票采用近期交易价格法和市场资本化法来计算其市场价值。债券价值则按照市场价格法进行估价。

（3）政府性资产估值。住户部门持有的政府有价证券的价值确定采用账面价值法，即先确定住户部门在有价证券销售总额中所占的比重，然后用总额乘以比重计算得到，销售总额账面数据依据政府预算文件确定。政府小额储蓄估值进行类似处理。

（4）其他金融资产估价。对于养老金、年金计划等，按账面价值确定价值；对于保险资产，按到统计日已支付的保险费总额、未决索赔款计算；对于公积金，按公积金总额加利息收入计算；对于投资连接型保险，按"份数乘以实际价值"确定。

（5）金融负债估价。各项贷款按照"未偿还本金余额＋应付利息＋应支付其他费用"计价，其中包括已发生但未支付的利息，也包括间接测算的由该项债务所承担的已发生但未支付的服务费用数额。

---

① Patwaris 为印度专有词（印度语），意指负责土地所有权登记、估价的政府官员。

（三）印度住户部门核算的数据整理

在住户部门资产负债表编制过程中，CSO 的数据整理工作主要分为以下几个方面。

1. 缺失数据推算与检验

印度采用最宽泛的住户部门定义，报表编制过程中需要的数据非常多，数据来源不全、不准确是需要重点解决的问题。为此，CSO 主要采取"倒推法"与"交叉验证法"予以解决。如对于住户部门持有的现金与私营公司的股权、债权金额，CSO 均采取"总量—非住户部门持有量"的方法进行推算，在推算之后，同时会结合调查数据或其他部门数据进行交叉检验，以评估其准确性。评估住户部门持有现金量时，参照印度国家账户咨询委员会根据历史经验数据提出的"住户部门现金持有量与非住户部门现金持有量比值在 0.93 左右"这一基准；评估住户部门在非银行公司的存款额时，参照印度储备银行非银行监管部门"存款增长调查"所确立的政府性非银行公司存款与非政府性非银行公司存款的比值；评估住户部门持有私营公司股权与债券额时，参照印度储备银行"股份公司资本所有权结构调查"所获得的各方股份占比。当然，随着社会经济的发展，这些占比都会发生变化，CSO 将不断进行调整。

2. 协调不同性质数据的差异

住户部门中涉及个人（实际住户）的各项数据是以收付实现制为基础进行记录的，而涉及个人独资、个人控制的合伙制企业以及为住户服务的非营利性机构则按照统一规则，以权责发生制进行核算。这中间就会产生口径、时点等方面的差异，需要进行统一并予以规范。在报表编制过程中，CSO 遵循 SNA 核算原则，总体采取权责发生制进行核算。为此需对住户数据进行区分处理：许多数据，如现金、存款、当场完成交割的交易，实际上收付实现制与权责发生制无差异，直接编制入表即可；股权和债券、人寿保险基金、政府有价证券等，则按照发生日期与性质界定是否计入报表，如应付未付利息、未决索偿款等都是其中需要进行数据处理的项目。

3. 数据取净值与合并

为了准确反映住户部门的资产与负债情况，住户部门内部的债务债权关系要尽可能厘清，交叉部分要进行抵销和剔除，以避免重复和虚增。为此，CSO 在整理原始数据时，会有针对性地进行取净值和合并。如在某一特定资产内取净值，则用获得的债券减出售的债券，或用按新债券形式发行的债券减赎回的债券。合并则是指把某一组机构单位的资产交易与同一组机构单位对应的负债交易相抵销的过程，在印度住户部门资产负债表编制过程中，涉及住户与公司、住户与非营利性机构、公司与非营利性机构之间的合并。

五、英国住户部门核算资料收集、估价和整理

英国是最早系统编制住户部门资产负债表的国家之一。英国住户部门资产负债表将经常账户、积累账户与资产负债表结合起来，实现了对国民经济从生产、收入、分配到积累的核算。

（一）英国住户部门核算资料的收集

英国国民经济核算的数据来源比较广泛，包括政府的各种管理信息系统、统计调查、按照国民经济核算原则调整过的企业财务报表等。

1. 住户部门资产负债流量数据的收集

英国国家统计局使用跨部门商业登记系统（IDBR）作为抽样调查的抽样框以及一般性资料的来源。跨部门商业登记系统中包含在英国境内经营的所有金融公司和非金融公司的名称、地址等基本信息，除了规模非常小的企业（没有员工且营业额低于税收门槛的企业）和一些非营利机构，跨部门商业登记系统几乎覆盖了英国经济所有部门中处在正常经营状态的企业。英国国家统计局收集住户消费支出数据的主要渠道包括住户和个人支出抽样调查、零售及其他贸易商营业额统计数据、特定货物和服务的供应或销售的统计数据、行政管理部门的统计数据、商品流通分析数据等。

2. 住户部门资产负债存量数据的收集

英国国民账户资产负债表的数据主要来自英国国家统计局的全国资产负债表调查、英国特许公共财政与会计学会关于地方政府资产的报告、上市公司及主要经济主体的年报、行业出版物、其他政府部门和机构的管理数据等。

（1）非金融资产数据

在非金融资产的市场估值不容易获得的情况下，英国基于期初净资本存量和固定资本形成总额数据，使用永续盘存法估算各部门非金融资产的存量价值。资本存量和固定资本形成总额（GFCF）数据主要来自国家统计局的季度和年度全国资产负债表调查、家庭开支调查等相关调查，以及能源部、税务局、环境食品和农村事务部、海关等部门的数据。

（2）金融资产与负债数据

英国国家统计局编制各部门金融资产负债表时，主要数据来源于英国国家统计局的调查、英格兰银行、建筑协会委员会及财政等政府部门。货币金融机

构是金融资产的重要持有者和对应信息的重要提供者，英国国家统计局在收集这些数据时得到了英格兰银行的协助。主要的调查项目包括英国国家统计局向金融机构（保险公司、退休基金、单位和投资信托基金等）发出的季度调查收集某些短期资产（如现金、英镑商业票据）的余额数据。对于较长期的金融工具，收集的是直接流入金融账户的流量数据。同时，英国国家统计局还向这些金融机构开展年度资产负债表调查，并将这些调查结果与季度金融交易和市场变化信息一起使用，得到其季度资产负债数据；英国国家统计局的金融资产和负债调查针对非金融企业，收集季度资产负债表数据。这个调查每个季度开展一次，且每年扩展一次样本，住户及其他部门和世界其他地区的数据来源于多个渠道。

英格兰银行对所有银行开展季度资产负债表调查（对较大银行进行月度调查）（Bank Liabilities Survey）。建筑协会委员会对所有建筑协会成员按月开展资产负债表调查，涵盖所有建筑协会成员。财政部也提供部分行政数据用于编制住户部门资产负债；英国国家统计局于 1996 年对慈善机构进行调查，首次得出该领域的官方数据，并用于编制为住户服务的非营利机构的资产负债表。因为住户部门金融资产和负债数据收集难度大，或持有的相关金融工具数量很少，所以英国国家统计局并未直接向住户收集金融资产和负债数据，住户部门的数据主要来自交易对手部门的数据和剩余数值（即无具体归属部门的数据）。

（二）英国住户部门核算的估价方法

1. 主要估价方法

英国住户部门核算的估价方法主要有市场交易价格法、估计价格法、应计价值法、资产预期未来净收益的现值（折现）法。

市场交易价格法。市场交易价格法主要应用于金融债权的估价，如在证券交易所挂牌的证券、土地和建筑物、车辆、农作物和牲畜、新增固定资产和存货的估价。

估计价格法。估计价格（如果最近没有发生实际的交易）主要应用于：第一，未在证券交易所上市的证券，则与已上市的同类证券比较。第二，有形资产，与观察到的价格不完全相同但具有密切替代关系的项目相比（保险估价经常采用这种方法）。

应计价值法。应计价值（在资产的生命周期内，综合收购、减持、重新估值情况进行计算）主要应用于固定资产的估价，按当前价格计算，根据固定资本的累计消耗进行调整（称为减记重置成本）。对于非生产性无形资产（如购买的商誉和专利实体），通常通过摊销（逐步核销）初始购置成本来估价，并在资产的预期寿命内适当重新估价。

资产预期未来净收益的现值（折现）法。资产预期未来净收益的现值（折现）法主要应用于延迟回报的资产（如森林）或长期摊销的资产（如地基资产）的估价。使用时需按当前价格估价，并考虑所要计量的特定资产而非一般利率交易的贴现因素。

2. 具体项目估价

英国编制住户部门资产负债表一般采用市场交易价格法，对于难以得到市场价值的具体项目，则综合采用应计价值法、资产预期未来净收益的现值（折现）法等方法估值。

（1）有形固定资产

有形固定资产通常采用永续盘存法（PIM）估价，使用的是资本形成减去资本消耗的估计值，按照资产类型和收购年份进行分类，这些资产积累和重新估值的时间已经足够涵盖所有固定资产的期限。这类资产主要包括住宅和汽车、工业厂房和设备、历史纪念物、可持续生产的牲畜、可持续收获的果树。

（2）无形固定资产

无形固定资产主要包括矿产勘查和娱乐、文艺原创。矿产勘查的价值按照付给承包商的款项或自己承担的费用计算。过去未注销的勘探费用将重新估价（在这种情况下很可能会降低价值）。娱乐、文艺原创的价值按照其最近交易时的价格（或以自有账户的生产成本）计算或者使用预期未来收益的现值。

（3）存货

存货价值按照资产负债表所涉数量的现行价格计算，包括材料和物资、成品。

（4）非生产资产

①土地。土地的价值按其当前价格计算，因为土地的用途可能会对土地的价值产生巨大的影响，新业主将根据土地的确切位置和可能的用途支付土地的价值。该估价明确包括所有权转让的减记成本，包括过去固定资本形成总额带来的改善价值。

②地下资产。地下资产储量的价值通常被认为是商业开采预期净收益的现值。

③非农业生物资源和水资源。非农业生物资源和水资源的价值通常使用预期未来收益的现值。

（5）无形非生产资产

在交易时，无形非生产资产应按当前价格计价。不存在交易时，可以使用预期未来收益的现值。商誉的价值按取得成本减去应计摊销，适当重新估价。

（6）金融资产与负债

货币的估值主要采用名义价值或面值。存款主要是指债务人根据合同有义务偿还债权人的本金数额。非股份证券即所有证券，包括衍生品，都应按当前市场价值入账，如果没有当前市场价值，短期票据和债券可以按面值（或贴现后的发行价）加上应计利息计价。贷款的估价类似存款的计价方式。股份及其他权益，如果定期在有组织的金融市场进行交易，则当前价格估值；否则，根据在盈利和股息历史及前景方面具有可比性的上市股票的价格估值，如有必要向下调整，应考虑市场性或流动性方面的差异。对于准公司，权益等于资产减去负债。对于保险储备资产，这些资产包中的产品按其实际或估计的当前价格估价。未决索偿准备金是指预期将在结算中支付款额的现值。其他应收账款是指债务人根据合同有义务向债权人支付的本金。

（三）英国住户部门核算的数据整理

英国编制的资产负债表是一个时间序列数据库，英国国家统计局将收集到的数据按部门存入资产负债表时间序列数据矩阵。对于每个时间序列，数据库记录它来自何处，它属于部门账户矩阵中的哪个单元，以及它如何与其他序列汇总以生成单元总数。对少数难以收集的部门数据，则遵循利用每个资产必须有一个对应的负债这一原则，通过采用一定的技术手段，从交易对手部门的数据和剩余数值获得相应数据。对于矩阵中的每个部门，都指定一名统计学家负责以合理的方法平衡该部门账户，并监测剩余数值的合理性。

1. 部门内数据平衡

英国国家统计局和英格兰银行按季度在指定的时间内将原始数据报送中央数据协调员汇总并输入数据矩阵，时间序列数据库首先按照预先设定的方法平衡矩阵的每一类，然后汇总并为每一部门编制一个账户。每一部门都有一名指定的统计学家负责该部门账目的一致性。各部门统计人员开会讨论确定交易对手部门的数据和剩余数值的分配，决定是否要调整抽样调查结果，或建议对某些单元的数据进行进一步调查，以平衡部门内账户。

2. 部门间数据平衡

各部门初步数据出台后，需要各部门的统计学家召开会议协调部门间的数据，整合各部门数据，使其保持一致，最后形成各部门资产负债表及国家资产负债表。这个过程需要持续多次才会产生一组完全一致和连贯的账目，最终实现发表。

通过部门间的协调，使资产负债表中的每一项目满足以下等式：

期初资产负债表中（以核算日价格估价）某特定类型资产的存量价值＋在核算期内发生的交易中获得的资产总价值－处置的资产总价值＋所持有资产物量的其他正的或负的变化价值（例如，发现了地下资产或者由于战争或自然灾害造成了资产的破坏）＋由于资产价格变动引起的正的或负的名义持有收益价值＝期末资产负债表中（以核算日价格估价）某特定类型资产的存量价值

此外，耐用消费品不属于住户部门资产负债表项目，它作为有分析意义的项目显示在备忘录中。耐用消费品显示的金额是住户最终消费（包括汽车）使用的耐用品存量，按当前价格计算，并扣除固定资本折旧。

第二节　我国住户部门核算资料收集、估价和整理

一、我国住户部门核算资料的收集

我国有关部门根据资金流量表每年核算住户部门的金融交易，并由国家统计局定期公布。中国人民银行从 2004 年开始根据资金流量表编制资金存量表，并测算住户部门的金融资产和负债。从人民银行住户部门金融资产存量编制情况来看，住户部门金融资产的定义准确，其总量涵盖了金融资产持有量的全部内容，且按照国民经济核算原则对住户部门持有的债券和股票数据进行了估价，这成为我国住户部门金融资产研究的数据基础。

从微观角度来看，国家统计局于 1990 年、1996 年和 2002 年对我国城市居民住户财产状况进行了抽样调查。目前，国家统计局对居民收入和支出有比较详细的抽样调查，也可据此对住户部门金融资产和负债变动进行估算，而对住户部门负债的关注相对较少。

我国非政府调查起步较晚，目前较为成熟且影响较为广泛的是西南财经大学中国家庭金融调查与研究中心在全国范围内开展的中国家庭金融调查（China Household Finance Survey，CHFS），主要收集有关住户金融微观层次的相关信息。该调查是针对中国住户金融领域全面系统的入户追踪调查，调查成果建成中国住户金融微观领域的基础性数据库。该中心每两年进行一次全国性入户追

踪调查访问，采用问卷调查方式，样本分布在全国 25 个省（自治区、直辖市），80 个县（区、市），320 个村（居）委会，样本规模为 8400 多个住户。CHFS 调查的核心内容包括住房资产和金融资产、负债和信贷约束、收入、消费、社会保障与保险、代际转移支付、人口特征和就业、支付习惯等相关信息。

CHFS 的抽样方案采用了分层、三阶段与规模度量成比例（PPS）的抽样设计。初级抽样单元（PSU）为全国除西藏、新疆、内蒙古和港澳台地区外的 2585 个市/县。第二阶段抽样将直接从市/县中抽取居委会/村委会，最后在居委会/村委会中抽取住户。每个阶段抽样的实施都采用了 PPS 抽样方法，其权重为该抽样单位的人口数（或户数）。CHFS 首轮调查的户数设定为 8000 ~ 8500 户。从可操作性角度出发，各阶段样本数设定如下：首先，根据城乡以及地区经济发展水平，末端抽样的户数（即从每个居委会/村委会抽取的户数）设定在 20 ~ 50 户之间，其平均户数约为 25 户。其次，在每个市/县中抽取的居委会/村委会数量为 4，最后可以计算得到抽取的市/县个数约为 80 个。目前，中国家庭金融调查公布了 2011 年、2013 年、2015 年、2017 年四个年度的微观家庭金融调查数据。

总体来看，目前我国住户部门资产负债表编制中的宏观核算和微观调查统计不相衔接，且住户部门收入和支出不平衡，既没有发布编制住户部门资产负债表的方案和数据，也没有发布编制住户部门收入和支出平衡表的方案和数据。

二、我国住户部门核算的估价方法

我国住户部门核算的估价主要是为了流量数据向存量转化，这样更容易进行时间维度上的纵向比对。我国住户部门核算使用的估价方法包含 SNA 中给出的估价方法，同时也有一些统计学上常用的估价方法。具体如下：

1. 主要估价方法

（1）市场价值法。市场价值法又称市场现价法，是最常用的估价方法，主要是以同一市场上相同或者相似资产或者负债在估价的基准日附近的交易价格为基础，并对这些价格进行差异化分析从而得出被评估资产或负债的价格。对那些存在交易市场的资产或负债来说，如土地、住户住房等资产项目，通常采用市场价值法进行估价。需要注意的是，对那些虽然不存在交易市场，但是可以通过其他办法得到市场价值的一类资产来说，也可以使用市场价值法估价。

（2）重置成本法。对于那些在过去时点产生的资产和负债，需要按照现行重置价格进行估价。重置成本法主要适用于没有交易市场或没有收益，以及无法确定其市场价格的资产。

（3）减值重置成本法。相对于重置成本法来说，减值重置成本法需要考虑资产折旧这一因素。这种方法主要用来估算固定资产和存货的价值，其中最常用的方法之一是永续盘存法，即在固定资本总量历史数据信息、预计使用年限以及相应价格指数的基础上，估算资产价格。

（4）未来现值收益法。未来现值收益法考虑了资产可能发生的预期收益，在选择合适折现率的基础上，可用于估算资产的现值。这种方法通常被用来估算无形固定资产、非生产资产等资产的价值。

（5）账面价值法。账面价值主要是指需要偿还且未经贴现的本金额，这种方法仅适合用于估算债务的价值。

2. 具体项目估价

（1）非金融资产的估价

非金融资产主要包括生产资产和非生产资产。

①生产资产

生产资产包括住宅、机器设备、耕地等固定资产以及存货和贵重物品。

住宅采用市场价值估价。机器设备等主要采用永续盘存法进行估价。耕地（有的称为土地）的估价分为两种情况：对城镇住户来说，土地与其上面的建筑物连在一起，构成了住宅和其他建筑物，因此该部分土地的价值多包含在其上的建筑物中一起估价。对农村住户来说，除住宅和其他建筑外，大部分耕地用来养殖和种植，这部分耕地的价格，若有转让承包的，按转让承包的价格计价；若没有转让承包的，按承包的成本计价。

住户部门的存货主要包括个体经营户存货和农户农业存货，个体经营户存货主要依据相关行业存货与个体缴纳增值税占全部增值税的比重进行估价。农户农业存货中饲养猪、羊等家禽形成的存货主要依据年末存栏数与年末单价进行估算，但部分培育性生物资源具有固定资产和存货的双重属性，因此对于该类存货的估价未能形成规范化的标准。农户农业存货中粮食储备存货则是根据年末粮食库存与年末粮食混合均价估值。

我国国民经济核算没有设立"贵重物品"项目，贵重物品有二级市场价格的，按市场价格计价；没有市场价格的，可请保险和文物方面的专家估价。

②非生产资产

在国际准则中，非生产资产包括自然资源，合约、租约和许可，商誉和营销资产。然而，在部分国家的统计实践中，住户部门资产负债核算并没有将非生产资产列入核算范围。反观我国的现实和统计实践，国际准则中在自然资源类别进行核算的土地，对住户部门核算来说，可以纳入固定资产核算范围；其他自然资源如矿物和能源储备、非培育性生物资源、水资源等，不在住户直接控制、负责和管理之下，不纳入住户核算范围之内。

我国合约、租约和许可的核算尚处于探索研究阶段，住户部门的调查还没有涉及这些非生产资产。我国会计核算中的"无形资产"与国际准则中的合约、租约和许可核算范围并不相同。我国的合约、租约和许可应包括无形资产中的著作权、商标权、专利权、特许权等，而专利技术、计算机软件和数据库等属于知识产权产品。我国住户部门不涉及商誉和营销资产，它们是企业在合并、重组或者在买卖某一企业过程中产生的资产，因而住户部门不进行这两项资产的核算。

（2）金融资产与负债的估价

金融资产主要包括通货和存款、债务性证券、贷款、股权和投资基金份额、保险及人寿养老基金、金融衍生品和雇员股票期权、其他应收/预付款。①通货中本币按账面价值估价，外币通过外汇价格折算成本币面值估价，存款按账面金额估价。②债务性证券主要按照市场价值估价。③贷款（住户借出）按贷款的名义价值估价。④股权和投资基金份额中的上市公司股权主要依据证券交易所等机构掌握的资料估价，非上市公司股权和其他股权则主要根据国家金融监管部门以及行业企业的资产负债表进行估价，投资基金份额主要采用资产规模和净值规模估价，金融业资管主要依据我国行业监管部门的统计信息估价，信托产品主要依据中国信托业协会和中国人民银行信托统计进行估价。⑤保险及人寿养老基金中的保险和寿险，主要按照未满期保费与未决赔款的数额估价，对于事先商定好的养老金权益，主要按照养老金提供者负债的精算估计值估价。⑥金融衍生品和雇员股票期权，如果可以获得当期的市场价值，则使用市场价值进行估价，如果难以获得市场价值，则远期合同应按折现价值估价，期权合同应利用期权定价模型或贴现现值估价。⑦其他应收款/其他预付款主要依据行业企业财务资料以及金融机构账目资料估价。

负债主要包括贷款、金融衍生工具和应付预收款。①贷款（住户借入）按贷款的名义价值估价；②金融衍生工具主要依据市场价值估价；③应付预收款主要依据行业企业财务资料以及金融机构账目资料估价。

三、我国住户部门核算的数据整理

1. 数据补缺与估值

由于基础数据的缺失，我国住户部门核算过程中通常采用一些统计方法进行数据估值，主要方法包括：（1）均值插补法，利用样本观测数据计算出均值，然后将均值作为缺失数据的代替值；（2）线性插补法，主要依赖于时间和样本值之间的关系估算样本数据中的缺失值；（3）K-最近邻插补法，需设定一定的计算规则，找到缺失数据附近的 K 个数据点，然后通过加权等方式，求得缺失数据的估算值；（4）多项式插补法，首先用多项式进行线性拟合，然后在此基础上对缺失数据进行估值；（5）样条插补法，通过三次分段，然后利用多项式进行插补。目前最常用的多重插补方法主要有回归预测法、倾向得分法及MCMC法等，利用完整的现有数据来估算缺失的某一数据。通过建立回归方法、贝叶斯方法或者用马尔科夫链伪随机抽样，获得缺失数据的估计值。

2. 存量和流量

住户部门资产负债表编制涉及资产存量和流量的计算。我国住户部门资产负债表编制中涉及的非金融资产数据主要来源为国家统计局发布的《中国住户调查年鉴》，该年鉴以流量数据为主，未有官方发布的存量数据，只有少量相关部委如住建部发布的农村住宅数据，但数据分类过于简单。因此，编制住户部门资产负债表缺乏我国住户部门非金融资产总量和结构的权威数据。金融资产和负债数据主要来源于中国人民银行的资金存流量核算，但没有分农村和城镇住户的相关数据。此外，在以流量估算存量的过程中，未公开发布存量价格指数也为资产存量估价带来一定难度。

3. 轧差、汇总和合并

数据的整理是对分组和分项目数据在核算表上的计算反映形式，包括汇总、合并和轧差。汇总就是要将某类部门中的数据进行加总，从而得到该类部门的核算数据。在合并时，同组内的各机构单位之间发生的同类数据要进行调整，确保协调一致或相互抵销，明确属于一个核算时间范围内的机构之间发生的交易，它分为填表前和填表中两种形式，填表前有部分数据采取轧差加以反映，如"经营净收入""财产净收入"等。当前阶段的数据整理，只用汇总而未用合并和轧差。

第三节 对完善我国住户部门核算资料收集、估价和整理的建议

一、宏观核算层面的建议

尽管我国有关部门根据资金流量表每年核算住户部门的金融交易，并由国

家统计局定期公布，但还有以下问题亟待解决：一是国家统计局每年只公布资金流量表，没有公布资金存量表。尽管从 2021 年起，人民银行在网站开始公布金融交易部分的资金存量表（即金融账户表），但仍缺乏我国住户部门资产总量和非金融资产结构的官方公开数据；二是国家统计局每年公布的住户部门资金流量表数据滞后期过长且住户部门资金流量表数据科目设置比较简单，难以反映市场变化等复杂的内在情况；三是国家统计局没有公开发布存量价格指数，难以对资产存量进行估价；四是对住户部门负债的研究相对较少。在仅有的少量文献中，关注的焦点又集中在住户负债行为的影响上，而且在对住户部门的分类上，并未反映我国的城乡二元经济结构下城乡住户的显著差异。

因此，从宏观层面看，应进一步从以下几个方面来完善现有的住户部门资产负债核算：一是存量与流量要相结合，国家统计局应定期公布住户部门资金存量表。二是公布的时间要与国际接轨，滞后期不宜过长，要争取在每年的年中公布上一年度的住户部门资金流量表数据。三是要进一步明确资产负债核算项目的范围和分类（包括收入和支出的范围和分类），并实时增设住户部门资产负债表的有关科目。四是加强住户部门金融负债的研究。此外，由于我国城乡二元经济结构特征明显，应从城镇和农村分别选取样本，并以城镇化率为依据确定样本量在城镇和农村的分布比例。

二、微观调查统计层面的建议

从微观层面来看，由于我国非政府调查机构起步较晚，实力相对较弱，缺乏全国大规模调查的人力物力和相关经验，目前主要是西南财经大学中国家庭金融调查与研究中心开展的中国家庭金融调查，但其存在一些现实问题：一是问卷设计复杂，入户调查所需时间过长。二是住户金融资产属于较为敏感的私人信息，收集调查数据可能存在偏差。此外，学术界对该调查也有一些质疑，如抽样和权重问题。调查样本量小，抽样不科学，城乡分布与全国人口的城乡比重不一致，东中西部地区抽样权重与现有数据存在偏差等；收入等相关指标的偏差问题；调查收集了受访人与配偶的收入，而没有收集住户其他从业人员的工资性收入，计算农户自产自用农产品的过程中可能存在问题；住户调查的数据收集方法存在弊端等。同时，调查数据处理没有充分考虑可能出现的"极端值"，即将 1% 的最高收入住户和 1% 的最低收入住户从样本中删除。因此，国家统计局通过日记账方式收集样本户收入和支出信息，比该调查采取的一次性回忆的数据收集方法更为准确。

我国目前还不能像国外某些发达国家那样完全依靠民间调查机构来开展住户部门金融资产与负债的调查，因此，一方面应建立住户部门微观调查统计制度，明确第三方机构参与微观调查的责任和义务，同时强化微观调查的宏观管理；另一方面，应充分发挥中国人民银行在住户金融资产与负债调查方面的优势，同国家统计局在调查问卷设计、调查方法等方面相互配合。这主要是因为中国人民银行有广泛的分支机构，可遍布到县级且具有开展各类问卷调查尤其是储户问卷调查、抽样方案和样本维护的经验。而国家统计局是我国法定的调查统计机构，并且已经有三次对我国城镇居民金融资产的调查经历，在调查问卷设计、调查方式及工具的确定、调查人员培训、调查流程控制等方面具有一定经验。

整体而言，完善我国住户部门核算资料收集、估价和整理，合理编制住户部门资产负债表，应将宏观核算层面与微观调查统计层面相衔接，确保编制的住户部门资产负债表收支平衡且与国家资产负债核算保持一致。

三、对具体核算项目的建议

针对我国住户部门具体核算项目中部分项目内容不清晰、不明确，以及核算的方法没有形成规范化标准等问题，我们提出如下具体核算项目的改进建议。

1. 非金融资产

（1）固定资产

固定资产是我国住户部门核算的重要内容，耕地（土地）资源核算中存在范围界定不清晰以及数据资料不足的问题，这主要是因为：一方面，我国目前尚未将土地价值与房屋和构建物价值分离，建筑物会折旧而土地不会，但土地易受到资产价格泡沫影响，若不分离土地价值可能会影响估价的准确性；另一方面，除建筑用地外，农村地区的耕地类型界定不明确，其在经济总体核算中属于非生产资产，但从住户部门来看应属于生产资产，且没有明确的估价标准。

因此，建议从两个方面估算土地的价值：宏观上，参考其他国家如澳大利亚、加拿大等的土地核算方法，将土地与房屋和构建物分离，单独估算土地价值，充分利用土地出让等行政记录资料，完善核算方法；微观上，完善住户部门耕地的估价，单独建立耕地统计体系。另外，应不断完善财务统计制度，细化固定资产的分类，增加生产性生物资产等财务指标，为资产负债的核算提供数据支持。

（2）存货

我国住户部门的存货核算主要存在两个问题：一是各行业的个体经营户在进行会计资料调整时，需要从相关行业存货中扣除房屋和构建物。相关资料显示，建筑业、房地产业存货中房屋和构建物占比较高；而部分租赁和服务业存货则主要为土地，难以代表整个行业。我国现有的报表制度仅有存货指标而没有其他构成项目指标，因此目前尚无可靠依据确定扣除比例。二是部分培育性生物资源核算的界定分类不清晰，如第四章提及羊先产毛后宰杀，同时具有固定资产和存货的双重属性，并没有详细的分类规范。

因此，提出两个建议：一是改进和完善现有的统计制度，在现有报表制度中增加具体的存货构成项目指标并明晰界定范围，尤其是房屋和构建物以及培育性生物资产，为合理确定部分行业存货核算内容以及存货中具体项目扣除比例提供依据；二是充分利用经济普查和投入产出等调查的数据信息，收集分类产品价格与数量数据，为不同类型存货的合理估价核算提供数据支撑。

（3）贵重物品

我国目前尚未建立贵重物品项目以及相关的统计核算制度，因此，首先应明确贵重物品的界定范围，完善统计核算制度体系。SNA2008指出，贵重物品包括贵金属和宝石、古董及其他艺术品、其他贵重物品（包括邮票、硬币、瓷器、书籍等收藏品，以及精美的首饰、时尚的宝石和有重大可实现价值的金属）。目前我国住户与家庭调查以及相关学者研究显示，贵重物品与收藏品、历史文物、金银首饰、艺术品等的界定存在争议，因此，明确贵重物品的界定尤为重要。

建议有效利用现有住户与家庭调查数据信息并在相关调查中增加贵重物品的信息指标，为贵重物品的规范核算提供数据来源。考虑到贵重物品的相关内容涉及住户较为敏感的私人信息，信息统计存在一定困难，可先从住户部门入手，制定容易收集数据的统计制度，对金银首饰、邮票和货币收藏品等项目进行数据收集，然后逐步完善。

2. 金融资产

（1）完善住户部门金融资产和负债的核算制度，明确界定各项目内容

我国目前未形成制度性、直接性的对住户金融资产和负债进行调查的定义和分类，统计部门对住户金融资产与负债的核算存在缺失和偏差，例如，在核算存款时仅涉及住户的国内存款，未能将住户在国外的存款依据中国国际投资头寸表中相关科目进行折算；在金融衍生品核算中，没有考虑"雇员股票期权"

的核算。现有对住户金融资产和负债的核算多以住户与金融机构发生金融交易为基础，缺乏部分住户与非金融机构发生的金融交易的核算，例如，无法对住户与非金融机构发生的金融交易中存在的以理财产品为名义的民间借贷与非法集资进行划分与核算统计。因此，有必要进一步完善住户部门的金融核算制度，细化住户部门的金融资产和负债项目内容，明确界定理财产品、养老金等概念和分类，这有助于清晰核算我国住户部门的金融资产和负债。

（2）构建合理的住户部门金融资产和负债信息收集体系，切实增强相关数据核算的真实性和有效性

部分住户金融资产构成较为复杂，如住户与非金融公司、政府部门、为住户部门服务的非营利机构、境外等非金融机构的金融交易，其相关数据信息的收集及核算存在一定的困难。因此，需要构建合理的住户部门金融资产和负债的信息收集体系。首先可通过中国人民银行编制的住户部门金融资产负债表进行项目数据筛查，其次国家统计局依据筛查后的待收集项目内容编制调查问卷，最后利用中国人民银行和国家统计局的分支机构以及其他各类调查机构进行数据信息调查收集，搭建合理的住户部门金融资产和负债信息统计体系。各类机构相互配合、相互补充，切实增强住户部门金融资产和负债信息核算的真实性和有效性。

参考文献

［1］许宪春，等．中国资产负债核算问题研究［M］．北京：北京大学出版社，2019．

［2］杜金富，等．货币与金融统计学［M］．4 版．北京：中国金融出版社，2018．

［3］杜金富，等．中国政府资产负债表编制研究［M］．北京：中国金融出版社，2018．

［4］杜金富，等．住户部门资产负债表编制：国际准则与实践［M］．北京：中国金融出版社，2020．

［5］张文红，等．国际景气调查制度研究［M］．北京：中国金融出版社，2015．

［6］美联储．美国金融账目表［EB/OL］．［2022］．https：//www. federalreserve. gov/releases/z1/default. htm.

［7］美联储．2019 年消费者财务调查（SCF）［EB/OL］．https：//www. federalreserve. gov.

［8］联合国，等．国民账户体系 2008［M］．中国国家统计局国民经济核算司，中国人民大学国民经济核算研究所，译．北京：中国统计出版社，2012．

［9］中华人民共和国家统计局．2016 中国国民经济核算体系［M］．北京：中国统计出版社，2017．

［10］欧洲中央银行、欧元体系国家中央银行，等．欧元体系的家庭金融和消费调查

（HFCS）［EB/OL］. https：//www. ecb. europa. eu/pub/economic – research/research – networks/html/researcher _ hfcn. sv. html.

　　［11］英格兰银行. 银行负债调查［EB/OL］. ［2021］. https：//www. bankofengland. co. uk/bank – liabilities – survey/2021/2021 – q1.

　　［12］甘犁，等. 中国家庭金融调查报告 2014［M］. 成都：西南财经大学出版社，2015.

　　［13］韩中. 住户部门卫星账户构建的理论与方法研究［M］. 北京：中国社会科学出版社，2015.

　　［14］吴卫星. 中国家庭金融研究报告（2012 – 2013）［M］. 北京：对外经济贸易大学出版社，2013.

　　［15］孙元欣，等. 家庭资产统计研究［M］. 上海：上海财经大学出版社，2013.

　　［16］张志伟. 中国家庭金融研究［M］. 成都：西南财经大学出版社，2017.

第七章　住户部门资金流量与存量的核算

编制住户部门资产负债表实际上是对住户部门经济存量的核算，而存量与流量之间相互关联，可以说存量是一定时期流量的结果。为了更清楚地理解存量的变化，本章讨论住户部门资金流量与存量的核算。

第一节　住户部门资金流量与存量核算的一般规则

流量和存量是表现一定时期经济状况的两类总量。本节介绍流量和存量的概念、关系及核算规则等相关内容。

一、流量和存量的概念

（一）流量的概念

流量反映经济价值的产生、转换、交换、转移或消失，涉及机构单位的资产和负债在物量、构成或价值方面的变化。流量包括交易和其他流量。

1. 交易

交易是机构单位之间基于共同协议所发生的合作活动，或者是某个机构单位的内部活动。机构单位间的交易按共同协议进行，这意味着机构单位彼此事先知道并同意。但这并不意味着两个单位一定是自愿进行交易的，因为某些交易是由法律强制规定的，如纳税和其他强制性转移。

2. 其他流量

其他流量是指并非由交易造成的资产（负债）数量或价值的变化，如资产的无偿没收，由自然事件如地震引起的资产价值的变化等。其他流量包括持有收益和损失、资产物量其他变化。

持有收益和损失是指资产和负债的持有者在持有期间，其资产或负债总额在质量和数量保持不变的情况下，由于价格水平的变化而引起的资产或负债货币价值的变化。即持有期间资产负债本身没有发生变化，只是价格变化造成了收益或损失。

资产物量其他变化是指除交易或持有收益和损失之外其他因素导致的资产或负债价值的变化，主要分为三类：第一类涉及除交易原因以外的资产和负债的出现和消失，其中一些可能与自然产生的资产相关，如发现了地下资源等。第二类与特殊的、未预料到的事件和作用有关，如自然灾害或战争等毁坏资产等。第三类为结构变化导致资产负债价值的变化，包括机构单位在部门间分类的变化或资产负债分类的变化引起的资产和负债变化等。

（二）存量的概念

存量是指某一个时点的资产和负债头寸或结存额。存量来源于以前的交易和其他流量的积累，随着核算期交易和其他流量而变化。实际上，存量是资产或负债在持有期内伴随某些物量或价值变化而连续增减的结果。

（三）流量与存量的关系

流量是经济价值在一个时期内的变化，存量是一个时点的经济价值，二者的基本差异在于有无时间量纲，所谓时间量纲是指时间的长度。流量的大小与核算时期的长短直接相关（有时间量纲），而存量只与核算时点的选择相互对应（无时间量纲）。

流量与存量不仅相互区别，而且相互联系、相互衔接。经济流量的沉淀必然形成某种存量，而存量的增减变动本身又是一种流量。二者的关系可用公式表示为：

$$期初存量 \pm 期间的流量 = 期末存量$$

二、资金流量与存量核算的一般规则

与住户部门核算相关的国民经济资金流量与存量核算的一般规则主要包括四式记账原则、计值估价原则、权责发生制原则以及汇总、合并和轧差原则。

（一）以四式记账原则为记录方法

与住户部门核算相关的国民经济资金流量与存量核算记账方法主要源自簿记原理。按照簿记原理，记账方法可分为以下三类：

1. 垂直复式记账法

垂直复式记账法即企业会计核算使用的简单复式记账法。其主要特征是每笔交易需要在交易者的账簿中做一笔贷方分录和一笔借方分录，以确保所有交易的贷方分录合计等于借方分录合计，由此即可检查每个单位账户的一致性；其他流量在净值变化项下直接登录。因此，垂直复式记账法可以保证一个单位资产负债表的基本恒等，即资产总额等于负债总额加上净值。一个实体拥有的资产总额减去负债总额即可得到净值。

2. 水平复式记账法

水平复式记账法的主要特征是以一致的方式编制不同机构单位之间存在共同经济关系的账户。它意味着，如果单位 A 提供某物给单位 B，A 和 B 双方的账户应该反映相同数额的交易：A 账户的支付、B 账户的获得。水平复式记账法可以确保有关双方针对每个交易类别记录的一致性。

3. 四式记账法

垂直复式记账法和水平复式记账法同时应用，结果就是四式记账法。国民经济流量的核算所采用的方法是四式记账法。通过四式记账，交易双方可以用一致的方法分别按照垂直复式记账法记账。这样，一笔交易在交易双方会产生四笔登录。在流量核算中，每一笔交易都要在一个部门的来源和运用两个交易项目内进行记录，由此确保一个部门账户内部的一致性；同时每一笔交易都要在交易对手方的来源和运用分别记录，一个部门金融资产增加（减少）会对应另一个部门负债的增加（减少），这就形成了四式记账。

（二）以市场价格为计值估价原则

在国民经济核算中，估值是指以货币单位测度账户中各个项目的现期交换价值，即货物和其他资产、服务、劳力可进行交换或能够交换的现金（货币或可转让存款）价值。按照四式记账原则，一笔交易必须在交易双方的各个账户中以相同的价值加以记录。同样的原则也适用于资产和负债。因此，市场价格就成为 SNA 估价的基准。

1. 交易估价

国民经济核算记录各种交易时，以核算期交易的市场价格作为基本计价原则。没有市场价格时，按市场上相同或类似的货物和服务的市场价格计价，或按所发生的实际成本计价。对于交易发生前双方已达成协议（契约）价格的，无论交易发生时的通行价格是多少，协议价格被认定为市场价格。根据SNA2008，货物和服务的交易价格中应包含合理的税和补贴；金融资产和负债交易按获得或处置时的价格记录，不包括佣金、手续费等费用。

2. 其他流量估价

资产物量其他变化的估价等于资产物量变化前后的价值的差额。金融资产和负债的其他物量变化按相关金融工具对应的市场价格记录。按名义价值估价注销的金融工具，其资产物量其他变化所记录的价值要符合它们注销前的名义价值。如果对资产和负债进行重新分类，其新、旧工具的估价应该相同。

资产价值总变化扣除交易和其他物量变化之后的剩余部分即为持有收益和损失。在实践中，每项资产和负债都要计算以下两个时点间的持有损益，一个是核算期初或资产（负债）获得（产生）时，另一个是核算期末或资产（负债）出售（注销）时。

3. 资产、负债存量估价

为使资产负债表与国民经济核算中的积累账户保持一致，资产负债表上每一个项目应当视为是在资产负债表编表日期上获得的。这意味着，要用一套在资产负债表编表日期的现期价格对各类资产和负债（以及资产净值）进行估价。对于除土地以外的非金融资产，估价要包括与所有权转移有关的一切费用。未在金融市场交易的债权的估价，等于债务人要付给债权人以偿还债务的金额。

在理想状态下，资产负债表中的所有资产和负债都应当采用可观测的市场价格估价。如果所有资产在市场上都能够正规、活跃、自由地交易，以现期市场价格对资产负债进行估价时，可以采用市场中所有交易的总平均价格。如果资产近期没有在市场上交易，可以用该资产的相似替代品（或类似资产）在市场上的交易价格进行估算。

除了利用市场上观测到的价格或基于市场观测价格而估算的价格，还可以用其他两种方法得到近似的现期价格。在某些情况下，通过在资产的使用年限内重估该资产的获得减处置，就可得到近似的市场价格。对固定资产来说，这通常是最切实际的，也是优先使用的方法。在另一些情况下，使用某一资产的预期未来经济收益的现值或贴现价值，也可以得到近似的市场价格。这一方法适用于多数金融资产、自然资源以及固定资产。比如，在信息通畅和有效市场的前提下，通过累加和重估价交易得到的资产价值，应当等于或至少近似等于这些资产的未来收益的现值或贴现价值，也应该等于活跃的二手市场中该资产的市场价值。

（三）以权责发生制为时间记录原则

对住户部门进行核算时，无论是发生的收支、转移、资金交易，还是对资产负债存量的核算，都会涉及记录时间的选择问题。资产负债表有对应的特定时点，而资金流量则是分散在某一特定核算期内所发生的各类交易和其他经济流量的总和。因此，需要明确流量记录的确切时间，以说明各种分散发生的流量应该记录在哪个核算期。

在选择交易记录时间时，既要考虑宏观经济分析的需要，也要确保实际可操作性。记录时间的原则主要有四种：现金收付制、到期支付制、承诺制和权责发生制。在国民经济核算时，以权责发生制作为时间记录原则。

（四）汇总、合并和轧差

数据经估值后需要处理，处理方式包括汇总、合并或轧差。

汇总是指将某一机构部门或子部门中所有机构单位的流量、存量数据进行加总，或将某一类别中的所有资产或负债进行加总。

合并是指去除同一组中各个机构单位之间发生的流量与存量，即如果从事交易的机构单位被合并为一组，就要把这些单位间发生的交易从使用和来源两方面加以冲销，并把相互间存在的金融资产及其相应的负债予以冲销。

轧差是指在数据记录过程中，账户两端核算分录下相同交易项目的互相抵销，也称为取净值。

三、住户部门资金流量核算与国民经济资金流量核算的关系

住户部门在整个国民经济中占据重要地位。从整个国民经济运行过程来看，国民经济活动主要包括生产活动、分配活动、流通活动、消费活动、投资活动。住户部门几乎参与了所有国民经济活动，为国民经济生产过程提供了必需的劳动力和资本、土地等重要生产要素，并参与了国民收入的分配，获得了相应的生产要素收入（雇员报酬、利息和地租），还获得了主要来自政府部门和为住户服务的非营利机构部门的经常转移收入，形成了该部门的可支配收入。可支配收入主要被用于消费活动和储蓄活动，其中消费活动对整个国民经济活动有显著的影响，住户部门的消费水平和消费结构在很大程度上决定了生产活动的内容和结构，储蓄活动又构成了其他机构部门进行投资活动所需资金的主要来源，保证了整个国民经济的持续运行和生产的进一步扩大。

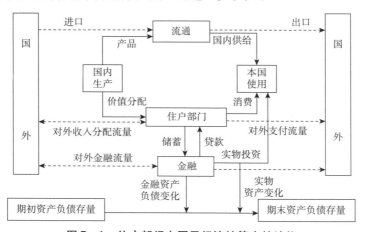

图7-1　住户部门在国民经济核算中的地位

简要概括来说，住户部门的活动主要包括生产活动→收入分配与使用活动→资本形成活动→金融交易活动，这些活动是整个国民经济的重要组成部分，也是国民经济资金流量核算的重要对象和内容。因此，可以说住户部门资金流量核算是国民经济资金流量核算的重要组成部分。

第二节　我国住户部门资金流量与存量核算现状

一、我国国民经济资金流量核算中的住户部门资金流量核算

资金流量核算又称为资金流量循环账户，是国民经济核算体系的重要组成部分。它从社会资金运动这一侧面，系统地反映和描述社会各部门的资金来源和使用，以及部门间资金的流量、流向和余缺调整情况，是一种社会资金核算方法。目前，我国资金流量核算表由国家统计局和中国人民银行共同负责编制。

从机构部门组成看，住户部门资金流量核算是国民经济核算中资金流量核算的重要组成部分之一。

从资金运动的交易性质看，可划分为两部分：一是实物交易核算，其资金流动对应国民经济中的非金融交易，在与国内生产总值核算相衔接的基础上，主要反映国民经济及其各机构部门（包括住户部门）的收入分配、收入使用（包括投资和消费）及储蓄投资差（净金融投资）的信息；二是金融交易核算，其资金运动对应国民经济中的债权债务关系，主要反映由金融交易所形成的资金流量和流向。

资金流量核算的主要内容是编制资金流量表。资金流量表的基本结构是交易项目×机构部门的矩阵结构。主栏按交易项目及平衡项目分列，宾栏按机构部门分列。每个机构部门分列两栏，"运用"栏记录各部门应付的资金（流出），即非金融交易下的支出、金融交易下的金融资产净获得；"来源"栏记录各部门应收的资金（流入），即非金融交易下的收入、金融交易下的负债净增加。对住户部门来说，其资金流量表实物交易基本表式和金融交易基本表式具体如下。

（一）住户部门资金流量表（实物交易）基本表式

我国住户部门资金流量表（实物交易）由国家统计局负责编制，目前按年进行编制和公布，其基本表式如表7-1所示。

中国住户部门资产负债表编制研究

表 7 - 1 我国住户部门资金流量（实物交易）基本表式

交易项目	运用	来源
一、净出口		
二、增加值		
三、劳动者报酬		
四、生产税净额		
五、财产收入		
（一）利息		
（二）红利		
（三）地租		
（四）其他		
六、初次分配总收入		
七、经常转移		
（一）所得税、财产税等经常税		
（二）社会保险缴款		
（三）社会保险福利		
（四）社会补助		
（五）其他		
八、可支配总收入		
九、实物社会转移		
十、调整后可支配总收入		
十一、实际最终消费		
（一）居民实际最终消费		
（二）政府实际最终消费		
十二、总储蓄		
十三、资本转移		
（一）投资性补助		
（二）其他		
十四、资本形成总额		
（一）固定资本形成总额		
（二）存货变动		
十五、非生产非金融资产获得减处置		
十六、净金融投资		

注：通常情况下，灰色区域无数值。

160

（二）住户部门资金流量表（金融交易）基本表式

我国住户部门资金流量表（金融交易）由中国人民银行负责编制，目前按年度和半年度编制并公布，其基本表式如表7－2所示。

表7－2　　　　我国住户部门资金流量表（金融交易）基本表式

交易项目	顺序号	运用	来源
净金融投资	1		
资金运用合计	2		
资金来源合计	3		
通货	4		
存款	5		
活期存款	6		
定期存款	7		
外汇存款	8		
其他存款	9		
证券公司客户保证金	10		
贷款	11		
短期贷款与票据融资	12		
中长期贷款	13		
外汇贷款	14		
委托贷款	15		
其他贷款	16		
保险准备金	17		
债券	18		
政府债券	19		
金融债券	20		
企业债券	21		
股票	22		
证券投资基金份额	23		
其他（净）	24		

注：根据发布表样删除了与住户无关的交易项目。灰色区域无数值。

（三）我国住户部门资金流量核算的主要内容

1. 实物交易部分

资金流量表实物交易记录各机构部门间发生的非金融交易往来及其结果，内容覆盖收入分配、收入使用过程以及非金融投资过程。其中，收入分配包括初次分配和再分配。从表 7 - 1 可以看出，我国住户部门资金流量（实物交易）内容涵盖收入形成、收入初次分配、收入再分配、收入使用以及非金融投资，具体内容如下。

（1）收入形成：核算住户参与生产活动创造的增加值。

（2）收入初次分配：核算内容主要包括劳动者报酬、生产税净额和财产收入（支出）。其中，劳动者报酬包括住户因提供劳动从其他部门应收的薪酬（记在来源方），以及住户拥有的非法人企业（如个体工商户）应付给生产过程中所雇用员工的薪酬（记在运用方）；生产税净额为住户及其拥有的非法人企业因从事生产活动向政府部门缴纳的生产税减政府支付的生产补贴；财产收入包括利息、红利、地租和其他财产收入，其中利息为住户及其拥有的非法人企业将其所拥有的金融资产交由其他机构单位支配时获得的投资收入；红利是指住户作为股东从公司（企业）获得的利润；地租是指住户及其拥有的非法人企业将其所拥有的自然资源交由其他机构单位支配时获得的收入；其他财产收入包括住户从其拥有的非法人企业提取的收入、养老金权益的应付投资收入和属于投资基金股东集体的投资收入等；财产支出为住户及其拥有的非法人企业在生产中因利用其他机构单位所拥有的金融资产而支付的利息。收入初次分配结果形成住户部门的初次分配总收入。

（3）收入再分配：核算内容包括住户部门发生的所得税、财产税等经常税，社会保险缴款、其他经常转移等经常转移支出，以及社会保险福利、社会补助、其他经常转移等经常转移收入。在收入初次分配的基础上，经过经常转移产生的支出和收入，形成了住户部门的可支配收入。在此基础上，再考虑住户部门获得的实物社会转移，得到住户部门的调整后的可支配收入。

（4）收入使用：核算住户部门在获得调整后可支配收入后的实际最终消费。住户部门调整后可支配收入在用于实际最终消费后，得到住户部门的总储蓄。

（5）非金融投资：核算住户部门为实现非金融资产积累而发生的投资，包括资本形成总额和非生产资产获得减处置。其中，资本形成总额包括固定资本形成总额和存货变化。固定资本形成总额是住户部门在核算期内固定资本的获得金额减处置金额，存货变化是核算期内住户部门存货的入库价值减去出库价值（含经常损失）；非生产资产获得减处置是住户部门在核算期内自然资源以及合约、租约和许可等非生产资产的获得金额减处置金额。住户部门的储蓄经过上述非金融投资之后形成净金融投资。净金融投资为资金流量表实物交易与金融交易部分的衔接项，理论上二者应该相等。

2. 金融交易部分

资金流量表（金融交易）描述各机构部门间以及与国外之间资金的流量、流向和余缺状况，反映经济活动中金融交易的规模、结构，以及各机构部门间以及各机构部门与国外之间发生的金融债权债务往来情况。

从表7-2可以看出，我国住户部门资金流量（金融交易）主要核算住户部门在核算期内投资（持有）的通货、存款、证券公司客户保证金、债券、股票、证券投资基金份额等金融资产，以及通过短期贷款、中长期贷款等各类贷款发生的债务融资。

二、我国家计调查中的住户资金流量情况

目前，我国关于住户部门资金流量的家计调查主要有国家统计局的住户收支与生活状况调查、农村住户固定资产投资调查以及西南财经大学中国家庭金融调查与研究中心开展的中国家庭金融调查（CHFS）。

（一）国家统计局住户收支与生活状况调查

国家统计局开展的住户收支与生活状况调查，又称住户调查，调查对象为中华人民共和国境内的住户，既包括城镇住户，也包括农村住户；既包括以家庭形式居住的住户，也包括以集体形式居住的住户。无论户口性质和户口登记地，中国公民均以住户为单位，在常住地参加该调查。

调查内容主要包括调查户和调查人口基本情况、居民可支配收入、居民消费支出、居民家庭食品和能源消费情况、住房和耐用消费品拥有情况、社区基本情况以及其他民生状况等。这里我们重点介绍其中的居民可支配收入调查、居民消费支出调查以及住房和耐用消费品拥有情况三个方面的内容。

1. 居民可支配收入调查

居民可支配收入情况调查频度有年度和季度之分，两个频度调查表内容基本相同，以年度调查为例，调查内容如表7-3所示。

表 7 - 3 居民可支配收入调查表

指标名称	代码	金额	指标名称	代码	金额
甲	乙		甲	乙	
可支配收入	01		四、转移净收入	23	
一、工资性收入	02		（一）转移性收入	24	
（一）工资	03		1. 养老金或离退休金	25	
（二）实物福利	04		2. 社会救济和补助	26	
（三）其他	05		3. 惠农补贴	27	
二、经营净收入	06		4. 政策性生活补贴	28	
（一）第一产业净收入	07		5. 报销医疗费	29	
1. 农业	08		6. 外出从业人员寄回带回收入	30	
2. 林业	09		7. 赡养收入	31	
3. 牧业	10		8. 其他经常转移收入	32	
4. 渔业	11		（二）转移性支出	33	
（二）第二产业净收入	12		1. 个人所得税	34	
（三）第三产业净收入	13		2. 社会保障支出	35	
三、财产净收入	14		3. 外来从业人员寄给家人的支出	36	
（一）利息净收入	15		4. 赡养支出	37	
（二）红利收入	16		5. 其他经常转移支出	38	
（三）储蓄性保险净收益	17				
（四）转让承包土地经营权租金净收入	18				
（五）出租房屋净收入	19				
（六）出租其他资产净收入	20				
（七）自有住房折算净租金	21				
（八）其他	22				

资料来源：国家统计局：《住户收支与生活状况调查方案（2021）》。

2. 居民消费支出调查

与居民可支配收入调查类似，居民消费支出调查频度也有年度和季度之分，两个频度的调查内容也基本相同，以年度调查为例，具体内容如表 7 - 4 所示。

表 7－4 居民消费支出调查表

指标名称	代码	金额	指标名称	代码	金额
甲	乙		甲	乙	
I. 居民消费支出	01		四、生活用品及服务	24	
一、食品烟酒	02		（一）家具及室内装饰品	25	
二、衣着	03		（二）家用器具	26	
三、居住	04		（三）家用纺织品	27	
四、生活用品及服务	05		（四）家庭日用杂品	28	
五、交通通信	06		（五）个人护理用品	29	
六、教育文化娱乐	07		（六）家庭服务	30	
七、医疗保健	08		五、交通通信	31	
八、其他用品及服务	09		（一）交通	32	
II. 居民家庭消费支出	10		（二）通信	33	
一、食品烟酒	11		六、教育文化娱乐	34	
（一）食品	12		（一）教育	35	
（二）烟酒	13		（二）文化娱乐	36	
（三）饮料	14		七、医疗保健	37	
（四）饮食服务	15		（一）医疗器具及药品	38	
二、衣着	16		（二）医疗服务	39	
（一）衣类	17		八、其他用品及服务	40	
（二）鞋类	18		（一）其他用品	41	
三、居住	19		（二）其他服务	42	
（一）租赁房房租	20				
（二）住房维修及管理	21				
（三）水、电、燃料及其他	22				
（四）自有住房折算租金	23				

资料来源：国家统计局：《住户收支与生活状况调查方案（2021）》。

3. 住房和耐用消费品拥有情况

与可支配收入和消费支出调查不同，住房和耐用消费品拥有情况只有年度调查，具体调查内容如表 7－5 所示。

165

表 7 – 5　　　　　　住房和耐用消费品拥有情况调查表

指标名称	计量单位	代码	数量	指标名称	计量单位	代码	数量
甲	乙	丙		甲	乙	丙	
一、现住房情况	—	—		①单次取水往返时间超过半小时	%	31	
（一）人均住房建筑面积	平方米	01		②间断或定时供水	%	32	
（二）按居住空间样式分的户数比重	—	—		③当年连续缺水超过15 天	%	33	
1. 单栋楼房	%	02		④获取饮用水无困难	%	34	
2. 单栋平房	%	03		4. 饮用前家里采取的主要处理措施	—	—	
3. 单元房	%	04		①煮沸	%	35	
4. 筒子楼或连片平房	%	05		②加漂白剂/氯等	%	36	
5. 其他	%	06		③使用水过滤器	%	37	
（三）按主要建筑材料分的户数比重	—	—		④其他处理措施	%	38	
1. 钢筋混凝土	%	07		⑤没有任何水处理措施	%	39	
2. 砖混材料	%	08		（二）住宅内厕所状况	—	—	
3. 砖瓦砖木	%	09		1. 水冲式卫生厕所	%	40	
4. 竹草土坯	%	10		2. 水冲式非卫生厕所	%	41	
5. 其他	%	11		3. 卫生旱厕	%	42	
（四）按房屋来源分的户数比重	—	—		4. 普通旱厕	%	43	
1. 租赁住房	%	12		5. 无厕所	%	44	
2. 自建住房	%	13		（三）主要炊用能源	—	—	
3. 购买商品房	%	14		1. 天然气、煤气、液化石油气	%	45	
4. 购买房改住房	%	15		2. 煤炭	%	46	
5. 购买保障性住房	%	16		3. 电	%	47	
6. 拆迁安置房	%	17		4. 沼气	%	48	
7. 继承或获赠住房	%	18		5. 其他	%	49	
8. 其他	%	19		三、每百户耐用消费品拥有情况	—	—	

续表

指标名称	计量单位	代码	数量	指标名称	计量单位	代码	数量
甲	乙	丙		甲	乙	丙	
（五）住房外道路为硬化路面的户比重	%	20		（一）家用汽车	辆	50	
二、生活设施状况	—	—		（二）摩托车	辆	51	
（一）饮用水状况	—	—		（三）电冰箱（柜）	台	52	
1. 取水位置	—	—		（四）洗衣机	台	53	
①住宅内管道取水	%	21		（五）热水器	台	54	
②住宅内其他方式取水	%	22		（六）空调	台	55	
③院内管道取水		23		（七）彩色电视机	台	56	
④院内其他方式取水		24		（八）摄像机	台	57	
⑤其他位置取水	%	25		（九）照相机	台	58	
2. 主要饮用水来源	—			（十）计算机	台	59	
①经过净化处理的自来水	%	26		其中：接入互联网的计算机	台	60	
②受保护的井水和泉水	%	27		（十一）中高档乐器	架	61	
③不受保护的井水和泉水	%	28		（十二）固定电话	线	62	
④江河湖泊水	%	29		（十三）移动电话	部	63	
⑤其他饮用水来源	%	30		其中：接入互联网的移动电话	部	64	
3. 获取饮用水存在的主要困难	—	—					

资料来源：国家统计局：《住户收支与生活状况调查方案（2021）》。

（二）国家统计局农村住户固定资产投资调查

农村住户固定资产投资调查是国家统计局为了全面了解农村住户固定资产的投资状况，准确反映农户固定资产的总量、分布与结构而开展的一项抽样调查。调查对象是农村的住户。调查的主要内容为农户固定资产原值、农户固定资产投资完成情况、农户建房情况，以及农户固定资产投资的资金来源、投资构成及投资方向等。根据调查频度（年度、季度）不同，调查内容略有不同，

中国住户部门资产负债表编制研究

其中季度调查内容只有农户建房情况，以下分别介绍。

1. 农户固定资产投资情况

农户固定资产投资情况为年度调查，具体内容如表7-6所示。

表7-6 农户固定资产投资情况调查表

指标名称	代码	计量单位	数量
甲	乙	丙	
一、本年新增固定资产原值	01	万元	
二、本年固定资产投资完成额	02	万元	
（一）按投资来源分	—	—	
1. 国内贷款	03	万元	
2. 自筹资金	04	万元	
3. 其他	05	万元	
（二）按投资构成分	—	—	
1. 建筑工程	06	万元	
其中：水利	07	万元	
房屋	08	万元	
其中：住宅	09	万元	
2. 安装工程	10	万元	
3. 设备工器具购置	11	万元	
其中：生产设备	12	万元	
4. 其他	13	万元	
（三）按投资方向分	—	—	
1. 农、林、牧、渔业	14	万元	
2. 采矿业	15	万元	
3. 制造业	16	万元	
4. 电力、热力、燃气及水生产和供应业	17	万元	
5. 建筑业	18	万元	
6. 批发和零售业	19	万元	
7. 交通运输、仓储和邮政业	20	万元	
8. 住宿和餐饮业	21	万元	

续表

指标名称	代码	计量单位	数量
甲	乙	丙	
9. 信息传输、软件和信息技术服务业	22	万元	
10. 金融业	23	万元	
11. 房地产业	24	万元	
12. 租赁和商务服务业	25	万元	
13. 科学研究和技术服务业	26	万元	
14. 水利、环境和公共设施管理业	27	万元	
15. 居民服务、修理和其他服务业	28	万元	
16. 教育	29	万元	
17. 卫生和社会工作	30	万元	
18. 文化、体育和娱乐业	31	万元	
19. 公共管理、社会保障和社会组织	32	万元	
20. 国际组织	33	万元	
（四）按具体投资项目分	—	—	
1. 房屋	34	万元	
其中：住宅	35	万元	
2. 道路	36	万元	
3. 桥梁	37	万元	
4. 设备	38	万元	
5. 水利	39	万元	
6. 其他	40	万元	
三、调查户总人口	41	万人	

资料来源：国家统计局：《农村住户固定资产投资抽样调查方案（2021）》。

2. 农户建房投资情况

农户建房投资情况为季度调查，具体内容如表 7 - 7 所示。

表 7 - 7 中的本年房屋施工面积是指报告期内施工的全部房屋建筑面积，包括本期新开工的房屋建筑面积、上期跨入本期继续施工的房屋建筑面积、上期停缓建在本期恢复施工的房屋建筑面积、本期竣工的房屋建筑面积以及本期施工后又停缓建的房屋建筑面积。多层建筑应填各层建筑面积之和。

本年房屋竣工面积是指报告期内房屋建筑按照设计要求已全部完工，达到住人和使用条件，经验收鉴定合格或达到竣工验收标准，可正式移交使用的各栋房屋建筑面积的总和。

本年竣工房屋投资完成额是指报告期内竣工房屋本身的建造价值（不包括土地购置费和拆迁补偿费），按房屋设计和预算规定的内容计算。

表 7-7 农户建房投资情况调查表

指标名称	代码	计量单位	数量
甲	乙	丙	
一、本年房屋施工面积	01	万平方米	
其中：住宅	02	万平方米	
其中：当年新开工	03	万平方米	
二、本年房屋竣工面积	04	万平方米	
其中：住宅	05	万平方米	
三、本年施工房屋投资完成额	06	万元	
其中：住宅	07	万元	
四、本年竣工房屋投资完成额	08	万元	
其中：住宅	09	万元	
五、调查村总户数	10	万户	
六、调查村总人口	11	万人	

资料来源：国家统计局：《农村住户固定资产投资抽样调查方案（2021）》。

（三）中国家庭金融调查

中国家庭金融调查（China Household Finance Survey，CHFS）是西南财经大学中国家庭金融调查与研究中心在全国范围内开展的抽样调查项目。该调查于2009 年开始实施，每两年进行一次。目前，已分别在 2011 年、2013 年、2015年、2017 年和 2019 年开展过五次调查；2021 年，第六轮调查已开启。中国家庭金融调查共包括五部分内容：（1）家庭人口的基本情况，主要包括受访家庭成员的基本信息，如家庭人口数、家庭成员文化程度等；家庭成员的工作以及工资收入信息。（2）住户资产与负债情况，主要包括家庭非金融资产，如农工商生产经营项目、房产、车辆等；家庭金融资产，如存款、理财产品等；家庭负债，包括因获取非金融资产而产生的各种负债如房贷及其他借款等；此外，还包括家庭因持有相关资产产生的收入（如出租房屋产生的租金），以及负担相关负债发生的支出（如房贷利息支出）。（3）保险与保障情况，主要包括家庭成员参加社会养老保险、医疗保险、失业保险、住房公积金等社会保障情况，以及由此产生的收入和支出；家庭成员参与人寿保险、健康保险等商业保险情况，以及由此产生的收入和支出。（4）住户收入与支出情况，主要包括家庭的消费性支出、转移性支出和其他支出等支出，以及转移性收入和其他收入等收入。（5）家庭对金融知识、基层治理与主观评价方面的情况，主要包括受访人对金融知识、环境保护、税收与政府工作评价、生育、犯罪遭遇、志愿服务等方面的主观认识。

上述调查内容中与住户部门资金流量核算相关的，主要包括第四部分的住户收入与支出情况以及第二部分的住户资产与负债情况。下面我们重点介绍这两部分调查内容。

1. 住户收入与支出情况的主要调查内容

在中国家庭金融调查中，住户收入被分为工资薪金类收入、财产性收入、经营性收入、转移性收入和其他收入五类收入，各类收入的主要内容如表 7 - 8 所示。

表 7 - 8　　　　　　　　中国家庭金融调查住户收入分类情况

序号	收入类别	对应问卷	主要内容
1	工资薪金类收入	第一部分：工作信息	到手的收入，包括工资、奖金、现金福利、补贴、实物收入，并扣除"五险一金"和税金。
2	财产性收入	第二部分：资产	房屋租金收入，土地租金及分红收入，土地征收补偿收入，车辆出租收入，股票、基金、债券买卖收入或分红收入，理财产品、金融衍生品、黄金、借出款等金融资产投资收益。
3	经营性收入	第二部分：农工商生产经营项目	从工商业生产经营项目（包括个体小手工业经营和企业经营等）获得的税后收入（包括从公司获得的工资、分红、利润分成等）。
4	转移性收入	第三部分：保险，第四部分：转移性收入	离退休工资，企业年金收入，商业人寿保险、健康保险分红、返还的本金、报销金额、商业财产保险赔付等，收到的政府补贴，家庭成员从非家庭成员获得的现金资助（包括直接给钱、帮助付款、帮助支付看病费用/保险费/上学费用、帮助承担分期付款/节日礼金/生日礼金/压岁钱等，不包括非现金的实物帮助以及共同负担住房成本或食品支出等）。
5	其他收入	第四部分：其他收入	上述四类以外的收入，包括博彩收入，出售房屋、汽车、知识产权收入，辞退金，打牌、打麻将收入等。

资料来源：根据《2017 年中国家庭金融调查问卷》整理而得。

在中国家庭金融调查中，住户支出被分为消费性支出、财产性支出、经营性支出、社会保障支出、转移性支出和其他支出六类支出，各类支出的主要内容如表7-9所示。

表7-9　　　　　　　中国家庭金融调查住户支出分类情况

序号	支出类别	对应问卷	主要内容
1	消费性支出	第四部分：消费性支出	食品支出，水、电、燃料费、物业管理费、维修等支出，日用品支出，交通费用支出、文化娱乐支出、衣物支出、住房装修、维修或扩建花费，暖气费支出，耐用消费品支出，奢侈品支出，教育、培训支出，旅游支出。
2	财产性支出	第二部分：资产	贷款利息支出、房屋租金支出、车辆租金支出、保费支出。
3	经营性支出	第二部分：农工商生产经营项目	雇工支出、经营贷款利息支出。
4	社会保障支出	第三部分：保险与保障	商业保险保费支出、养老保险缴纳费用。
5	转移性支出	第四部分：转移性支出	家庭成员对非家庭成员的现金资助。
6	其他支出	第四部分：其他支出	上述五类以外的支出。

资料来源：根据《2017年中国家庭金融调查问卷》整理而得。

2. 住户资产与负债情况的主要调查内容

在中国家庭金融调查中，住户资产被分为非金融资产和金融资产两大类，非金融资产包括生产经营项目、房产与土地、车辆、其他非金融资产四项，金融资产包括现金、活期存款、定期存款、股票、基金、理财产品、债券、衍生品、非人民币资产、黄金、借出款、其他金融资产十二项，各类资产的具体内涵如表7-10所示。

表7-10　　　　　　　中国家庭金融调查住户资产分类情况

序号	资产类别	对应问卷	主要内容
1	一、非金融资产		
2	生产经营项目		工商业生产经营项目情况（包括个体小手工业经营和企业经营）
3	房产与土地		现有房产（包含商铺）市价
4	车辆	第二部分：非金融资产	家用汽车（家庭载人用的乘用车，不包括货车、客车等商用车）、其他车辆（如载货汽车、客车、三轮车、电瓶车、自行车、摩托车）
5	其他非金融资产		耐用品（手机、电视机、洗衣机、冰箱、空调等家用品）、奢侈品（私人飞机、古董、高档皮包等）

续表

序号	资产类别	对应问卷	主要内容
6	二、金融资产		
7	活期存款	第二部分：金融资产	储蓄卡/活期存折
8	定期存款		未到期的人民币定期存款，包括定期存单
9	股票		深交所、上交所所有 A 股，包括主板、中小板和创业板的股票
10	基金		不包括与各类货币市场基金挂钩的互联网理财产品，定投基金只计算已投入资金。
11	理财产品		互联网理财产品、金融理财产品（认购起点一般在五万元以上，不包括互联网理财产品、P2P 网络借贷、众筹）
12	债券		包括国库券/地方政府债券、公司（企业）债券、金融债券、其他债券
13	衍生品		金融衍生品价值
14	非人民币资产		包括海外股票、基金、债券、保险等，海外房产（住宅、商铺等），外汇、其他非人民币资产
15	黄金		黄金资产的人民币价值
16	其他金融资产		其他金融资产的当前市值与因购买金融产品（股票除外）的欠款情况
17	现金		当前持有现金总额
18	借出款		指借钱给本调查所界定的家庭成员以外的人或机构，不包括在网络借贷平台上的资金借出。

资料来源：根据《2017 年中国家庭金融调查问卷》整理而得。

　　在中国家庭金融调查中，住户负债被分为工商业信贷、住房负债、汽车负债、教育负债、医疗负债、信用卡负债、其他负债七个类别，各类负债的主要内容如表 7 – 11 所示。

表 7 – 11　　中国家庭金融调查住户负债分类情况

序号	负债类别	对应问卷	主要内容
1	工商业信贷	第二部分：非金融资产—生产经营项目	因生产经营活动产生的尚未付清的银行/信用社贷款
2	住房负债	第二部分：非金融资产—房产与土地—房产产权形式	因购买/装修/维修/改建/扩建住房而尚未还清的银行贷款
3	汽车负债	第二部分：非金融资产—车辆	因购买车辆尚未还清的欠款（包括借款和贷款）

序号	负债类别	对应问卷	主要内容
4	教育负债	第三部分：其他负债	因家庭成员教育而产生的尚未还清的银行贷款
5	医疗负债	第三部分：其他负债	因医疗支出而产生的尚未还清的借款（也包括银行/信用社贷款或民间借款用于支付家庭成员看病的费用）
6	信用卡负债	第三部分：其他负债——支付方式	信用卡分期总金额
7	其他负债	第三部分：其他负债	除住房负债、汽车负债、商业负债、教育负债、信用卡负债以外的其他负债

资料来源：根据《2017年中国家庭金融调查问卷》整理而得。

三、我国住户部门资金流量核算需要探讨的问题

从当前我国家计调查情况看，无论是当前政府进行的有关核算还是社会研究机构进行的核算，住户部门流量核算还存在一些不足。从核算内容看，基于实物交易（非金融交易）与金融交易相衔接的视角，住户部门支出既包括消费性支出，又包括住房、贵重物品等投资性支出，但目前国家统计局和西南财经大学中国家庭金融调查与研究中心都未将投资性支出纳入调查；此外，相关调查表格设置与国际标准及国际惯例也不尽一致，如汽车等耐用消费品未单独列示。从核算范围看，部分国家将为住户服务的非营利机构纳入住户部门进行核算，但目前我国尚未考虑为住户服务的非营利机构的核算。这里我们仅从收支核算内容的角度提出下一步需要探讨和完善的内容，关于核算范围的问题将在下一节详细讨论。

（一）住户部门的收入可以进一步细分

1. 劳动者报酬可细分为工资及薪金、雇主社会缴款

目前，我国住户部门资金流量表（实物交易）中的劳动者报酬将货币形式和实物形式的工资及薪金收入与企业（或雇主）为劳动者（雇员）代缴的社会保险缴款"虚拟收入"混合在一起核算，既不利于分析住户部门劳动者报酬结构，也不利于进行住户社会福利水平的国际比较分析。因此，为进一步增强住户部门资金流量核算数据的意义，可将劳动者报酬再进一步细分为工资及薪金、雇主社会缴款两部分。同时，将雇主社会缴款进一步细分为雇主实际社会缴款、雇主虚拟社会缴款。

2. 生产税净额可细分为生产税和生产补贴

目前，我国住户部门资金流量表（实物交易）中生产税净额为住户部门缴

纳的生产税减去获得的生产补贴之后的差额。其中，生产税由住户部门流向政府部门，而生产补贴由政府部门流向住户部门，将两者轧差核算既不利于反映住户部门资金流入流出总规模，也不利于反映住户部门生产过程中的税负水平。为清晰展示住户部门缴纳的生产税和获得的生产补贴，可将生产税净额细分为生产税和生产补贴。

3. 财产收入细分为利息、公司已分配收入、其他投资收入和地租等

在我国资金流量核算中，财产收入包括利息、红利、地租、其他四项，与国际通行的标准不尽一致，不利于开展国际比较分析。可考虑根据国际通行标准 SNA2008 的建议，将财产收入细分为利息、公司已分配收入、其他投资收入和地租等。再根据我国实际情况，在利息、公司已分配收入、其他投资收入、地租项下设置子项。例如，公司已分配收入下设红利收入子项，地租下设转让承包土地经营权租金收入、出租房屋收入、自有住房折算租金等子项。

（二）住户部门的支出可以进一步细分

目前，在我国住户部门资金流量表（实物交易）中，住户部门消费仅有一个大项——"实际最终消费"，这不便于对住户部门消费结构进行分析研究，可考虑按照以下方式对住户部门消费做进一步细分。

1. 可考虑按消费用途对消费支出做进一步细分

可参考国家统计局住户收支调查分类，按消费用途将"实际最终消费"分为食品烟酒、衣着、居住、生活用品及服务、交通通信、教育文化娱乐、医疗保健、其他用品及服务八大类最终消费支出。

2. 可考虑按产品种类对消费支出做进一步细分

根据国民经济核算原理，"实际最终消费"既包括住户部门购买的市场化生产的货物和服务，也包括住户部门自给性生产货物、自有住房服务、雇用付酬家政人员生产家庭和个人服务等货物和服务，还包括住户部门对政府及非营利机构的实物社会转移的消费。特别是随着房地产市场的发展，自有住房服务规模不断增大。因此，可考虑根据消费的货物和服务的种类，将住户部门实际最终消费划分为实物类消费、服务类消费和虚拟消费。

3. 关于耐用消费品的核算问题

根据国民经济核算原理，耐用消费品作为住户消费核算。但是对住户来说，耐用消费品是重要的资产，其作用和重要性与企业持有的固定资产有类似之处。从国际上看，也有国家将耐用消费品不计入住户消费，而是计入住户投资。比如，美国在编制宏观经济综合账户时，就将耐用消费品作为住户部门的投资处

理，反映在住户部门的财富净值中。为便于进行国际比较分析，我们在编制住户部门资金流量表（实物交易）时，可以考虑在遵循国民经济核算原则的前提下，将耐用消费品作为"实际最终消费"的一个其中项单列，便于数据使用者在开展国际比较分析时进行数据可比处理。

4. 关于住房支出的核算问题

随着 1998 年我国取消福利分房和城镇化进程的加快，我国居民住房投资规模迅速扩大。中国人民银行调查显示，目前我国居民住房资产占家庭总资产的比重接近 60%，明显高于美国等发达国家。住房成为家庭最重要的资产的同时，住房支出也成为家庭支出中占比较大的部分。因此，在进行住户部门资金流量核算时，有必要将其单独列支反映，同时对各类住房支出进行细化，如是购房支出还是租房支出。增加住房支出的核算，有利于研究我国居民的投资和消费行为，同时也是评估家庭资产负债状况的重要信息基础。

住户的住房支出可分为三类：购房支出、住房消费支出和自有住房服务支出。其中，住房消费支出包括租金支出、装修和维修支出以及相关的水、电、气等支出，目前国家统计局已经有比较详细的调查；自有住房服务支出是指住户部门自有住房服务的虚拟租金支出，根据 SNA2008，如果是所有者的自用住宅，其住房服务的虚拟价值要同时记录为所有者的产出和最终消费支出。在国民经济核算体系中，居民自有住房服务是一个非常特殊且很重要的项目，但由于居民自有住房服务既没有现金交易，也没有实际支付，是核算中一个难点，因此也是需要重点研究的一个课题。从国际上看，目前不少国家在实际核算中已有了一些比较成熟的测算方法，如等值租金法、现有市场价值法、资本化比率法、使用者成本法等，我们在研究中可以考虑通过宏观测算与微观调查相结合的方式，更加准确地核算住房虚拟租金数据。

5. 虚拟消费特别是自产自用是支出核算的难点

SNA2008 在平衡核算范围全面性与市场性的基础上，将自产自用的货物、单位以实物报酬及实物转移的形式提供给劳动者的货物和服务纳入住户生产和消费支出范围，但 SNA 把为住户自身最终消费而进行的全部服务生产排除在生产范围之外（付酬家庭雇员所生产的服务和自有住房者的自给性住房服务生产除外）。这些支出包括自产自用的农产品的估计价值，住户部门获得的实物福利，也包括自有住房服务的价值，自有住房服务作为其中重要一项，前面已经做过分析，除此之外，自产自用农产品没有经过市场交易，实物福利也不是居民通过货币支出的方式从市场上购买的，这些虚拟消费也是核算的难点。

第三节　对我国住户部门资金流量核算的研究

我国住户部门的资金流量主要表现为收入和支出的规模，因此，编制住户部门收入支出平衡表是研究住户部门流量核算的有效途径。

一、住户部门的收入

（一）国际上关于住户部门收入的定义及收入的构成

1. SNA 关于住户部门收入的定义及收入的构成

从经济学理论视角看，收入通常是指住户或者其他单位在不减少其实际资产净值的条件下可能实现的最大消费数额。SNA 继承了经济学的收入定义，明确住户收入为可支配收入，并将其定义为：核算期内住户或其他单位无须通过减少现金、处置其他金融资产或非金融资产、增加负债等方式即可以承担的货物或服务消费支出的最高金额。住户可支配收入不包括因资本转移、资产物量的其他变化或实际持有损益而获得的收入。

可支配收入由住户部门的初始收入加上住户部门应得的除实物社会转移以外的全部经常转移，减去住户部门应付的除实物社会转移以外的全部经常转移计算得到，具体看主要由雇员报酬、混合收入、财产收入和经常转移收入四部分组成。

雇员报酬是核算期内企业按雇员在生产活动中的贡献，支付给雇员的全部现金和实物报酬，主要由两部分组成：一是应付工资或薪金，可以是现金形式也可以是实物形式；二是雇主应付的社会缴款，包括对社会保障基金的缴款、对其他就业相关社会保险计划的实际缴款和虚拟缴款。

住户部门拥有的非法人企业对所有者或同一家庭成员投入的劳动有可能是不支付报酬的，尽管此类劳动与付酬员工的劳动类似，但该劳动报酬无法从该企业所得收益中分离出来。由于此类劳动报酬与非法人企业自身的盈余无法分离，核算中将住户拥有的非法人企业通过生产活动创造的增加值，扣除付酬员工的劳动报酬、生产税减生产补贴后的剩余部分称为混合收入。

财产收入是金融资产和自然资源所有者将其资产交由其他机构单位支配时获得的回报，包括投资收入和地租。其中，投资收入是金融资产所有者因向另一机构单位提供资金而应得的回报；地租是自然资源的所有者（出租人或地主）将自然资源交由另一机构单位（承租人或佃户）支配，以供其在生产中使用而应得的收入。投资收入按来源分，还可以分为利息、公司已分配收入（如红利）、外国直接投资的再投资收益和其他投资收入，具体分类详如表7－12所示。

表7－12 SNA 关于财产收入的分类

投资收入
利息
公司已分配收入
红利
准公司收入提取
外国直接投资的再投资收益
其他投资收入
属于投保人的投资收入
对养老金权益的应付投资收入
属于投资基金股东集体的投资收入
地租

经常转移是一个机构单位向另一个单位提供货物、服务或资产，但又不从后者获取任何直接对应回报的一种交易。经常转移的主要形式包括所得税、财产税等经常税，社会缴款和社会福利，其他经常转移。以上三种类型的经常转移均会影响到住户部门的经常转移收入，如住户部门收到社会缴款和社会福利、其他经常转移会增加其经常转移收入，而上缴所得税、财产税等经常税会减少其经常转移收入。

2. 堪培拉专家小组关于住户部门收入的定义及收入的构成

在国际上，许多国家和国际组织对住户收入都进行过研究，其中，堪培拉专家小组对住户部门收入的研究比较有影响力。2001 年，在之前多年国际合作的基础上，堪培拉专家小组发布了《专家组关于住户收入统计的最终报告和建议》（以下简称《2001 年堪培拉专家小组报告》），首次系统地提出了一个国际上广泛认可的住户收入的定义，并且提出了在住户收入统计编制、发布和分析等领域的指导原则，为各个国家和国际统计机构的相关工作提供了重要参考，在住户收入统计领域，特别是在微观收入统计的国际标准方面具有很大的影响力。2003 年，国际劳工组织通过了关于住户收入统计标准（以下简称《ICLS 标准》）的决议。《ICLS 标准》在很大程度上遵循了《2001 年堪培拉专家小组报告》对住户收入的定义和统计建议。2011 年，堪培拉专家小组发布了关于住户收入统计的第二版报告，即《堪培拉专家小组关于住户收入统计的手册

（2011）》（以下简称《2011 年堪培拉专家小组报告》）。

根据《ICLS 标准》和《2011 年堪培拉专家小组报告》，住户收入定义为：住户收入包括住户和住户的个体成员每年或更频繁的间隔期内收到的所有货币或实物（货物和服务）形式的收入，但不包括意外获得的收入以及其他非定期的一次性收入。住户收入可用于当前消费，且不会通过减少现金、增加负债，或处置其他金融或非金融资产来降低住户资产净值。住户收入主要由以下四个部分构成：就业收入、财产收入、来自住户生产并用于自己消费的服务的收入、收到的经常转移。

表 7 – 13　　　　《2011 年堪培拉专家小组报告》中住户收入的构成

序号			住户收入构成及其细分
1			就业收入
	1a		雇员收入
		1a1	工资与薪酬
		1a2	现金红利和奖金
		1a3	佣金和报酬
		1a4	董事和主管的薪金
		1a5	分享利润的奖金和其他形式与利润相关的薪酬
		1a6	作为雇员报酬的一部分而给予雇员的股份
		1a7	雇主给予雇员的免费或享受补贴的货物和服务
		1a8	遣散费和解雇费
		1a9	雇主给雇员的社保缴款
	1b		自我雇用的收入
		1b1	非法人企业的利润／亏损
		1b2	用于易货贸易而生产的货物和服务，减去投入的成本
		1b3	用于住户消费而生产的货物和服务，减去投入的成本
2			财产收入
	2a		来自金融资产的收入减去费用后的净值
	2b		来自非金融资产的收入减去费用后的净值
	2c		版税
3			来自住户生产并用于自己消费的服务的收入
	3a		来自住宅和租金补贴所提供的住房服务的净值
	3b		无偿家务劳动的价值
	3c		家庭耐用消费品的服务价值

序号	住户收入构成及其细分
4	收到经常转移
4a	社会保障的抚恤金/计划
4b	养老金和其他保险福利
4c	社会救助福利（不含实物社会转移，参见10）
4d	来自非营利机构的社会转移
4e	收到的住户间的经常转移
5	来自生产的收入（1＋3）
6	初级收入（2＋5）
7	总收入（4＋6）
8	已支付的经常转移
8a	直接税（扣除退款的净值）
8b	强制性费用和扣款
8c	已支付的住户间经常转移
8d	雇员和雇主的社会保险出资
8e	给非营利机构的经常转移
9	可支配收入（7－8）
10	已收到的实物社会转移（STIK）
11	调整后的可支配收入（9＋10）

资料来源：杜金富，阮健弘，朱尔茜. 住户部门资产负债表编制：国际准则与实践［M］. 北京，中国金融出版社，2020；《堪培拉专家小组关于住户收入统计的手册（2011）》。

（二）我国关于住户部门收入的定义及收入的构成

1. 国家统计局关于住户部门收入的定义及收入的构成

在国家统计局制定的《住户收支与生活状况调查方案》和《中国统计年鉴2020》的有关内容中，住户收入是指居民的可支配收入，是指调查户在调查期内获得的、可用于最终消费支出和储蓄的总和，即调查户可以用来自由支配的收入，既包括现金也包括实物收入。按照收入的来源，可支配收入包含四项，即工资性收入、经营净收入、财产净收入和转移净收入。各类收入定义详见本章"国家统计局住户收支与生活状况调查"下的"居民可支配收入调查"相关内容。

在国家统计局的资金流量核算表（实物交易）中，住户收入分为住户的初次分配总收入、可支配收入和调整后的可支配收入。其中，住户初次分配总收入是指住户部门因参与生产活动或拥有的生产要素参与生产活动而获得的收入；住户可支配收入是在住户部门初次分配总收入的基础上，加上住户应得的经常转移收入，减去住户应付的经常转移支出形成的收入；住户调整后可支配总收入是在住户部门可支配总收入的基础上，加上住户应得的实物社会转移，减去住户应付的实物社会转移形成的收入。各类收入具体构成详见本章"我国住户部门资金流量核算的主要内容"下的"实物交易部分"。

2. 学术界关于住户部门收入的定义及收入的构成

在学术界的调查研究方面，西南财经大学中国家庭金融调查与研究中心的中国家庭金融调查比较有代表性，其将住户收入分为工资薪金类收入、财产性收入、经营性收入、转移性收入和其他收入五类收入。工资薪金类收入是指到手的收入，包括工资、奖金、现金福利、补贴、实物收入，并扣除"五险一金"和税金。财产性收入包括房屋租金收入，土地租金及分红收入，土地征收补偿收入，车辆出租收入，股票、基金、债券买卖收入或分红收入，理财产品、金融衍生品、黄金、借出款等金融资产投资收益。经营性收入是指从工商业生产经营项目（包括个体小手工业经营和企业经营等）获得的税后收入（包括从公司获得的工资、分红、利润分成等）。转移性收入包括离退休工资，企业年金收入，商业人寿保险、健康保险分红、返还的本金、报销金额，商业财产保险赔付等，收到的政府补贴，家庭成员从非家庭成员获得的现金资助（包括直接给钱、帮助付款、帮助支付看病费用/保险费/上学费用、帮助承担分期付款/节假日礼金/生日礼金/压岁钱等，不包括非现金的实物帮助以及共同负担住房成本或食品支出等）。其他收入是指上述四类以外的收入，包括博彩收入，出售房屋、汽车、知识产权收入，辞退金，打牌、打麻将收入等。详见表7.8及相关内容。

（三）关于住户部门收入核算的建议

1. 住户部门收入核算应以SNA为基准。从以上内容可以看出，不论是堪培拉专家小组还是中国统计局，对于住户收入的定义及核算范围基本与SNA一致；而西南财经大学中国金融调查与研究中心的中国家庭金融调查中对住户收入的定义与SNA差别较大，比如工资薪金类收入未包括雇主缴纳的社会保险缴款、把出售房屋收入纳入可支配收入等。SNA是国际通行的核算准则，住户部门收入核算以SNA为基准不仅符合基本核算原则，而且有利于进行国际比较分析。

2. 应分别核算城镇居民和农村居民的收入状况以及为住户服务的非营利机

构收入状况，以便反映我国城乡二元经济结构下城乡居民收入水平和结构差异，以及反映为住户服务的非营利机构的收入来源，同时为编制住户总体部门收支平衡表奠定数据基础。

3. 细化收入核算指标。

一是根据 SNA 的建议，将雇员报酬细分为工资和薪金、雇主社会缴款，并根据数据可得性情况，将雇主社会缴款进一步细分为雇主实际社会缴款、雇主虚拟社会缴款等。

二是将生产税净额细分为生产税、生产补贴，全面反映住户部门资金流入流出总规模和生产过程中的税负水平。

三是增加经营性收入核算指标，反映住户部门中的非法人企业因自我雇用而形成的经营性收入以及为住户服务的非营利机构因提供服务或销售货物而形成的经营性收入。在住户部门拥有的非法人企业中，所有者或同一家庭成员投入的劳动与付酬员工的劳动类似，但有可能是不支付报酬的，并且实践中该类劳动报酬也无法从该企业所得收益中分离出来。为住户服务的非营利机构也会从事经营性活动，为反映这两类收入，建议单独以经营性收入列示。

四是根据我国实际情况，将财产收入细分为利息、红利、转让承包土地经营权租金收入、出租房屋收入、自有住房折算租金、出租其他资产收入以及其他投资收入等。其他投资收入用于核算住户作为投保人的投资收入、养老金权益的应付投资收入和住户作为投资基金股东获得的投资收入。

二、住户部门的支出

（一）国际上关于住户部门支出的定义及支出的构成

1. SNA 关于住户部门支出的定义及支出的构成

SNA 中的住户支出是指住户最终消费支出，包括常住住户承担的消费性货物服务的支出和虚拟支出。其中，消费性货物服务是指可用于直接满足个人或社会成员公共需要（需求）、无须在 SNA 所定义的生产过程中进一步加工的货物或服务。

住户最终消费支出包括消费性货物服务购买支出、易货交易的虚拟支出、以实物收入形式收到的货物服务的虚拟支出、同一住户自产自用的货物服务的虚拟支出，不包括住宅等固定资产或贵重物品支出，具体内容如下。

（1）消费性货物服务购买支出

消费性货物服务购买支出即货币交易支出，是指根据买卖双方达成的协议，通过支付货币从销售者那里购买的货物和服务的价值。

（2）易货交易的虚拟支出

易货交易是用一篮子货物服务与另一篮子不同的货物服务进行交易，双方没有货币支付。在易货交易中获得的货物服务价值构成了虚拟支出。

（3）以实物收入形式获得的货物服务的虚拟支出

在实践中，雇主会选择以实物（包括货物和服务）形式向雇员支付报酬。SNA 认为，收到实物报酬的雇员相当于作出了与该实物的市场价值相等的一笔支出，其支出费用即来源于所收到的实物报酬。因此，此类货物服务价值要记为住户部门的最终消费支出。

（4）自产自用货物服务的虚拟支出

住户自产自用货物服务的虚拟支出主要包括以下内容：

一是农户（包括自给性农户或仅将农业生产作为次要活动甚至是闲暇活动的其他住户）生产并用于自己最终消费的粮食或其他农产品的价值；

二是住户所拥有的非法人企业生产的、被留作住户成员消费的货物服务的价值；

三是自有住房所有者为自己最终消费而提供的住房服务；

四是住户雇用付酬家庭雇员（家务劳动者、厨师、园艺师、司机等）为自身最终消费提供的家庭服务或其他服务。

除付酬家庭雇员的服务外，上述货物或服务的价值均需要根据现行市场上类似货物服务的基本价格进行估算，如果没有合适的基本价格，则可用生产成本估算。依据常规，付酬家庭雇员提供的服务价值直接按所支付的现金和实物报酬估算。

2. 堪培拉专家小组关于住户部门支出的定义及支出的构成

尽管关于住户支出的讨论超出了堪培拉专家小组的研究范围，但考虑到研究的完整性，《2011 年堪培拉专家小组报告》将住户收入定义扩展至支出和资本累积，以便根据收入、支出和资本累积计算得到"资本净累积"（即由于储蓄和资本转移而带来住户净资产的变化），从而为编制住户部门资产负债表提供便利。根据堪培拉专家小组对住户收入定义的扩展，住户支出包括消费支出和非消费支出，收入与支出的差额形成住户部门储蓄，住户储蓄与净资本转移之和形成住户部门资本净积累。住户消费支出和住户收到的实物社会转移共同构成住户部门实际最终消费，详细支出项目如表 7 - 14 所示。

表 7 – 14   《2011 年堪培拉专家小组报告》中住户支出的构成

序号	住户支出构成及细分
12	住户消费支出（货物和服务的价值）
a	市场上直接货币购买
b	雇主给予雇员的免费或享受补贴的货物及服务
c	以物易物获得的货物和服务
d	自产自用的货物
e	来自住户生产并用于自己消费的服务
	自有住房服务
	无偿家务劳动的价值
	家庭耐用消费品的服务价值
13	收到的实物社会转移（STIK）
14	实际最终消费（12＋13）
15	非消费支出
a	直接税（扣除退款的净值）
b	强制性费用和罚款
c	已支付的住户间经常转移
d	雇员和雇主的社会保险出资
e	非营利机构的经常转移
f	消费信贷的利息支出
16	住户支出（12＋15）
17	住户储蓄（7－16）
18	收到的资本转移
a	一次性继承
b	一次性退休金
c	人寿保险索赔减去保费
d	其他意外收获
19	支付的资本转移
	遗产税
	财产税，包括持有损益税
20	资本净积累（17＋18－19）
21	备忘项目：持有损益

资料来源：杜金富，阮健弘，朱尔茜. 住户部门资产负债表编制：国际标准与实践［M］. 北京：中国金融出版社，2020；《堪培拉专家小组关于住户收入统计的手册（2011）》。

3. 联合国关于住户部门支出的定义及支出的构成

国际上，除 SNA 对住户部门支出有界定外，联合国也有涉及。联合国 2000 年制定的《按目的划分的支出分类》中，个人消费分类（COCIP）提供了按目的分类的个人消费支出框架。COCIP 按照住户、为住户服务的非营利机构和各级政府三个机构部门来确定个人消费支出，共分 14 个大类，其中，前 12 类为住户消费支出、第 13 类为为住户服务的非营利机构的个人消费支出、第 14 类为各级政府的个人消费支出，具体见表 7 – 15。

表 7 – 15　　　　　　　　联合国 COCIP 中住户消费支出构成

项目	项目
01 食品和非酒精饮料	08 通信
02 酒精饮料和烟草	09 娱乐和文化
03 服装和鞋类	10 教育
04 住房、水、电、燃气和其他燃料	11 餐厅和酒店
05 家具、家居设备和家居日常维修	12 杂项货物和服务
06 医疗保健	13 为住户服务的非营利机构的个人消费支出
07 交通运输	14 各级政府的个人消费支出

资料来源：王微，刘涛．服务消费统计的国际经验与启示 ［J］．中国经济报告，2019（1）．

（二）我国关于住户部门支出的定义及支出的构成

1. 国家统计局关于住户部门支出的定义及支出的构成

在国家统计局制定的《住户收支与生活状况调查方案》和《中国统计年鉴 2020》的有关内容中，住户支出主要是指消费支出，是指住户用于满足家庭日常生活消费需要的全部支出，包括用于消费品的支出和用于服务性消费的支出。根据用途不同，消费支出可划分为食品烟酒、衣着、居住、生活用品及服务、交通通信、教育文化娱乐、医疗保健、其他用品及服务八大类。各类支出定义详见本章"国家统计局住户收支与生活状况调查"下的"居民消费支出调查"相关内容。

在国家统计局的资金流量表（实物交易）中，与住户消费对应的项目为"实际最终消费"，是指住户实际获得的用于满足个人需求而使用的货物和服务。根据 SNA 核算理论，实际最终消费既包含住户自身支出获得的消费性货物和服务，也包含政府和为住户服务的非营利机构以实物社会转移形式免费提供的消费性货物和服务。

2. 学术界关于住户部门支出的定义及支出的构成

在学术界的调查研究方面，西南财经大学中国家庭金融调查与研究中心的中国家庭金融调查比较有代表性。该调查中的住户支出包括消费性支出、财产性支出、经营性支出、社会保障支出、转移性支出和其他支出六类支出。其中，消费性支出包括衣食住行、通信、教育文化娱乐、医疗保健支出，以及耐用消费品和奢侈品支出等；财产性支出包括住户拥有或租赁的与资产相关的贷款利息、租金、保费支出等；经营性支出包括住户拥有的经营项目人员工资支出和经营贷款利息支出；社会保障支出包括住户商业保险保费和养老金支出；转移性支出包括住户向家庭成员以外的个人的现金资助；其他支出是指上述五类支出以外的支出。详见表7－9及相关内容。

（三）关于住户部门支出核算的建议

一是与收入部分同理，应分别核算城镇居民和农村居民的支出状况和为住户服务的非营利机构的支出状况，以便反映我国城乡二元经济结构下城乡居民支出水平和结构差异，以及为住户服务的非营利机构的支出情况，也为编制住户总体部门收支平衡表奠定数据基础。

二是建议将居民消费支出分为实物类消费、服务类消费两大类别。目前，我国住户部门消费支出主要有三个口径：资金流量核算中的居民最终消费支出、住户调查公布的居民消费支出和社会消费品零售总额，且这三者之间数据有较大差异，如2018年资金流量非金融交易核算显示我国居民最终消费支出为40.66万亿元，我国住户调查显示居民人均消费支出为19853万元，按2018年人口总数13.95亿人计算，居民消费支出约28万亿元，而2018年全国社会消费品零售总额为38.1万亿元。按SNA的核算原理，资金流量核算中的居民最终消费包括实物消费、服务消费和虚拟消费，是口径最大的一类；住户调查中的消费包括实物消费、服务消费和虚拟房租，是口径第二大的一类；社会消费品零售总额主要包括实物类消费，口径最小。虚拟消费也是住户部门实物消费或服务消费的构成部分，为了保持数据的完整性和可比性，建议在居民最终消费项下设实物类消费、服务类消费，保持三大口径数据的基本可比。

三是建议在实物消费项下设置非耐用消费品支出和耐用消费品支出两个子项。汽车、家电等耐用消费品不仅支出金额明显较大，而且可供居民长期消费使用，是居民家庭资产的重要组成部分。在住户实物消费支出中单列耐用消费品支出，一方面可以突出反映耐用消费品在居民支出中的占比，另一方面也便于进行居民财富的国际比较分析。

四是建议增加投资性支出以衡量住户购买住房等支出。随着我国房地产市场的发展，我国居民住房拥有率不断提高。中国人民银行调查统计司城镇居民家庭资产负债调查课题组发布的 2019 年中国城镇居民家庭资产负债情况调查报告显示，我国城镇住房拥有率达到 96%，比美国高 32.3 个百分点。居民住房拥有率的大幅增加，表明我国居民自有住房服务规模也在不断增大。同时，随着收入水平的提高，居民贵重物品投资的观念也在增强。增加投资性支出可以突出反映我国居民住房投资和其他投资支出情况。

三、住户部门收支平衡表的编制

SNA2008 将一国的常住机构单位划分为五个机构部门，即住户部门、为住户服务的非营利机构部门、非金融公司部门、金融公司部门、广义政府部门。根据美国、德国、加拿大的国民经济核算经验，住户部门和为住户服务的非营利机构部门通常作为一个整体开展核算。借鉴国外经验，并考虑我国实际国情，我国住户总体部门可划分为农村住户、城镇住户、为住户服务的非营利机构三个子部门。

同时，参考 SNA、堪培拉专家小组对收支的界定以及各国实际做法，结合中国国情，并考虑存流量表的衔接，即住户部门收支平衡表要与资产负债表中的净金融资产变化相呼应，在此我们将住户收入定义为：核算期内能够增加住户部门净金融资产的各类收入，包括经营性收入、劳动者报酬、财产性收入、转移性收入和其他收入五大类，但不包括因资产物量的其他变化或名义持有损益而产生的净金融资产增加。将住户支出定义为：核算期内能够减少住户部门净金融资产的各类支出，包括经营性支出、消费性支出、财产性支出、转移性支出、投资性支出和其他支出六大类，但不包括因资产物量的其他变化或名义持有损益而导致的净金融资产减少。

这里资产物量的其他变化是指由于灾害或战争、无偿没收、分类引起的结构变化以及其他非交易因素引起的净金融资产变化，名义持有损益是指由于价格水平随时间变化而导致净金融资产的价值变化，SNA2008 把一切与持有损益有关的变化都包含在重估价账户中。

下面我们分别讨论三个子部门收支平衡表的编制方法，并在此基础上对这三个子部门收支平衡表进行汇总与整合，形成住户总体部门收支平衡表。

（一）收支平衡表子部门表的编制

1. 农村住户收支平衡表的编制

农村住户收支平衡表反映的是一定核算期内农村住户收入、支出的规模和结构情况。下面我们从农村住户收支平衡表的核算范围、表式及内容、数据的收集与整理三个角度讨论农村住户收支平衡表的编制。

（1）农村住户收支平衡表的核算范围

①农村住户的收入

农村住户收入核算的范围包括核算期内能够增加农村住户部门净金融资产的各种收入，主要包括经营性收入、劳动者报酬、财产性收入、转移性收入和其他收入。

经营性收入：指农村住户部门从事生产经营活动获得的总收入，包括农村生产经营户经营毛收入、生产税补贴、农村住户自产自用货物或服务、其他经营性收入等。其中：（a）农村生产经营户经营毛收入是其从事生产经营活动获得的总收入。（b）生产税补贴是指政府给予农村生产经营户的生产补贴，如价格补贴、亏损补贴、购置和更新大型农机具补贴等。（c）农村住户生产并用于自己最终消费的粮食或其他农产品属于自产自用的货物，这是农村住户生产经营活动的成果，其价值也计入经营性收入中。（d）其他经营性收入是指除上述收入之外的经营性活动的收入。

劳动者报酬：指因农村劳动者受雇于单位或个人、从事各种自由职业、兼职和零星劳动，在核算期内所做工作而得到的货币或实物报酬总额，包括货币形式的工资及薪金、实物收入、雇主社会缴款和其他劳动者报酬。其中：（a）货币形式的工资及薪金是指农村劳动者通过劳动从单位或雇主获取的各项现金报酬，包括单位代扣的应由个人承担的个人所得税、住房公积金等费用。（b）实物收入主要包括单位发放的实物性福利、卡券等。（c）雇主社会缴款是指雇主为其所雇用的劳动者缴纳的工伤保险、生育保险、养老保险、医疗保险、失业保险等。（d）其他劳动者报酬包括除上述之外的其他劳动者报酬收入，如安家费、遣散费、解雇费等。

财产性收入：指农村住户将其所拥有的金融资产、住房等非金融资产以及自然资源交由其他机构单位支配而获得的回报，包括利息收入、红利收入、转让承包土地经营权租金收入、出租房屋收入、自有住房折算租金、其他投资收入。其中：（a）利息收入是指按照双方事先约定的金融契约条件，借出金融资产（存款、债券、贷款和其他应收账款）的农村住户从债务方得到的本金之外的附加额。（b）红利收入是指住户作为股东将其资金交由公司支配或处置而有权获得的收益。（c）转让承包土地经营权租金收入是指住户将拥有经营权或使用权的土地转让给其他机构单位或个人获得的补偿性收入。（d）出租房屋收入是指住户将自有住房出租给其他机构单位或个人得到的租金回报。（e）自有住房折算租金是指自有住房所有者为自己最终消费而提供的住房服务，住房服务价值等于在市场上租用同样大小、质量和类型的房屋所要支付的租金。（f）其他投资收入包括属于投保人的投资收入、对养老金权益的应付投资收入等其他财产性收入。

转移性收入：指国家、单位、社会团体对农村住户的各种经常性转移支付和住户之间的经常性收入转移，包括养老金或离退休金、除养老金或离退休金之外的社保计划转移收入、社会救济和补助、政府补助、非寿险赔付和其他经常转移收入。其中：（a）养老金或离退休金指根据国家有关文件规定或合同约定，在劳动者年老或丧失劳动能力后，根据他们对社会、单位所作的贡献和所具备的享受养老保险资格或退休条件，按月以货币形式或实物产品及服务给予的待遇。（b）除养老金或离退休金之外的社保计划转移收入是指社保计划向农村住户提供的失业、医疗、生育和工商保险等特定需求的经常转移。（c）社会救济和补助是指国家或社会对农村住户中特殊家庭人员（如五保户、享受最低生活保障待遇家庭等）发放的特殊津贴、困难补助、抚恤金、救灾款等。（d）政府补助是指对农村住户进行的政策性生活补贴等。（e）非寿险赔付是指因理赔非寿险保单所保事件导致的损失而应收到的金额。（f）其他经常转移收入是指除上述之外的其他经常转移收入，如住户非常住成员寄回带回的收入等。

其他收入：指不能归为上述类别的收入，如农村住户卖房、卖车、博彩、继承遗产等获得的收入。

②农村住户的支出

农村住户支出核算的范围包括核算期内能够减少农村住户部门净金融资产的各种支出，包括经营性支出、消费性支出、财产性支出、转移性支出、投资性支出和其他支出六项。

经营性支出：指农村生产经营户从事生产经营活动所发生的各种经营性支出，既包括货币性支出，也包括实物性支出，具体来看主要包括三项，即经营费用、生产税和其他经营性支出。其中：（a）经营费用主要包括雇员支出、日常费用、贷款利息支出等。雇员支出是指农村生产经营户因雇用劳动者而支付的工资薪金等；日常费用主要包括购买农业生产资料、农业服务成本、原材料支出、水电燃气费支出以及租金支出；贷款利息支出是指由于生产经营活动而支付的贷款利息支出。（b）生产税是指政府对农村生产单位从事生产、销售和经营活动，以及因从事生产活动使用某些生产要素所征收的各种税收、附加费

189

和其他规费。生产税包括产品税（增值税、消费税、关税等）和其他生产税（如房产税、土地使用税等）。（c）其他经营性支出包括除上述之外的经营性支出，如罚款支出、滞纳金等。

消费性支出：指农村住户用于满足家庭日常生活消费需要的全部支出。消费性支出可以按照不同的方法进行划分。按照消费品的形态来划分，消费性支出可以分为实物消费支出和服务性消费支出。按照消费品提供的功能来划分，消费性支出可以分为食品烟酒、衣着、居住、生活用品及服务、交通通信、教育文化娱乐、医疗健康、金融服务费、其他用品及服务等各类支出。

在农村住户收支平衡表的编制中，我们采用了交叉分类法，即首先将消费性支出分为实物消费支出和服务性消费支出（即用于消费品的支出和用于服务性消费的支出）。其次，在实物消费支出下再按消费品提供的功能，分为非耐用消费品支出和耐用消费品支出。其中，非耐用消费品支出主要包括自产自用农产品消费、食品烟酒衣着类支出、生活用品支出、居住类支出、其他非耐用消费品支出等；耐用消费品支出主要包括农村住户购买汽车、家具、家电等方面的支出。服务性消费支出项下再按用途将支出分为食品烟酒衣着、教育、生活服务、医疗健康、交通通信、文化娱乐、居住、金融服务和其他服务支出共九项。

需要指出的是，农村居民自产自用的农产品同时作为农村住户的经营性收入和消费性支出；由企业提供给员工的货物或服务，既是农村住户的虚拟劳动收入，也是其消费支出，双方均同时反映；由政府或非营利机构转移给农村居民的货物或服务，同时作为农村住户的转移性收入和消费支出来反映。而关于居民租房的支出以及自有住房虚拟租金，则在财产性支出中单独反映。

财产性支出：指农村住户因使用金融资产、土地等非生产非金融资产而支付的利息、地租等。需要说明的是，利息支出主要是农村住户生活贷款的利息支出，包括购房贷款、购车贷款等利息支出。同时，我们将农村居民租房支出列入财产性支出中，其主要理由是：根据 SNA 推荐的处理方法，当一个住户租赁的资产既包括自然状态下的土地，也包括土地改良或位于土地之上的所有建筑物，在租约中无法区分出地租和租金时，如果土地的价值超过建筑物或耕地的价值时，就把全部支付金额都处理为地租。我们认为，我国住户部门租赁的住房资产既包括土地，也包括土地之上的建筑物，由于建筑物的价值是随时间推移而不断折旧的，住房的价值主要在于其建筑物之下的土地。因此，我们将居民租房支出和自有住房虚拟租金支出作为财产性支出项下的地租来处理。

转移性支出：指农村住户对国家、单位、住户或个人的经常性或义务性转移支付，包括个人所得税、社会保障缴款、非寿险净保费支出、其他转移性支出等。其中，个人所得税指按国家规定由单位代扣代缴或由个人缴纳的个人所得税款；社会保障缴款指农村住户因参加国家社会保障项目，而由单位或个人缴纳的各种保障性支出。非寿险净保费支出是指投保人为获得保险而支付的实际保费，加上属于投保人的财产收入中的追加保费，减去支付给保险公司的服务费。其他转移性支出指上述之外的其他经常转移性支出，如赡养支出、捐赠、罚款、赔偿等。

投资性支出：指农村住户以投资者身份购买各类实物投资品所发生的支出，包括购买住房或农村自建房支出、购买贵重物品支出、购买固定资产（如生产设备、存货等）、其他投资性支出。

其他支出：指不能归为上述类别的支出，但会减少农村住户部门净金融资产的各类支出。

（2）表式及内容

上面我们讨论了农村住户收支平衡表的核算范围，接下来我们设计表格，以反映农村住户收入和支出的规模和结构情况。根据上述核算范围，我们将农村住户的收入分为经营性收入、劳动者报酬、财产性收入、转移性收入和其他收入五项，农村住户的支出分为经营性支出、消费性支出、财产性支出、转移性支出、投资性支出和其他支出六项。同时，根据农村住户的收支特点，设置了农村住户的特色指标，如农村生产经营户经营毛收入、农村居民自产自用农产品价值、转让承包土地经营权租金收入、农村自建房支出等（见表7－16）。

表7－16　　　　　　　　　　年农村住户收支平衡表　　　　　　单位：元

项目	金额	项目	金额
一、收入合计		二、支出合计	
（一）经营性收入		（一）经营性支出	
农村生产经营户经营毛收入		经营费用	
农村居民自产自用农产品总价值		其中：雇员支出	
生产税补贴		日常费用	
其他经营性收入		贷款利息支出	
（二）劳动者报酬		生产税	
货币形式的工资及薪金		其他经营性支出	
实物收入		（二）消费性支出	

项目	金额	项目	金额
雇主社会缴款		实物消费支出	
其他劳动者报酬		非耐用消费品支出	
（三）财产性收入		自产自用农产品消费	
利息收入		食品烟酒衣着类支出	
红利收入		生活用品支出	
转让承包土地经营权租金收入		居住类支出	
出租房屋收入		其他非耐用消费品支出	
自有住房折算租金		耐用消费品支出	
其他投资收入		购买汽车支出	
（四）转移性收入		其他耐用消费品支出	
养老金或离退休金		服务性消费支出	
除养老金或离退休金之外的社保计划转移收入		食品烟酒衣着类支出	
社会救济和补助		教育类支出	
政府补助		生活服务类支出	
非寿险赔付		医疗健康类支出	
其他经常转移收入		交通通信类支出	
（五）其他收入		文体娱乐类支出	
		居住类服务支出	
		金融服务类消费支出	
		其他服务性消费支出	
		（三）财产性支出	
		利息支出	
		租房支出	
		自有住房折算租金	
		其他财产性支出	
		（四）转移性支出	
		个人所得税	
		社会保障缴款	
		非寿险净保费支出	
		其他转移性支出	
		（五）投资性支出	

项目	金额	项目	金额
		购买住房或农村自建房支出	
		购买贵重物品支出	
		购买固定资产	
		其他投资性支出	
		（六）其他支出	
		三、收入与支出净额	

（3）数据的收集与整理

①已有的统计或调查数据

农村住户收支平衡表中绝大多数科目在国家统计局开展的住户收支与生活状况调查中都有涉及。国家统计局在住户收支与生活状况调查的基础上按年发布《中国住户调查年鉴》，该年鉴可以为农村住户收支平衡表编制提供较为详细的数据。此外，该项调查还对居民的住房和耐用消费品拥有情况、家庭经营和生产投资情况、现金和实物收支日记账、住户收入和支出情况都设置了调查表，记录了每位受访者的日常收支明细数据，这些数据实际上是农村住户经营性收入和支出、劳动者报酬、消费性支出、财产性收入和支出、转移性收入和支出、投资性支出、其他收入和支出的逐笔大数据，若这些数据能够从国家统计局协商取得，则可以为农村住户收支平衡表编制提供强有力的数据信息支持。西南财经大学等研究机构的家庭金融调查也可以为平衡表编制提供数据支持。利息收入、属于投保人的投资收入和对养老金权益的应付投资收入等其他投资收入、金融服务类消费支出、雇主社会缴款等数据可以根据中国人民银行、银保监会、人力资源和社会保障部等相关部门的统计数据进行推算。

②其他需要收集整理的数据

对于现有统计资料不能提供现成数据的项目，我们计划通过以下方法来收集。

部门研讨法。对于需要修订调整的数据，我们计划研究其口径及核算方法，并与调查和发布该数据的部门和机构研究调整的办法。如现有的"经营净收入""财产净收入""转移净收入"等项目数据，既包括了收入的数据，也包括了支出的数据，是二者的差额。为了编制完整的住户部门收支平衡表，我们需要对现有的数据进行拆分。另外，虽然国家统计局开展了详细调查，但统计年鉴并未公布各项收入的子科目（如财产性收入项下的利息、红利、转让承包土地经营权租金净收入、出租房屋净收入、自有住房折算净租金等），国家统计局公布的农村住户消费数据分为服务消费和现金消费两大项，两大项下又分为八大类，与我们的分类方法有所不同，这些都需要与统计部门专家研究测算。

专家问卷或座谈法。如收支平衡表中提到的贵重物品购买等情况，需要与贵金属、钱币、邮票、字画等收藏专家研究测算方法或开展调查。

典型调查法。如住户部门购买的固定资产、汽车，有多少是用于经营，多少用于消费，可以先采取典型调查法，然后推算整体数据。

宏观推算法。有一些数据，相关部门只公布了总量数据（如雇主社会缴款、个人所得税数据等），未公布农村和城镇的结构性数据，需要根据相关辅助信息来推算农村住户数据等。金融服务费作为居民消费支出的一部分，需要根据金融监管部门或国家统计局金融业核算资料进行推算。

模型测算法。通过利用住户核算的相关收支、资产负债等变量建立模型，推测相关项目的数据，如自有住房折算租金，需要根据农村居民的存量住房情况，利用相关模型开展测算。

2. 城镇住户收支平衡表的编制

与农村住户收支平衡表类似，城镇住户收支平衡表反映的是一定核算期内城镇住户收入支出的规模和结构情况。下面我们从城镇住户收支平衡表的核算范围、表式及内容、数据的收集与整理三个角度讨论城镇住户收支平衡表的编制。

（1）城镇住户收支平衡表的核算范围

①城镇住户的收入

城镇住户收入的核算范围包括核算期内能够增加城镇住户净金融资产的各种收入。与农村住户类似，能够增加城镇住户净金融资产的收入主要包括经营性收入、劳动者报酬、财产性收入、转移性收入和其他收入。但城镇住户与农村住户各指标的核算范围略有差异，具体如下。

经营性收入：指城镇住户部门从事生产经营活动获得的总收入，主要包括城镇生产经营户经营毛收入、生产税补贴、其他经营性收入等。其中，城镇生产经营户经营毛收入指其从事经营活动获得的总收入；生产税补贴是指由政府给予城镇生产经营户的生产补贴，如价格补贴、亏损补贴等。

劳动者报酬：指因城镇劳动者受雇于单位或个人、从事各种自由职业、兼职和零星劳动，在核算期内所做工作而得到的货币或实物报酬总额，包括货币形式的工资及薪金、实物收入、家庭雇员受住户有偿雇用而得到的收入、雇主社会缴款和其他劳动者报酬。需要说明的是，鉴于城镇住户家庭成员的付酬劳务较多，与农村住户相比，城镇住户劳动者报酬还包括家庭雇员受住户有偿雇用而得到的收入，即家庭成员为自身家庭提供有偿家庭服务或其他服务而得到的收入。其余四个项目的内涵与农村住户收支平衡表中的含义相同。

财产性收入：指城镇住户将其拥有的金融资产、住房等非金融资产以及自然资源交由其他机构单位支配而获得的回报，包括利息收入、红利收入、出租房屋收入、自有住房折算租金、其他投资收入。

转移性收入：指国家、单位、社会团体对城镇住户的各种经常性转移支付和住户之间的经常性收入转移，包括养老金或离退休金、除养老金或离退休金之外的社保计划转移收入、社会救济和补助、政府补助、非寿险赔付、其他经常转移收入等。

其他收入：指不能归为上述类别的收入，如城镇住户卖房、卖车、博彩、遗产继承等获得的收入。

②城镇住户的支出

城镇住户支出的核算范围包括核算期内能够减少城镇住户净金融资产的各种支出。与农村住户类似，能够减少城镇住户部门净金融资产的支出包括经营性支出、消费性支出、财产性支出、转移性支出、投资性支出和其他支出，具体如下。

经营性支出：指城镇生产经营户从事生产经营活动所发生的各种经营性支出，既包括货币性支出，也包括实物性支出，主要包括三项：经营费用、生产税和其他经营性支出。其中，经营费用主要包括雇员支出、日常费用、贷款利息支出。雇员支出是指城镇生产经营户因雇用劳动者而支付的工资薪金等，日常费用主要包括购买生产资料和原材料的支出、水电燃气费以及租金支出等，贷款利息支出是指由于生产经营活动而支付的贷款利息支出。生产税是指政府对城镇生产单位从事生产、销售和经营活动，以及因从事生产活动使用某些生产要素所征收的各种税收、附加费和其他规费。生产税包括产品税（增值税、消费税、关税等）和其他生产税（如房产税、土地使用税等）。其他经营性支出包括除上述之外的经营性支出，如罚款支出、滞纳金等。

消费性支出：指城镇住户用于满足家庭日常生活消费需要的全部支出。城镇住户的消费性支出与农村住户相同，分为实物消费支出和服务性消费支出，在实物消费支出项下，分为耐用消费品支出和非耐用消费品支出，服务性消费支出按用途再进行分类，也分为食品烟酒衣着、教育、生活服务、医疗健康、交通通信、文化娱乐、居住、金融服务费和其他服务支出九项。

需说明的是，鉴于城镇住户家庭成员的付酬劳务较多，与农村住户相比，城镇住户的生活服务支出还包括城镇住户有偿雇用家庭雇员提供满足自身最终消费而支付的支出。同时，一般没有自产自用农产品的消费。

财产性支出：指城镇住户因使用金融资产、土地等非生产非金融资产而支付的利息、地租等。财产性支出项下的利息支出、租房支出、自有住房折算租金等子项的内涵与农村住户相同。

转移性支出：指城镇住户对国家、单位、住户或个人的经常性或义务性转移支付，主要包括城镇住户个人所得税、社会保障缴款、非寿险净保费支出、其他转移性支出等。

投资性支出：指城镇住户以投资者身份购买各类实物投资品而发生的支出，主要包括购买住房支出、购买贵重物品支出、购买固定资产、其他投资性支出。

其他支出：指不能归为上述类别的支出，但会减少城镇住户部门净金融资产的各类支出。

上述指标名称与农村住户收支平衡表中相同，其含义参见"农村住户收支平衡表的编制"部分。

（2）表式及内容

上面我们讨论了城镇住户收支平衡表的核算范围，接下来我们讨论表式设计，以反映城镇住户收入和支出的规模和结构情况。

为保持统计指标的相对一致性，城镇住户收入、支出指标的一级分类与农村住户相同，但在细项指标上，根据城镇住户的收支特点，设置了反映城镇住户的特色指标，例如，经营性收入项下设置了城镇生产经营户经营毛收入，劳动者报酬项下设置了"家庭雇员受住户有偿雇用而得到的收入"，同时删除了农村居民自产自用农产品价值、转让承包土地经营权租金净收入、农村自建房等与城镇住户无关的指标（见表7-17）。

表7-17　　　　　　　　　　_____年城镇住户收支平衡表　　　　　单位：元

项目	金额	项目	金额
一、收入合计		二、支出合计	
（一）经营性收入		（一）经营性支出	
城镇生产经营户经营活动毛收入		经营费用	
生产税补贴		其中：雇员支出	
其他经营性收入		日常费用	

续表

项目	金额	项目	金额
（二）劳动者报酬		贷款利息支出	
货币形式的工资及薪金		生产税	
实物收入		其他经营性支出	
家庭雇员受住户有偿雇用而得到的收入		（二）消费性支出	
雇主社会缴款		实物消费支出	
其他劳动者报酬		非耐用消费品支出	
（三）财产性收入		食品烟酒衣着类支出	
利息收入		生活用品支出	
红利收入		居住类支出	
出租房屋收入		其他非耐用消费品支出	
自有住房折算租金		耐用消费品支出	
其他投资收入		购买汽车支出	
（四）转移性收入		其他耐用消费品支出	
养老金或离退休金		服务性消费支出	
除养老金或离退休金之外的社保计划转移收入		食品烟酒衣着类支出	
社会救济和补助		教育类支出	
政府补助		生活服务支出	
非寿险赔付		其中：住户有偿雇用家庭雇员提供满足自身最终消费而支付的支出	
其他经常转移收入		医疗健康类支出	
（五）其他收入		交通通信类支出	
		文体娱乐类支出	
		居住类服务支出	
		金融服务类消费支出	
		其他服务性消费支出	
		（三）财产性支出	
		利息支出	
		租房支出	
		自有住房折算租金	

项目	金额	项目	金额
		其他财产性支出	
		（四）转移性支出	
		个人所得税	
		社会保障缴款	
		非寿险净保费支出	
		其他转移性支出	
		（五）投资性支出	
		购买住房支出	
		购买贵重物品支出	
		购买固定资产	
		其他投资性支出	
		（六）其他支出	
		三、收入与支出净额	

（3）数据的收集与整理

①已有的统计或调查数据

与农村住户调查数据来源相似，国家统计局在住户收支与生活状况调查的基础上按年发布的《中国住户调查年鉴》《中国统计年鉴》，西南财经大学中国家庭金融调查与研究中心的家庭金融调查，中国人民银行、银保监会、人力资源和社会保障部等相关部门的相关统计数据可以为城镇住户收支平衡表编制提供数据支持。需要说明的是，目前对外披露的数据颗粒度相对还比较粗，如果能够获得这些调查中更为详细的数据，比如国家统计局住户收支与生活状况调查的逐笔明细大数据，将为城镇住户收支平衡表编制提供更加强有力的信息支持。

②其他需要收集整理的数据

根据 SNA，付酬家庭雇员为自身最终消费而提供家庭服务获得的收入是劳动者报酬的一部分，但这方面目前缺少相关数据，需要开展典型调查。在其他方面，与农村住户收支平衡表类似，可通过部门研讨法、专家问卷或座谈法、典型调查法、宏观推算法、模型测算法等方法开展数据收集和整理。

3. 为住户服务的非营利机构收支平衡表的编制

为住户服务的非营利机构收支平衡表反映的是一定核算期内该机构的收入支出规模和结构情况。下面我们从为住户服务的非营利机构收支平衡表的核算范围、表式及内容、数据的收集与整理三个角度讨论该机构收支平衡表的编制。

（1）为住户服务的非营利机构收支平衡表的核算范围

①为住户服务的非营利机构的收入

为住户服务的非营利机构的收入核算范围包括核算期内能够增加该机构净金融资产的各类收入，主要包括经营性收入、财产性收入、转移性收入和其他收入四个大类。

经营性收入：指为住户服务的非营利机构从事经营活动获得的总收入，包括会费收入、提供服务收入、商品销售收入、其他经营性收入等。

财产性收入：指为住户服务的非营利机构将其所拥有的金融资产以及自然资源交由其他机构单位支配而获得的回报，主要包括利息收入、红利收入、其他投资收入等。

转移性收入：指各机构部门对为住户服务的非营利机构的各种经常性转移支付，主要包括接受捐赠获得的收入、政府补贴收入、其他经常转移性收入等。

其他收入：指不能归为上述类别的收入，主要包括固定资产或无形资产处置获得的收入等。

②为住户服务的非营利机构的支出

为住户服务的非营利机构的支出核算范围包括核算期内能够减少该机构净金融资产的各类支出，主要包括经营性支出、转移性支出、投资性支出和其他支出四个大类。

经营性支出：指为住户服务的非营利机构从事生产经营活动所发生的各种经营性支出，主要包括经营费用、税费和其他经营性支出，经营费用主要包括雇员支出、日常费用和贷款利息支出。经营性支出既包括货币性支出，也包括实物性支出。

转移性支出：指为住户服务的非营利机构对住户或个人的经常性或义务性转移支付。

投资性支出：指为住户服务的非营利机构以投资者身份购买各类实物投资品所发生的支出。主要包括购买各类固定资产、存货等支出以及其他投资性支出。

其他支出：指不能归为上述类别的支出，主要包括固定资产或无形资产处置发生的损失。

（2）表式及内容

上面我们讨论了为住户服务的非营利机构收支平衡表的核算范围，接下来我们讨论表式的设计，以反映为住户服务的非营利机构收入和支出的规模和结构情况。

为保持统计指标的相对一致性，为住户服务的非营利机构收入、支出指标的一级分类与农村和城镇住户基本相同，但在细项指标上，根据为住户服务的非营利机构的收支特点，设置了反映为住户服务的非营利机构的特色指标，例如，经营性收入项下设置了会费收入、提供服务收入、商品销售收入，转移性收入项下设置了捐赠收入、政府补贴收入，具体表式和指标见表7-18。

表7-18　　　　　　　年为住户服务的非营利机构部门收支平衡表　　单位：元

项目	金额	项目	金额
一、收入合计		二、支出合计	
（一）经营性收入		（一）经营性支出	
会费收入		经营费用	
提供服务收入		其中：雇员支出	
商品销售收入		日常费用	
其他经营性收入		贷款利息支出	
（二）财产性收入		税费	
利息收入		其他经营性支出	
红利收入		（三）转移性支出	
其他投资收入		（四）投资性支出	
（三）转移性收入		（五）其他支出	
捐赠收入			
政府补贴收入			
其他转移性收入			
（四）其他收入		三、收入与支出净额（金融资产变动净额，增加为＋，减少为－）	

（3）数据的收集与整理

①已有的统计或调查数据

财政部制定了《民间非营利组织会计制度》，在该制度中，民间非营利组织业务活动表记录了该机构收入、支出情况（见表7-19），民政部每年编制的《中国民政统计年鉴》公布了民间非营利组织业务活动表部分科目的年度数据，包括收入合计以及捐赠收入、会费收入、政府补助收入三个子项，费用合计以及业务活动成本、管理费用两个子项，业务活动成本和管理费用两个子项又分别设置了人员费用、日常费用、固定资产折旧和税费四个明细项。这些数据可以为编制为住户服务的非营利机构收支平衡表提供基础数据来源。同时，该业务活动表的科目设置与收支平衡表不尽一致，无法直接区分经营性收入、劳动者报酬、财产性收入、转移性收入、经营性支出、转移性支出、投资性支出以及相关细分项目等，需要设置转换表格（见表7－20），以将该业务活动表中的相关数据转换为收支平衡表数据。

表7－19　　　　　年为住户服务的民间非营利组织业务活动表　　　　单位：元

项目	金额	项目	金额
一、收入合计		二、费用支出	
（一）捐赠收入		（一）业务活动成本	
（二）会费收入		其中：人员费用	
（三）提供服务收入		日常费用	
（四）政府补贴收入		固定资产折旧	
（五）商品销售收入		税费	
（六）投资收益		（二）筹资费用	
（七）其他收入		（三）管理费用	
		其中：人员费用	
		日常费用	
		固定资产折旧	
		税费	
		（四）其他费用	
		三、收支差额	

资料来源：财政部《民间非营利组织会计制度》、民政部《中国民政统计年鉴》。

②其他需要收集或调查的数据

对于《中国民政统计年鉴》未公布的收支科目（包括提供服务收入、商品销售收入、投资收益、其他收入、筹资费用、其他费用），则需要与民政部协商或通过典型调查取得。

同时，部分指标在《民间非营利组织会计制度》中是会计核算科目，即是有数据基础的，但民间非营利组织业务活动表并没有进一步细分，如投资收益既包括利息、红利收入，也包括跌价准备等价格因素引起的资产价值变动，利息、红利收入可归为财产性收入，价格因素引起的价值变动则不在收支平衡表中反映，筹资费用包括民间非营利组织获得捐赠资产而发生的费用以及应当计入当期费用的借款费用、汇兑损失（减汇兑收益）等，借款费用是净值项，即利息支出与利息收入的差额，利息收入可以归为财产性收入中，利息支出、为获得捐赠资产而发生的费用则应计入经营性支出中。这些数据需要根据住户部门收支平衡表编制的需要，与相关部门有关专家研究测算或者开展专项调查，从民间非营利组织的有关数据中筛选出为住户服务的非营利机构的相关数据，利用为住户服务的非营利机构转换表格（见表7－20），通过分劈、归并等方式将业务活动表数据转换为收支平衡表数据。非营利机构购买的固定资产属于投资性支出，非营利机构还有很多货币形式或实物形式的转移支出，但这些数据在《中国民政统计年鉴》中没有直接反映，需要与非营利机构的主管部门协商取得，或者对相关项目开展专题调查。

表7－20   非营利机构收支平衡表与业务活动表的转换关系

收支平衡表项目	业务活动表项目	收支平衡表项目	业务活动表项目
一、收入合计	—	二、支出合计	—
（一）经营性收入	—	（一）经营性支出	—
会费收入	会费收入	雇员支出	业务活动成本项下：人员费用 管理费用项下：人员费用
提供服务收入	提供服务收入	日常费用	业务活动成本项下：日常费用 管理费用项下：日常费用 筹资费用项下：为获得捐赠资产而发生的费用
商品销售收入	商品销售收入	税费	业务活动成本项下：税费 管理费用项下：税费
其他经营性收入	—	利息支出	筹资费用项下：利息支出
（三）财产性收入	—	其他经营性支出	除上述之外的其他业务活动成本
利息收入	投资收益项下：利息收入 筹资费用项下：利息收入	（四）转移性支出	—
红利收入	投资收益项下：红利收入	（五）投资性支出	—
其他财产性收入	—	（六）其他支出	其他支出
（四）转移性收入	—		
捐赠收入	捐赠收入		

收支平衡表项目	业务活动表项目	收支平衡表项目	业务活动表项目
政府补贴收入	政府补贴收入		
其他转移性收入	—		
（五）其他收入	其他收入	三、收入与支出净额（金融资产变动净额，增加为＋，减少为－）	—

注："—"表示无直接对应项目。

（二）住户总体部门收支平衡表的编制

住户总体部门收支平衡表是对农村住户、城镇住户和为住户服务的非营利机构收支平衡表的整合，以综合反映一定核算期内住户总体部门的收入支出规模与结构。

下面，我们从住户总体部门收支平衡表的核算范围、表式及内容、数据的整理与登录三个角度讨论住户总体部门收支平衡表的编制。

1. 住户总体部门收支平衡表的核算范围

（1）住户总体部门的收入

住户总体部门收入核算的范围包括核算期内能够增加住户总体部门净金融资产的各类收入，从部门结构看，是农村住户、城镇住户和为住户服务的非营利机构收入的合计；从收入类别看，主要包括经营性收入、劳动者报酬、财产性收入、转移性收入和其他收入五大类别，具体如下。

经营性收入：指农村住户部门、城镇住户部门和为住户服务的非营利机构从事生产经营活动获得的总收入，包括经营活动毛收入、生产税补贴、其他经营性收入。

劳动者报酬：指农村住户部门和城镇住户部门劳动者报酬的合计。即农村和城镇劳动者受雇于单位或个人、从事各种自由职业、兼职和零星劳动，在核算期内所做工作而得到的货币或实物报酬总额，包括工资及薪金、雇主社会缴款、其他劳动者报酬。

财产性收入：指农村住户部门、城镇住户部门和为住户服务的非营利机构财产性收入的合计，即三个子部门将其所拥有的金融资产、住房等非金融资产以及自然资源交由其他机构单位支配而获得的回报，包括利息收入、红利收入、地租类收入、其他投资收入。

转移性收入：指农村住户部门、城镇住户部门和为住户服务的非营利机构转移性收入的合计，即国家、单位、社会团体对三个子部门的各种经常性转移支付和子部门之间的经常性收入转移，包括养老金或离退休金、除养老金或离退休金之外的社保计划转移收入、政府性或社会性救济与补助、非寿险赔付、其他经常转移收入。

其他收入：指农村住户部门、城镇住户部门和为住户服务的非营利机构其他收入的合计。

（2）住户总体部门的支出

住户总体部门支出核算的范围包括核算期内会减少住户总体部门净金融资产的各类支出，从部门结构看，是农村住户、城镇住户和为住户服务的非营利机构支出的合计；从支出类别看，包括经营性支出、消费性支出、财产性支出、转移性支出、投资性支出和其他支出六大类别，具体如下。

经营性支出：指农村住户部门、城镇住户部门和为住户服务的非营利机构从事生产经营活动所发生的经营费用或支出的合计，包括经营费用、生产税和其他经营性支出。经营费用主要包括雇员支出、日常费用、贷款利息支出等。

消费性支出：指农村住户部门、城镇住户部门消费性支出的合计，即农村住户和城镇住户用于满足家庭日常生活消费需要的全部支出，包括实物消费支出、服务性消费支出。实物消费支出包括非耐用消费品支出、耐用消费品支出，鉴于汽车在住户资产中的重要性，我们在耐用消费品支出项下单列了购买汽车支出。

财产性支出：指农村住户部门、城镇住户部门和为住户服务的非营利机构财产性支出的合计，即三个子部门因使用金融资产、土地等非生产非金融资产而支付的利息、地租以及其他财产性支出等。

转移性支出：指农村住户部门、城镇住户部门和为住户服务的非营利机构转移性支出的合计，即三个子部门对国家、单位、住户或个人的经常性或义务性转移支付，包括个人所得税、社会保障缴款、非寿险净保费支出、其他转移性支出。

投资性支出：指农村住户部门、城镇住户部门和为住户服务的非营利机构投资性支出的合计，即三个子部门以投资者身份购买各类实物投资品所发生的支出，包括购买住房或自建房支出、购买贵重物品支出、购买固定资产、其他投资性支出。

其他支出：指农村住户部门、城镇住户部门和为住户服务的非营利机构其他支出的合计。

2. 表式及内容

住户总体部门收支平衡表式是一张二维表，包括主栏和宾栏两个部分。

（1）主栏反映住户总体部门收入支出的项目及其分类

主栏项目是在原有收支项目基础上的新设、分类和归并。主栏项目分为收入项目、支出项目和收入与支出净额项目。在项目设计上的总体思路是，住户总体部门收入、支出的一级分类与农村住户、城镇住户相同，但相关明细项目有所简化。具体来看：收入项目包括五项，即经营性收入、劳动者报酬、财产性收入、转移性收入和其他收入；支出项目包括六项，即经营性支出、消费性支出、财产性支出、转移性支出、投资性支出和其他支出。在以上收入、支出项目下，还可以根据分析核算的需要，设子项或其中项，比如在劳动者报酬下可以设三项，分别为工资及薪金、雇主社会缴款和其他劳动者报酬，以反映住户通过不同形式获得的报酬情况。再如，在消费性支出项下，可以再设两大子项——实物消费支出和服务性消费支出，在实物消费支出下还可设耐用消费品支出和非耐用消费品支出。具体项目详见表 7 – 21。

收入与支出净额项目是一个数值平衡项目，即收入与支出净额等于收入合计减去支出合计。收入与支出净额可能是正值，也可能是负值。当收入合计大于支出合计时，其为正；当收入合计小于支出合计时，其为负。收入与支出净额反映净金融资产的增加或减少。收入与支出净额是与资产负债表进行衔接的一个重要项目。从理论上讲，同一核算期间的收入与支出净额，加上非交易因素导致的净金融资产变化（资产物量的其他变化或名义持有损益导致的净金融资产变化）应该等于资产负债表中期末与期初净金融资产的变化额。

（2）宾栏项目反映收支核算的部门及其分类

住户总体部门的分类前面我们已经讨论过，在表式中住户总体部门项下，首先分为住户部门和为住户服务的非营利机构，然后，在住户部门下再分为农村住户和城镇住户。具体的表式详见表 7 – 21。

表 7 – 21　　　　　　　　　　　年住户总体部门收支平衡表　　　　　　　单位：元

项目	住户总体部门			
	合计	住户部门		为住户服务的非营利机构
		农村住户	城镇住户	
一、收入合计				
（一）经营性收入				
经营活动毛收入				

项目	住户总体部门			
	合计	住户部门		为住户服务的非营利机构
		农村住户	城镇住户	
生产税补贴				
其他经营性收入				
（二）劳动者报酬				
工资及薪金				
雇主社会缴款				
其他劳动者报酬				
（三）财产性收入				
利息收入				
红利收入				
地租类收入				
其他投资收入				
（四）转移性收入				
养老金或离退休金				
除养老金或离退休金之外的社保计划转移收入				
政府性或社会性救济与补助				
非寿险赔付				
其他经常转移收入				
（五）其他收入				
二、支出合计				
（一）经营性支出				
经营费用				
其中：雇员支出				
日常费用				
贷款利息支出				
生产税				
其他经营性支出				
（二）消费性支出				
实物消费支出				
非耐用消费品支出				
耐用消费品支出				

续表

项目	住户总体部门			
	合计	住户部门		为住户服务的 非营利机构
		农村住户	城镇住户	
其中：购买汽车支出				
服务性消费支出				
（三）财产性支出				
利息支出				
地租类支出				
其他财产性支出				
（四）转移性支出				
个人所得税				
社会保障缴款				
非寿险净保费支出				
其他转移性支出				
（五）投资性支出				
购买住房或自建房支出				
购买贵重物品支出				
购买固定资产				
其他投资性支出				
（六）其他支出				
三、收入与支出净额				

3. 数据的整理与登录

将农村住户收支平衡表、城镇住户收支平衡表以及为住户服务的非营利机构收支平衡表对应的科目进行汇总，可以得到住户总体部门收支平衡表。

（1）农村住户收支平衡表数据的整理与登录

①收入项目的整理与登录

农村住户收支平衡表中收入合计及五个一级分类（经营性收入、劳动者报酬、财产性收入、转移性收入、其他收入）均填录到住户总体收支平衡表对应的项目。

农村住户经营性收入项下的农村生产经营户经营毛收入、农村居民自产自用农产品总价值填录到住户总体收支平衡表中的经营活动毛收入内，生产税补贴、其他经营性收入均对应填录到住户总体收支平衡表的对应项目。

农村住户劳动者报酬项下的货币形式的工资及薪金、实物收入填录到住户总体的工资和薪金中，雇主社会缴款、其他劳动者报酬均填录到住户总体收支平衡表的对应项目。

农村住户财产性收入项下的利息收入、红利收入、其他投资收入填录到住户总体收支平衡表的对应项目，农村住户转让承包土地经营权租金收入、出租房屋收入、自有住房折算租金填录到住户总体收支平衡表中的地租类收入。

农村住户转移性收入项下的养老金或离退休金、除养老金或离退休金之外的社保计划转移收入两个子项填录到住户总体收支平衡表的对应项目中，农村住户的社会救济和补助、政府补助填录到住户总体收支平衡表的政府性或社会性救济与补助项下，非寿险赔付、其他经常转移收入均填录到住户总体收支平衡表的对应项目中。

②支出项目的整理与登录

农村住户收支平衡表中的支出合计及六个一级分类（经营性支出、消费性支出、财产性支出、转移性支出、投资性支出、其他支出）均填录到住户总体收支平衡表的对应项目。

农村住户经营性支出项下的经营费用、生产税、其他经营性支出填录到住户总体的收支平衡表对应项目中，经营费用项下的雇员支出、日常费用、贷款利息支出填录到住户总体收支平衡表的对应项目中。

农村住户消费性支出项下的实物消费支出、服务性消费支出，实物消费支出项下的非耐用消费品支出、耐用消费品支出，耐用消费品支出项下的购买汽车支出均填录到住户总体收支平衡表的对应项目。

农村住户财产性支出项下的利息支出、其他财产性支出填录到住户总体收支平衡表的对应项目，租房支出、自有住房折算租金填录到住户总体收支平衡表的地租类支出。

农村住户转移性支出项下的个人所得税、社会保障缴款、非寿险净保费支出、其他转移性支出均填录到住户总体收支平衡表的对应项目中。

农村住户投资性支出项下的购买住房或农村自建房支出填录到住户总体收支平衡表的购买住房或自建房支出中，农村住户购买贵重物品支出、购买固定资产、其他投资性支出均填录到住户总体收支平衡表的对应项目。

农村住户收入与支出净额填录到住户总体收支平衡表的对应项目。

（2）城镇住户收支平衡表数据的整理与登录

①收入项目的整理与登录

城镇住户收支平衡表中收入合计及五个一级分类（经营性收入、劳动者报酬、财产性收入、转移性收入、其他收入）均对应填录到住户总体收支平衡表的对应项目。

城镇住户经营性收入项下的城镇生产经营户经营活动毛收入填录到住户总体经营活动毛收入中，生产税补贴、其他经营性收入填录到住户总体收支平衡表的对应项目中。

城镇住户劳动者报酬项下的货币形式的工资及薪金、实物收入、家庭雇员受住户有偿雇用而得到的收入填录到住户总体收支平衡表的工资及薪金中。雇主社会缴款、其他劳动者报酬填录到住户总体收支平衡表的对应项目。

城镇住户财产性收入项下的利息收入、红利收入、其他投资收入填录到住户总体收支平衡表的对应项目，出租房屋收入、自有住房折算租金均填录到住户总体收支平衡表中的地租类收入。

城镇住户转移性收入项下的养老金或离退休金、除养老金或离退休金之外的社保计划转移收入、非寿险赔付、其他经常转移收入填录到住户总体收支平衡表的对应项目中。社会救济和补助、政府补助均填录到住户总体收支平衡表的政府性或社会性救济与补助项下。

②支出项目的整理与登录

城镇住户收支平衡表中支出合计及六个一级分类（经营性支出、消费性支出、财产性支出、转移性支出、投资性支出、其他支出）均填录到住户总体收支平衡表的对应项目。

城镇住户经营性支出项下的经营费用、生产税、其他经营性支出以及经营费用项下的雇员支出、日常费用、贷款利息支出均填录到住户总体收支平衡表的对应项目中。

城镇住户消费性支出项下的实物消费支出、服务性消费支出，实物消费支出项下的非耐用消费品支出、耐用消费品支出，耐用消费品支出项下的购买汽车支出均填录到住户总体收支平衡表中的对应项目。

城镇住户财产性支出项下的利息支出、其他财产性支出填录到住户总体收支平衡表的对应项目，租房支出、自有住房折算租金填录到住户总体收支平衡表的地租类支出。

城镇住户转移性支出项下的个人所得税、社会保障缴款、非寿险净保费支出、其他转移性支出均填录到住户总体收支平衡表的对应项目中。

城镇住户投资性支出项下的购买住房支出填录到住户总体收支平衡表的购买住房或自建房支出中，购买贵重物品支出、购买固定资产、其他投资性支出均填录到住户总体收支平衡表的对应项目。

城镇住户收入与支出净额填录到住户总体收支平衡表的对应项目。

（3）为住户服务的非营利机构收支平衡表数据的整理与登录

①收入项目的整理与登录

为住户服务的非营利机构收支平衡表中收入合计及四个一级分类（经营性收入、财产性收入、转移性收入、其他收入）均对应填录到住户总体收支平衡表的对应项目。

为住户服务的非营利机构经营性收入项下的会费收入、提供服务收入、商品销售收入均填录到住户总体收支平衡表的经营性毛收入中。其他经营性收入填录到住户总体收支平衡表的对应项目中。

为住户服务的非营利机构财产性收入项下的利息收入、红利收入、其他投资收入均填录到住户总体收支平衡表中的对应项目。

为住户服务的非营利机构转移性收入项下的政府补贴收入填录到住户总体收支平衡表的政府性或社会性救济与补助项下，捐赠收入、其他转移性收入填录到住户总体收支平衡表中的其他转移性收入中。

②支出项目的整理与登录

为住户服务的非营利机构收支平衡表中支出合计及四个一级分类（经营性支出、转移性支出、投资性支出、其他支出）均对应填录到住户总体收支平衡表的对应项目。

为住户服务的非营利机构经营性支出项下经营费用、其他经营性支出以及经营费用项下的雇员支出、日常费用、贷款利息支出均填录到住户总体收支平衡表中的对应项目，税费填录到住户总体收支平衡表的生产税中。

为住户服务的非营利机构的收入与支出净额填录到住户总体收支平衡表的对应项目。

（三）完善我国住户部门资金流量核算的政策建议

1. 宏观核算与微观调查相衔接

目前，联合国、国际货币基金组织、堪培拉专家小组、国际劳工组织以及我国统计部门从宏观经济核算的角度对住户部门收支核算提出了指导性的框架。应根据我国实际，利用宏观核算的原则指导住户微观调查，加强宏观核算与微观调查数据的衔接，研究住户部门收入和支出核算范围与分类。在此基础上，设计详细的调查表开展微观调查，为宏观核算提供数据支撑。

2. 完善虚拟消费调查和核算方法

在 SNA 中，虚拟消费是最终消费的重要组成部分，其内容主要包括：双方没有货币支付的易货交易的虚拟支出；雇主以实物（包括货物和服务）形式向雇员支付报酬；自产自用货物服务的虚拟支出（包括自产自用的粮食或其他农产品，住户拥有的非法人企业生产的、被留作住户成员消费的货物和服务，住房所有者的自有住房服务，住户雇用付酬家庭雇员为自身最终消费提供的家庭服务或其他服务）。特别是近年来我国房地产市场快速发展，从理论上来说，自有住房服务虚拟租金的重要性随着我国住房自有率的增长而不断上升。但虚拟消费没有在市场上通过货币形式进行交易，因此成为核算的难点。我国也没有公布住户部门虚拟消费的详细数据，需要根据 SNA 的基本原则和国内外成熟的核算方法开展进一步研究。

3. 完善耐用消费品的核算方法

我们在收支平衡表中单列耐用消费品，特别是汽车，主要是基于与国际接轨的考虑。根据国家统计局公布的资料，居民持有的耐用消费品种类很多，包括出行工具，如家用汽车、摩托车、电动助力车，也包括日常用品，如洗衣机、空调、冰箱等，还包括通信工具，如计算机、移动电话等，哪些耐用消费品需要在收支平衡表中单独核算，哪些不用单列，需要统筹考虑资产负债和收支核算。此外，居民购买的耐用消费品可能用于消费目的，也可能用于生产经营目的，如何准确地区分和核算，也需要深入调查研究。

4. 完善为住户服务的非营利机构的核算方法

一方面，在 SNA 中，主要从事非市场生产的非营利机构可以分为两类：被政府控制的非营利机构和没有被政府控制的非营利机构。前者属于广义政府部门，后者称为"为住户服务的非营利机构"，并在 SNA 中自成一个独立部门。从国外情况看，发达国家通常将住户部门和为住户服务的非营利机构部门合并为一个部门核算，发展中国家有的将为住户服务的非营利机构归入广义政府部门，有的归入住户部门，也有的单列，我国现有的非营利机构大多数在各级民政部门登记注册，一部分在工商部门登记，但都缺少"是否为政府控制"这一关键核算属性，为了便于国际比较，建议完善我国非营利机构的分类方法，在属性上增加"是否为政府控制"这一分类，以提高核算的准确性。另一方面，目前，财政部制定的民间非营利组织业务活动表是一种微观的会计核算报表，与 SNA 宏观核算分类差异较大。例如，财政部制定的民间非营利组织业务活动表科目较粗，业务活动表"收入"大类中的"投资收益"项下缺少利息、红利等明细项目，筹资费用项下缺少存款利息收入、借款利息支出项目，同时，也缺少所得税、利润或营业盈余等科目，不仅不能满足会计核算的信息质量要求，也不能满足非营利机构收支核算以及增加值核算的信息要求。如何完善非营利组织会计核算方法，加强微观核算与宏观核算的衔接，需要进一步与主管部门或相关专家开展深入研究。

参考文献

［1］中华人民共和国国家统计局．中国国民经济核算体系（2016）［M］．北京：中国统计出版社，2017.

［2］联合国，等．国民账户体系 2008 ［M］．中国国家统计局国民经济核算司，中国人民大学国民经济核算研究所，译．北京：中国统计出版社，2012.

［3］杜金富，等．住户部门资产负债表编制：国际准则与实践 ［M］．北京：中国金融出版社，2020.

［4］杜金富，等．中国政府资产负债编制研究 ［M］．北京：中国金融出版社，2018.

［5］阮健弘，高慧颖，等．中国资金流量金融交易核算 ［M］．北京：中国金融出版社，2021.

［6］韩中．中国住户部门综合经济账户的构建与理论阐述 ［J］．财贸研究．2010（3）：9 – 18.

［7］杨灿．国民核算与分析通论 ［M］．北京：中国统计出版社，2005.

［8］国家统计局．住户收支与生活状况调查方案（2021） ［EB/OL］．http：//www. stats. gov. cn/tjsj/tjzd/gjtjzd/202103/t20210316 _ 1814951. html.

［9］国家统计局．中国统计年鉴 2020 ［EB/OL］．http：//www. stats. gov. cn/tjsj/ndsj/2020/indexch. htm.

［10］国家统计局住户调查办公室．中国住户调查年鉴 2020 ［M］．北京：中国统计出版社，2020.

［11］王微，刘涛．服务消费统计的国际经验与启示 ［J］．发展研究．2019（5）：4 – 5.

第八章　我国住户部门资产负债表的编制

我们在前面研究了我国住户部门的范围和层次、住户部门资产负债核算范围、核算数据来源以及各类资产负债估值，下面主要研究我国住户部门资产负债表的编制。考虑到我国特殊的城乡二元结构，我们首先分别研究农村住户、城镇住户以及为住户服务的非营利机构资产负债表的编制，最后再研究住户部门总体资产负债表的编制。我国住户部门资产负债表的编制研究主要包括部门核算范围、资产负债核算范围、资产负债表的基本表式结构、数据来源、估价和数据整理等内容。

第一节　农村住户资产负债表

农村住户资产负债表反映的是一定时点上农村住户资产负债的规模及其结构情况。通过编制资产负债表可以帮助决策者评估我国农村住户部门资产结构、资产质量、短期偿债能力以及长期偿债能力，为贯彻落实新发展理念，实现共同富裕，更好地满足乡村振兴和民生政策需要提供信息支持。

一、农村住户的核算范围

研究编制农村住户资产负债表首先要明确农村住户与城镇住户的差异、核算范围、界定标准，并在此基础上研究农村住户的分类。

（一）农村住户与城镇住户

我国之所以把住户区分为农村住户与城镇住户，是因为现阶段农村住户与城镇住户在诸多方面存在差别，主要包括：市场化程度不同，现阶段农村住户的住宅、承包的土地等财产只能在规定的范围内交易或流转；收入来源不同，农村住户主要依靠农业收入；享受公共服务程度不同，农村住户在孩子上学、医疗、养老、公共交通等公共服务及社会保障等方面，目前总体上仍低于城镇住户。现阶段仍存在的城乡"二元"体制使农村住户与城镇住户在收支及财产核算上具有各自的特点，需要我们加以区别，分别核算。

中国住户部门资产负债表编制研究

农村住户与城镇住户是相对应的概念，我们可以先明晰农村的概念，也可以先明晰城镇的概念。农村住户的界定首先需要界定农村，而农村的界定往往与人口等指标相联系。农村作为统计核算指标，不同国家、不同时期所规定的口径不尽相同。美国 1950 年前规定凡是人口在 2500 人以下的，没有组织成自治单位的居住地就为农村；1950 年后规定，凡人口在 2500 人以下或人口在每平方英里 1500 人以下的地区及城市郊区都为农村。欧洲各国一般规定人口 2000 人以下的居住地为农村。印度把农村住户分为农耕住户和非农耕住户。农耕住户是指在统计日之前的 365 天里耕种了至少 0.002 公顷土地的农村家庭；非农耕住户是指没有耕种土地或者耕种少于 0.002 公顷土地的农村家庭。

我国对农村这个概念从不同角度给予不同的定义，一般包括：它是与城镇（城市）相对应的地理概念，它是以农业为主的产业概念，它是一种文化的概念，它是一种制度安排。乡村有时就是农村。我国《乡村振兴促进法》规定，乡村是城市建成区以外具有自然、社会、经济特征和生产、生活、生态、文化等多重功能的地域综合体，包括村庄等。

从统计核算的角度来说，我国对农村与城镇的划分也几经调整。大体分为按行政建制划分和按常住人口划分两大口径。现在执行的是《统计上划分城乡的规定》中对城乡的划分，城镇和农村的统计口径是先界定城镇的范围，再界定农村的范围。城镇包括城区和镇区。城区是指在市辖区和不设区的市，区、市政府驻地的实际建设连接到的居民委员会和其他区域。镇区是指在城区以外的县人民政府驻地和其他镇，政府驻地的实际建设连接到的居民委员会和其他区域。与政府驻地的实际建设不连接，且常住人口在 3000 人以上的独立的工矿区、开发区、科研单位、大专院校等特殊区域及农场、林场的场部驻地也视为镇区。农村即乡村是指城镇以外的区域。这一划分是以我国的行政区划为基础，以民政部门确定的居民委员会和村民委员会辖区为对象，以实际建设（已建成或正在建的公共设施和其他设施）为依据划分的，这里面包含人口密度、人口数量、农业人口、非农业人口等要素。

近年来，随着我国经济的发展，国家出台了一系列政策，加快了农村人员向城镇的流动。农村承包土地可以流通转让，农民可以在城镇生活工作，有相当一部分农民已经在城镇购房并以非农业工作为主；一些在城镇工作的子女，为了赡养老人把父母接到城里常年居住。这样就需要重新界定城镇住户和农村住户。我们认为：划分城镇住户和农村住户的原则主要是看他们的收入及公共设施等服务情况。划分城镇住户与农村住户的参考标准主要包括：（1）住宅。

这里的住宅既包括自有住宅，也包括租赁的住宅。（2）居住的时间，一般在一年以上。在城镇居住时间一年以上为城镇住户，在农村居住时间一年以上为农村住户。（3）收入的取得。收入以在城镇工作为主，应为城镇住户；收入以在农村工作为主，应为农村住户。（4）住户的主要成员。住户的主要成员以在城镇工作为主，则可列为城镇住户，否则为农村住户。

（二）农村住户的分类

农村住户按收入的渠道可分为农户、非法人企业、财产收入及转移收入接受者、机构住户、其他住户。农户是指主要经营承包农村土地、山林、鱼塘等农业的农村住户；非法人企业是指在农村中，经营未达到企业规模的个体工商户，以及经济联合社；财产收入及转移收入接受者是指在农村但不经营农业，将承包的土地转承包给其他农户或是其他收入接受者等农村住户；机构住户主要是指常年住在养老院的住户；其他住户是指主要靠外出劳务取得收入的农村住户。

其中，需要说明的是居委会、村委会等自治组织和村集体经济组织的部门划分。统计部门将社会服务机构中的居委会和村委会等自治组织纳入省、市、县、乡下面的广义政府进行核算，但考虑到其财务制度多执行事业单位财务制度，机构编制部门不对自治组织进行"三定"，财政部门也不负责这些组织的人员工资或经费，仅按项目经费统一列支，主要为居民服务且并不考虑经济利益，另外，自2017年开始，自治组织均由民政部门统一发放社会信用代码。因此，居委会、村委会等自治组织可以考虑纳入为住户服务的非营利机构核算。村集体经济组织是指在行政村一级为管理、协调行政村范围内的农村集体土地资源和其他集体资产的开发、经营，并为农户提供服务而设立的集体经济组织。有些行政村设立了村集体组织，但有些行政村并未设立，而是由村委会代行村集体经济组织职能。此类村集体经济组织应根据实际情况进行部门划分和核算，即如果是经济联合社的形式则应包含在农村住户中，如果改制为公司等则应作为企业，如果未成立具体组织且职能由村委会代行则应随村委会一起作为为住户服务的非营利机构。

二、农村住户的资产和负债

农村住户部门的所有资产都是经济资产。农村住户的资产和负债主要分为非金融资产、金融资产和负债。

（一）农村住户的资产

我们在第四章和第五章分别对我国住户部门的非金融资产和金融资产进行

了分类。相关调查显示，我国农村住户的资产也可以分为非金融资产和金融资产，其中非金融资产占比较大，金融资产占比较小。农村住户部门拥有的非金融资产种类非常丰富，包括耕地（或农用土地）、住宅、其他建筑、汽车、其他交通工具、金银珠宝和收藏品、经济作物等。目前，国际上对住户部门的非金融资产不像对金融资产那样有明确的定义与分类，对农村住户部门非金融资产进行统计的国家更是很少。从美国"消费者财务状况调查"的情况看，住宅与交通工具占非金融资产的绝大部分，这也应该是各国住户部门非金融资产结构的普遍特征，但并未就农村和城镇加以区分。考虑到农村住户的特点，我国农村住户部门拥有的资产核算内容如下。

1. 非金融资产

我国农村住户部门拥有的非金融资产可分为固定资产、存货和贵重物品。其中，固定资产主要包括耕地、农户住宅、其他构建物、农用机器和设备、培育性生物资源等。

（1）固定资产

①耕地。耕地指用于养殖、种植的土地和水域，不包括建筑等其他用地。纳入资产负债表的耕地应符合土地资产的界定，即土地是指由可实施所有权、其所有者可通过持有或使用而获得经济收益的地面，由土壤覆盖层和连带的地表水域构成。我国的土地管理制度规定，土地资源属于国家或集体所有，城镇市区的土地属于国家所有，农村和城郊的土地除属于国有外的部分属于农民集体所有。土地的使用者实际拥有的是土地使用权（农村承包土地的经营权包含转包、出租、互换、转让或其他方式流转等法律规定的权利），即经济所有权。因此，资产负债表中耕地资产所有权依据的应该是经济所有权。目前，我国尚未开展全面系统的耕地资产核算工作，耕地估值是编制住户部门资产负债表的一个难点问题。

②农户住宅。这里统计的是农村住户的住宅，由于我国城镇化的持续深入，城乡边界不断变化和模糊，农村居民持有城镇住房或在城镇生活等现象也越来越普遍，农村住户的住宅资产已不限于农村地区的建筑物，还应包括农村住户在城镇和国外的住宅。

③其他构建物。其他构建物包括农村大型养殖建筑物以及能源建筑等，如塑料大棚、养畜圈所、太阳能风能等建筑。

④农用机器和设备。农用机器和设备包括交通设备和其他农用机器设备。其中，交通设备主要包括用于农业生产、运输等使用的机动车辆、摩托车、拖

拉机等。农村住户兼有生产性和消费性的特点，但核算过程中难以做到区分，因此，农村住户拥有的汽车即便作为家庭消费使用，也纳入农用机器及设备，不在耐用消费品中反映，随着资料的完善，可再根据其实际情况进行更准确的分类。其他农用机器和设备包括除交通设备外的所有农用机器和设备，如收割机、插秧机、脱粒机、其他农用机器等。

⑤培育性生物资源。培育性生物资源包括重复或连续使用一年以上、以生产其他货物或服务的动物和植物。动物种类有饲养的奶牛、羊、鱼或其他用于生产的家畜或家禽，以及用于运输、竞速或娱乐的动物。植物包括树、藤、果树、坚果、树液、树皮、树叶产品。只能使用一次的动物和植物，如为宰杀而饲养的牲畜以及为取材而种植的树，不包含在此类。

（2）存货

农村住户拥有的存货包括待出售的农产品、半成品（未成材树木、未成龄牲畜、未够打网的鱼类等农产品）、采购用的原材料等，以及在制品、转售品。

（3）贵重物品

农村住户持有的贵重物品包括贵金属和宝石，古董和其他艺术品，邮票、纪念币（钞）、瓷器、书籍等收藏品，以及精美的首饰和有重大可实现价值的金属等其他贵重物品。

表 8-1　　　　　　　　农村住户部门非金融资产建议分类表

项目	说明
1. 固定资产	包括耕地、农户住宅、其他构建物、农用机器和设备以及培育性生物资源。
（1）耕地	指用于养殖、种植的土地、水域等农村土地资产的经济所有权。耕地不包括建筑等其他用地。
（2）农户住宅	指农村住户的住宅，既包括农村住户完全或主要坐落于农村地区的建筑物，也包括其在城镇和国外的住宅。
（3）其他构建物	大型养殖建筑物以及能源建筑等，如塑料大棚、养畜圈所、太阳能风能等建筑。
（4）农用机器和设备	机动车辆、摩托车、拖拉机等交通设备，以及收割机、插秧机、脱粒机等机器设备。
（5）培育性生物资源	重复或连续使用一年以上，以生产其他货物或服务的动物和植物。
2. 存货	待出售的农产品、半成品（未成材树木、未成龄牲畜、未够打网的鱼类等农产品）、采购用的原材料等，以及在制品、转售品。
3. 贵重物品	包括贵金属和宝石，古董和其他艺术品，邮票、纪念币（钞）、瓷器、书籍等收藏品，以及精美的首饰和有重大可实现价值的金属。

2. 金融资产

居民资产相关调查（如中国家庭金融调查）数据显示，农村住户金融资产主要以现金和银行存款居多，其次是借出款项、保险及人寿养老基金、证券金融资产、应收预付款等。

（1）现金。现金是指农村住户持有的流通中的纸币、硬币以及数字货币。农村住户部门持有现金应包含外币，并将外币折算成等值人民币。可根据持有外币的数量，按照本币和外币进行细分。

（2）银行存款。银行存款是指住户存入的货币款项，存款人可随时或按约定时间支取款项的信用业务，主要包括活期存款、定期存款等。存款是存款者的金融资产。农村住户的存款也包括在城镇和国外的存款。

（3）借出款项。借出款项涉及住户部门内部、住户部门与企业之间的金融活动，比如民间借贷、P2P借出款等。其中，是否反映农村住户之间的相互借款，取决于选择数据汇总或合并方法。

（4）保险及人寿养老基金。保险及人寿养老基金是指农村住户持有的商业保险和人寿养老基金的净权益、保险费预付款和未决索赔准备金等。

（5）证券金融资产。证券金融资产是指农村住户购买的债券、股票、基金、银行理财等证券金融资产。

（6）应收预付款。应收预付款是指农村住户应收的拖欠货款和劳务报酬、预付的货款等。

（二）农村住户的负债

农村住户的负债主要包括银行贷款、非银行借款和应付预收款三大类。

1. 银行贷款。银行贷款是指农村住户从银行机构获得的各类贷款，如住房贷款、汽车贷款、教育贷款、个人经营性贷款、信用卡透支等。

2. 非银行借款。非银行借款主要是指通过非金融机构或民间融资渠道获得的各种借款，如亲戚朋友之间的借款、P2P借款等。相关研究表明，农村居民对非银行借款的参与度大于城镇居民。

3. 应付预收款。应付预收款包含贸易信贷、应付款以及预收的货款等。住户部门的应付款一般包含拖欠的工程款、赊账等。

三、农村住户资产负债表的编制

农村住户资产负债表的编制是通过收集农村住户部门的资产负债数据，估值整理并以资产负债表的形式加以反映。

（一）表式设计

通常使用资产负债表反映资产负债核算的结果。编制农村住户资产负债表，首先需要明确农村住户资产负债表的基本结构。如前文所述，我们已经探讨了农村住户部门的核算范围以及资产负债核算范围，可以在此基础上设计资产负债表表式。如同其他资产负债表一样，农村住户资产负债表也是一张二维报表，包括主栏项目和宾栏项目两个部分。

1. 主栏项目的设计

主栏项目反映核算的资产负债项目及其分类。主栏项目是在原有核算项目基础上的新设、分类和归并。如表 8-2 所示，农村住户资产负债表的主栏项目分为资产项目、负债项目和净资产项目。其中，资产项目又分为非金融资产和金融资产。非金融资产项目按照用途细分，包括固定资产、存货、贵重物品，其中，固定资产项下再分为耕地、农户住宅、其他构建物、农用机器和设备、培育性生物资源五个子项。金融资产项目按照金融工具细分，包括现金、银行存款、借出款项、保险及人寿养老基金、证券金融资产、应收预付款。负债项目按照金融工具类型，并结合住户部门负债特点，主要分类为银行贷款、非银行借款和应付预收款等。净资产项目是一个数值平衡项目，即净资产＝总资产－总负债。净资产可能是正值，也可能是负值。当资产大于负债时，净资产为正；当资产小于负债时，净资产为负。此外，农村住户资产负债表还提供净金融资产（金融资产－总负债）的信息，以及备忘项目，用来说明未纳入资产负债表核算的信息。

2. 宾栏项目的设计

宾栏项目反映核算的农村住户主体及其分类。如表 8-2 所示，在农村住户资产负债表中，宾栏项目列示所有农村住户相应主栏项目的合计。农村住户部门及其子部门的分类前面研究已经指出，由所有农村常住住户构成。在农村住户资产负债表设计中，我们可以按照前面的研究建议进一步分类，这里不再对农村住户进行进一步细分类，但为了反映核算期资产负债的变化，设置了期初与期末两个统计时点项目。

3. 整个表式的设计

综合主栏和宾栏项目的设计，农村住户资产负债表的表式如表 8-2 所示。农村住户资产负债表在刻画农村住户经济循环的过程中会产生动态和静态两种平衡关系，对于这两种平衡关系又有相应的静态表和动态表两种表现形式。动态表反映了在核算期间内农村住户资产负债的变化，其中资产负债表核算的数据均是存量形式，但在期初与期末之间也会有期内流量的变化，而期初与期末之间的存量关系变动即为资产负债表的动态变化过程。经济存量与经济流量只是两种不同的存在形式。此外，如果有详细的分类数据作为支撑，可以根据不同的用途呈现出不同的资产负债表形式。例如，根据资产类型以及住户的年龄、收入、性别、财富等特征，可以编制分年龄、收入、性别、财富等不同类别农村住户的资产分布表，如每类资产的拥有率、平均值、四分位数等，以更加全面、细致地反映农村住户部门的内部情况。

表 8 – 2　　　　　　　　　　　农村住户资产负债表

项目	期初	期末
总资产		
（一）非金融资产		
1. 固定资产		
（1）耕地		
（2）农户住宅		
（3）其他构建物		
（4）农用机器和设备		
（5）培育性生物资源		
2. 存货		
3. 贵重物品		
（二）金融资产		
1. 现金		
2. 银行存款		
3. 借出款项		
4. 保险及人寿养老基金		
5. 证券金融资产		
6. 应收预付款		
总负债		
1. 银行贷款		
2. 非银行借款		
3. 应付预收款		
净资产（总资产 – 总负债）		
净金融资产（金融资产 – 总负债）		
备忘项目		

（二）数据收集

数据收集包括已有数据的收集和整理、需要调查推测的数据两个方面。

1. 已有数据的收集和整理

编制住户部门资产负债表所需已有数据主要来自国家有关部委的统计数据或调查数据。其中，非金融资产数据以国家统计局和相关管理部门统计和调查数据为主；金融资产和负债的数据以中国人民银行统计和调查数据为主。

（1）已有的非金融资产的数据

已有的非金融资产的数据主要包括国家统计局《中国统计年鉴》和《中国住户调查年鉴》公布的有关数据，住房和城乡建设部有关住房的统计调查数据，农业农村部、国土资源部有关其他固定资产等方面的统计调查数据，国家市场监督管理总局、农业农村部等有关存货的统计调查数据，国家文物局、国家邮政局、中国人民银行等有关贵重物品的统计调查数据等，以及学术机构展开的调查研究公布的有关数据。

（2）已有的金融资产和负债的数据

随着金融业综合统计工作的持续深入推进，金融资产和负债的统计数据日益完善，因此农村住户金融资产和负债的部分数据来源可以从现有的金融统计数据中获得。从 2004 年开始，中国人民银行根据资金流量表编制我国的资金存量表，并据此测算住户部门的金融资产和负债。因此，金融资产与负债相关数据主要来源于人民银行、银保监、证监等相关金融监管部门收集的数据。但由于现有的住户部门金融资产和负债数据没有进一步划分为农村住户和城镇住户数据，所以仍需要结合相关调查数据或者其他参考数据，通过合理的估算获得农村住户和城镇住户的相关数据。

2. 需要调查推测的数据

需要调查推测的数据主要包括农村住户的其他构建物、培育性生物资源、存货的构成、贵重物品的构成、住户之间的融资、城乡所占比例、价格水平等。这些都依靠典型调查，然后进行推算获得数据。

（三）估价

估价是指以一定的货币单位计量农村住户的资产负债。农村住户资产负债的估价可以分为非金融资产的估价、金融资产和负债的估价。

1. 非金融资产的估价

（1）固定资产的估价

①耕地。对于山、水、林、田、湖、草等耕地使用权的估值，可以根据土

地流转收益，使用贴现现值进行估值；在缺乏土地使用权交易数据的情况下，也可以参照国家征地补偿标准进行估值。原则上，记录在资产负债表的耕地价值不包括土地改良的价值以及土地之上建筑物的价值。耕地以新所有者支付的现期价格估价，不包括所有权转移费用。

②农户住宅。原则上农村住户的住宅应当按照相同地段、类似建筑规格和使用年限等同质可比资产在市场中的交易价格进行估价。但在实际工作中很难获得详细信息，因此须依赖其他方法进行估价，如永续盘存法等测算技术，也可用资产负债表期初（或获得资产的时间）价值加上核算期内资产的重估价，减去核算期内估算的固定资产折旧以及任何其他物量变化价值。

③其他构建物。比照住宅的估价法进行估价。

④农用机器和设备。对交通设备来说，市场可能存在足够多的代表性价格用于对现有汽车及其他运输工具存量的估价，或者至少可与永续盘存法的参数相衔接。

⑤培育性生物资源。应当对那些在生产中被连续使用的牲畜，以某一年度该动物的购买现价为基础进行估价。如果不能采用这一方法，可以通过未来收益净现值进行估算。

（2）存货的估价

存货应当用资产负债表编表日期的价格进行估价，而不是用产品进入存货时的价格进行估价。在资产负债表中，存货的数据常常通过调整工商会计中存货的账面价值进行估算。材料和产品存货按购买者价格估价，制成品和在制品存货按基本价格估价。饲养猪、羊等家禽形成的存货主要依据年末存栏数与年末单价进行估算，粮食储备存货则是根据年末粮食库存与年末粮食混合均价估值。另外，也要对未成材的树木、未进入产果期的果树的估价进行研究。

（3）贵重物品的估价

持有贵重物品的主要目的是价值储藏，因此需按现期价格对其进行估价。如果有组织良好的市场，贵重物品应当按资产负债表编表日期的实际购买价格或估算的购买价格估价，其中不包括销售者应付的代理人费用或佣金。如果缺乏有组织的市场，可根据获得信息的程度，利用为防火、防盗等投保的价值数据对贵重物品进行估价。

2. 金融资产和负债的估价

根据国民经济核算的一般估价原则，如果金融资产和负债是在有组织的市场上有规律地交易，就可以对它们按现价估价。如果不是在有组织的市场上交易，则要根据债务人必须付给债权人以抵销债务的数额对债权进行估价。债权在资产负债表中具有同样的价值，无论其作为资产出现还是作为负债出现。价格应当不包括进行交易时对所提供服务支付的服务收费、酬金、委托金及其他类似费用。

（1）现金和银行存款。对现金来说，其名义价值或面值即是其估价。对于存款，应包括应偿还给债权人的数额。未偿本金数额中包括各种应付但未付的利息和服务费用［银行利息与 SNA 利息的差，即间接测算的金融中介服务（FISIM）］。外币通货和存款以资产负债表编制日的现汇卖出价和买入价的中间值折算为本币。与金融衍生合同有关的应偿还现金保证金费用应包括在存款中。

（2）借出款项、银行贷款和非银行借款。债权人和债务人的资产负债表中都要记录的借贷价值是指未偿付数额，包括本金、已产生但未支付的利息，还包括间接测算的该项债务所承担的已产生但未支付的服务费用［银行利息与 SNA 利息的差，即间接测算的金融中介服务（FISIM）］。在一些例子中，已产生的利息会列在应收/应付款下，但如果可能，最好是包含在贷款等借贷项目中。

（3）保险及人寿养老基金。估计方法分为两类：一是数额的决定方式是事先协议的，应采用资金提供者的精算估计值；二是数额根据所缴款项未来获得的投资绩效（定额缴款计划）来确定的，此时的价值是未来收益的折现值。

（4）证券金融资产。农村住户持有的债券、股票、基金、银行理财等证券类资产，应按照当期市场价值进行估值，如债券和股票市场价格、基金净值等。

（5）应收预付款（应付预收款）。应收预付款（应付预收款）包括商业信用、预付预收款和其他应收或应付项目（如税收、红利、地租、工资薪金、社会缴款）等。对债权人和债务人来说，都应按债务清偿时债务人依据合同约定向债权人支付的本金来估价，该估价应包括应收/应付的利息在内。

（四）数据整理

数据整理是编表的最后一个环节。编制农村住户资产负债表所需的数据产生于政府各个部门及各个部门的各级机构，要把这些数据归类整理并在资产负债表中登入相关项目，就需要对这些数据进行汇总、合并和轧差。在农村住户资产负债表编制过程中，数据整理工作主要分为以下几个方面。

一是缺失数据推算与检验。报表编制过程中需要的数据非常多，数据来源不完全充分、不准确是需要重点解决的问题。为此，需要采取比如"倒推法""交叉验证法"等方法对缺失的物量数据及价格数据进行推算及估计。如对于农村住户部门持有的现金与私营公司的股权、民间借贷金额等就需要进行推算，然后通过调查数据进行评估。此外，报表的编制需要对未来现金流的现值进行判断、估算。如保险公司未偿付索赔债务的清偿以及政府养老金的支付，将在未来很长一段时间内产生持续的现金流量，应通过合理判断、适当假设及历史经验来对其现值进行估算。还需要不定期对上述估算方法、涉及的假定系数等进行重审修订。

二是协调不同性质及口径数据的差异。对于分别以收付实现制和权责发生制为会计核算基础导致农村住户初始来源数据不一致的，在汇总时要进行调整，确保协调一致。对于按会计准则进行资产负债分类的原始资料，需要把不同口径的原始数据指标按国民经济核算体系规定的核算口径及指标分类要求重新分解、归类合并。

三是数据取净值与合并。汇总数据能够反映交易规模，但为了准确反映农村住户部门的资产与负债情况，农村住户部门内部的债务债权关系要尽可能厘清，交叉部分要进行抵销和剔除，以避免重复记录和虚增交易。因此，在整理原始数据时，要有针对性地进行取净值和合并。如金融衍生工具取净值登入，若净值为正，则填列在资产方；若净值为负，则填列在负债方。合并则是把某一组机构单位的资产交易与同一组机构单位对应的负债交易相抵销的过程。

四、编制农村住户资产负债表需要探讨的问题

（一）建立和完善农村住户资产负债核算项目调查统计体系

一是核算项目设置要符合国民经济核算体系中资产负债表编制的一般准则。农村住户资产负债项目核算属于部门核算，应在国民经济核算的框架内开展工作。二是考虑到农村住户资产负债核算资料基础相对薄弱，应加强与相关监管部门的沟通，推动相关会计制度、会计核算与统计核算相互衔接，在此基础上，建立共享、合作的资产负债核算统计体系，完善统计框架、统计指标、统计诠释、数据共享和发布等内容，在统计调查制度制定和执行过程中，提高统计调查制度的协同性和一致性，减少重复统计，从制度层面推动农村住户资产负债表的系统化、常规化编制。

（二）完善农村住户资产负债项目核算制度

一是要设立"耕地"核算项目。农村耕地有承包期，在承包期内，农户有经济所有权，可以多次使用，同时耕地改良后可以增加其价值，还可以转让承包，让渡耕地使用权，具有固定资产的特征。我国耕地的所有权属于国家或集体，农村住户仅有经济所有权（使用权），仅在土地流转时将产生的补偿计入财

产性收入，而对于耕地经济所有权的核算仍较为缺乏，特别是耕地的估值因地域、耕地等级、种植种类的差异存在很大的困难。因此，应加强对耕地核算的研究，逐步完善耕地的核算制度。二是要完善对贵重物品的核算。受贵重物品数据获得的限制，特别是个人或家庭持有的贵重物品很难通过调查统计获得，即便是能够获得贵重物品的数量，对于其估值也难以做到相对准确，这使贵重物品在资产负债核算中很难被核算到。为了无遗漏地核算贵重物品资产，需要逐步完善资产登记、调查统计、资产估值等制度。三是要完善"耐用消费品"分类，把部分具有固定资产特征的耐用消费品纳入固定资产核算项目。四是要设立"培育性生物资源"核算项目。

（三）完善农村住户资产负债核算数据采集体系

要确保农村住户资产负债表中的数据来源充分、完整和准确，就应该有充分的数据来源渠道，除了政府相关部门采集的已有资产负债数据、常规的统计调查，还应根据农村住户资产负债核算需要建立健全一些重点调查、典型调查制度。同时，为确保数据的真实准确性，还需要对各种渠道数据进行交叉验证，只有数据获取和数据验证通过两个闭循环来进行，才能真正实现数据可靠。

第二节 城镇住户资产负债表

城镇住户资产负债表是住户部门资产负债表的重要组成部分，其反映了城镇住户在某一特定时点家庭生活与生产经营的财务状况。编制城镇住户的资产负债表，其主要目的是通过对资产、负债和净资产的金额及其结构等情况的反映，展示城镇住户的资产来源与运用、负债水平和偿债能力等，这既有助于提高宏观调控的精准性、科学性和有效性，又有助于提高信息透明度、推进国家治理体系和治理能力现代化。

一、城镇住户的核算范围

农村住户与城镇住户是相对应的概念，我们已经在本章第一节对农村住户和城镇住户的定义、界定原则等做了阐述，此处不再赘述。现在就城镇住户的分类做简要说明。城镇住户按收入的渠道可分为城镇居民、城镇非法人企业、城镇财产收入及转移收入接受者、城镇机构住户、城镇其他住户。城镇居民是指在城镇居住、生活的人，在经国务院批准设市的市建制的城市和经批准的市镇建制的城镇区域内居住半年及半年以上的常住人口；城镇非法人企业是指在城镇中，经营未达到企业规模的个体工商户；城镇财产收入及转移收入接受者是指居住在城镇但不从事生产，将固定资产、房屋租给其他人获得租金收入或是其他收入接受者等城镇住户；城镇机构住户主要是指常年住在城镇养老院的住户；城镇其他住户是指主要靠外出劳务取得收入的城镇住户等。

二、城镇住户的资产和负债

（一）城镇住户资产负债核算的范围

与农村住户资产和负债一样，城镇住户的资产均遵循资产负债的一般要求，即资产必须是持有者或所有者能够实际拥有或控制的实体，资产能为持有者或拥有者带来经济利益，资产能以货币计量；城镇住户的负债就是金融负债，是指城镇住户承担的能以货币计量的、需以资产等偿付的债务。城镇住户的资产和负债主要分为非金融资产、金融资产和负债。

（二）城镇住户的资产

1. 非金融资产

城镇住户拥有的非金融资产主要是建筑物、机器和设备、知识产权产品等固定资产，以及存货和贵重物品等。

（1）固定资产

①建筑物。城镇住户的建筑物主要包括其拥有的住宅、非住宅建筑等。在住宅方面的统计核算主要包括城镇住户拥有产权的本地城镇住房以及外地（含海外）城镇住房，如商品房、限价商品房、经济适用房、房改房、个人自建住房及其他政策性住房等；在非住宅建筑方面的核算侧重于城镇住户拥有的商铺、写字楼等商业性房产。

②机器和设备。城镇住户拥有的机器和设备主要包括交通工具和其他机器设备。其中，交通工具主要指城镇住户拥有所有权的用于出行所需的交通设备，包括小汽车、卡车等。其他机器设备指除交通设备外的所有机器设备，包括城镇住户日常生产经营活动中所使用的经营设备和器材，如货架展台类的储存设备、收银机和电脑类的办公设备等。需要说明的是，在其他机器设备项目下，部分机器设备既可以用于生活又可以用于生产，现实中很难对此进行明确的区分。为避免重复统计或者遗漏，建议将交通设备之外的使用时间比较长、单位价值较高的耐用型机器设备均纳入该项。

③知识产权产品。城镇住户的知识产权产品包括其研究和开发的成果、矿藏勘探和评估、计算机软件和数据库以及娱乐、文学或艺术品原件等。

（2）存货

城镇住户持有的存货指城镇住户（包括个体工商户等非法人企业）为今后销售，在生产中使用或出于其他用途而持有的货物和服务。存货具体又可以分为原材料、在制品、制成品、转售商品。因为大部分非法人企业（个体工商户等）处于城镇地区，所以存货是城镇住户持有的重要资产之一。

（3）贵重物品

城镇住户持有的贵重物品包括其用于投资的贵金属、宝石、古董和其他贵重物品。贵重物品是具有较高价值，作为储藏手段而持有，而非用于生产或消费的商品。从这一方面来讲，城镇住户通过大额交易所获取的珠宝、字画、金银器物等均可作为贵重物品记录为资产。但其持有的价格相对较高的奢侈品，如名牌包、名贵手表等则不应纳入统计。

综上所述，我国城镇住户的非金融资产建议分类如表 8-3 所示。

表 8-3　　　　　　　　我国城镇住户的非金融资产建议分类表

项目	说明
（1）固定资产	主要包括建筑物、机器和设备、知识产权产品。
①建筑物	包括城镇住宅（农村小产权房、海外住宅），以及商铺、写字楼等非住宅建筑等。
②机器和设备	包括交通工具（如小汽车、卡车）和其他机器设备。
③知识产权产品	包括研究与开发、矿藏勘探与评估、计算机软件与数据库、娱乐及文学和艺术品原件等。
（2）存货	包括原材料、在制品、制成品、转售商品等。
（3）贵重物品	包括贵金属、宝石、古董、字画以及其他贵重物品。

2. 金融资产

与农村住户金融资产一样，现金和银行存款是城镇住户的主要金融资产。但同时，城镇住户的公积金、银行理财、国债、企业债、股票、基金、商业保险、互联网理财产品等金融资产则较农村住户占比更大，此外，城镇中金融体系较为发达，民间借贷较少，因此城镇居民的借出款项较少。总体来看，城镇居民的金融资产包括现金、银行存款、债务性证券、借出款、保险账户余额、人寿养老基金、公积金、股票及股权、投资基金份额、金融衍生工具和雇员股票期权、应收预付款。

（1）现金。现金是指城镇住户持有的流通中的纸币和硬币，以及数字货币。城镇住户部门持有现金也应包含外币，并将外币折算成等值人民币。

（2）银行存款。银行存款是指金融机构接受城镇住户存入的货币款项，存款人可随时或按约定时间支取款项的信用业务，主要包括活期存款、定期存款等。城镇住户还应包括境外存款。

（3）债务性证券。债务性证券是一种可流通的金融工具，作为某单位具有需要结清的债务的证明，这种债务通过提供现金、金融工具或其他一些具有经济价值的项目而结清。通常，债务性证券规定了利息支付和本金偿还的时间表。城镇住户持有的债务性证券一般包括国债、大额存单、企业债券以及商业票据（如商业承兑汇票）等。

（4）借出款。借出款是指城镇住户与其他住户或企业之间的相互借款或民间借贷。

（5）保险账户余额。保险账户余额是指城镇住户持有的除人寿养老基金外的其他社会保险和商业保险基金的净权益、保险费预付款和未决索赔准备金。保险账户余额是投保人的金融资产，是金融机构的负债。

（6）人寿养老基金。城镇住户持有的人寿养老基金是指其购买的人寿保险单、养老保险单、社会养老保险上缴款、企业年金缴款等，它包括个人和单位（雇主）两部分缴款额。城镇住户的人寿养老基金还可以根据"三支柱"养老保障体系再进一步分类，其中，第一支柱，即居民基本养老保险缴款（包含企业或雇用单位的缴款）；第二支柱，即企业年金和职业年金（包含企业或雇用单位的缴款）；第三支柱，即城镇住户根据个人养老金制度进行的相关缴款，以及购买的人寿保险单、商业养老保险单等。

（7）公积金。城镇住户的公积金一般指的是住房公积金，是指国家机关和事业单位、国有企业、城镇集体企业、外商投资企业、城镇私营企业及其他城镇企业和事业单位、民办非企业单位、社会团体及其在职职工，对等缴存的长期住房储蓄。住房公积金是住户部门的金融资产，一般情况下公积金可与存款合并，统一记录在存款科目中。

（8）股票及股权。股票及股权是指城镇住户持有的按市场价值计算的上市股票、未上市股权和其他股权。

（9）投资基金份额。投资基金份额是指城镇住户持有的按市场价值计算的银行理财、证券投资基金份额、信托投资计划等资产管理产品份额以及其他投资基金份额。

（10）金融衍生工具和雇员股票期权。城镇住户持有的金融衍生工具是一种与某一特定金融工具、指标或商品相联系的金融工具，是对特定的金融风险本身进行市场化交易而产生的金融工具，可以分为远期合同（包括掉期）和期权合同两个大类。雇员股票期权是雇主与雇员在某日（授权日）签订的一种协议。根据协议，在未来约定的时间（含权日）或紧接着的一段时间（行权期）内，雇员能以约定价格（执行价格）购买约定数量的雇主股票。

（11）应收预付款。城镇住户持有的应收款主要包括应收的货款和劳务款、欠发工资和其他应收款等；持有的预付款包括预售货款、预付的各种消费卡、其他预收款等。

（三）城镇住户的负债

城镇住户的负债主要是银行贷款、非银行借款、金融衍生工具和应付预收款。

1. 银行贷款。银行贷款是指城镇居民从银行获得的住房贷款、汽车贷款、教育贷款、个人经营性贷款、信用卡透支等信贷资金。

2. 非银行借款。非银行借款主要包含从非银行机构获得的贷款（公积金贷款等）、民间融资渠道获得的借款等。

3. 金融衍生工具。城镇居民持有的金融衍生工具包含远期合同（包括掉期）和期权合同，与资产方金融衍生工具相对应，当期末净头寸为负时记录在负债方。

4. 应付预收款。城镇居民的应付预收款主要包括贸易信贷、预收货款、拖欠的工程款、赊账以及应付预收的其他资金。

三、城镇住户资产负债表的编制

本部分内容主要包括城镇住户资产负债表的表式设计、数据收集、估价和数据整理。

（一）表式设计

与农村住户资产负债表的表式类似，城镇住户的资产负债表也是一张二维报表，包括主栏项目和宾栏项目两个部分。

1. 主栏项目的设计

主栏项目反映核算的资产负债项目及其分类。城镇住户资产负债表的主栏分类既要考虑城镇住户资产负债状况和特点，又要注意与农村住户以及住户部门资产负债表编制的衔接，因此，主栏项目也主要分为资产项目、负债项目和净资产项目。资产项目分为非金融资产和金融资产。

2. 宾栏项目的设计

宾栏项目反映核算的部门及其分类。为了反映核算期资产负债的变化，宾栏项目设置了期初与期末两个统计时点项目。

3. 整个表式的设计

结合主栏项目和宾栏项目的设计，城镇住户资产负债表如表8-4所示。

表8-4 城镇住户资产负债表

项目	期初	期末
总资产		
（一）非金融资产		
1. 固定资产		
（1）建筑物		
其中：住宅		
（2）机器和设备		
（3）知识产权产品		
2. 存货		
3. 贵重物品		
（二）金融资产		
1. 现金		
2. 银行存款		
3. 债务性证券		
4. 借出款		
5. 保险账户余额		
6. 人寿养老基金		
7. 公积金		
8. 股票及股权		
9. 投资基金份额		
10. 金融衍生工具和雇员股票期权		
11. 应收预付款		
总负债		
1. 银行贷款		
2. 非银行借款		
3. 金融衍生工具		
4. 应付预收款		
净资产（总资产－总负债）		
净金融资产（金融资产－总负债）		
备忘项目		

（二）数据收集

城镇住户资产负债数据来源与农村住户资产负债数据来源基本一致，除已有的统计数据外，其他数据同样需要通过抽样调查方式取得。城镇住户调查主要包括国家统计局开展的住户收支与生活状况调查、城镇低收入居民基本生活费用价格统计报表制度；中国人民银行开展的城镇居民家庭资产负债情况调查；西南财经大学中国家庭金融调查与研究中心开展的中国家庭金融调查等。此外，作为债权债务的对手方，部分资产负债数据还可以从企业部门、政府部门和金融部门资产负债表中获得。

1. 城镇居民家庭资产负债情况调查

调查内容包括城镇居民家庭基本情况、家庭收入和支出、家庭资产、家庭负债四个部分。其中，家庭实物资产包括住宅、自建房、商铺写字楼、汽车、厂房、设备、存货等，金融资产包括现金、存款、公积金、理财基金信托等资管产品、具有储蓄性质的商业保险、债券、股票、借出款以及其他金融资产等；家庭负债包括银行及公积金贷款、民间融资借贷、互联网金融产品借款、其他负债等内容。

2. 中国家庭金融调查

该调查是西南财经大学中国家庭金融调查与研究中心在全国范围内开展的抽样调查项目，每两年一次，主要内容包括家庭住房资产与金融财富、负债与信贷约束、收入与消费、社会保障与保险、代际转移支付、人口特征与就业以及支付习惯等信息。其中，金融资产包括现金、存款、股票、债券、基金、衍生品、理财产品、非人民币资产、黄金等；负债主要包括农业及工商业借款、房屋借款、汽车借款、金融投资借款、信用卡借款、其他借款等。

3. 企业部门、政府部门和金融部门资产负债表

企业部门、政府部门和金融部门资产负债表是展现部门资产和负债存流量的一般框架。同时，作为住户部门债权债务交易对手，可以从企业部门、政府部门和金融部门资产负债表中获得住户部门的资产负债数据，或者与调查数据进行交叉验证。比如，住户部门持有的企业股权可以通过企业部门资产负债表获得；住户部门持有的社会保障基金权益、国债等资产可以通过政府部门资产负债表获得；住户部门的存款、银行贷款、理财资产、公积金等可以通过金融部门资产负债表获得。

（三）估价

1. 非金融资产的估价

城镇住户拥有的住宅等建筑物、机器设备、存货、贵重物品等非金融资产

的估价方法与农村住户的上述资产的估价方法相同，这里不再赘述。城镇住户拥有的知识产权产品的估价，如果在市场上有交易，按现期市场价格估值，若市场上无交易，按重置成本法估值，或通过原作品未来收益净现值进行估算。

2. 金融资产和负债的估价

城镇住户持有的现金、银行存款、借出款、保险账户余额、人寿养老基金、银行贷款和非银行借款、应收预付款（应付预收款）等金融资产和负债的估价，与农村住户资产负债的估价相同。其余的估价方法具体如下。

（1）债务性证券。城镇住户持有的债务性证券主要包括国债、大额存单、企业债券和商业票据。其中，国债、大额存单和企业债券应以其当期市场价格进行估价，商业票据按照当期贴现的价格估价。如果没有可以参考的市场价格，则应以发行价格加上应计利息计价，利息额由原始发行价格中隐含的利率决定。

（2）公积金。城镇住户的公积金一般按其账户余额进行估价。

（3）股票及股权、投资基金份额。上市股票应以现价估价。对未上市股权的估值是各国核算工作中的普遍性难题，需要根据实际情况和结果的合理性对每一种方法进行评估，如近期交易价格、净资产价值、预测未来收益进行贴现来估算、根据宏观信息调整企业的账面价值，也可根据工商登记信息中的自然人股权份额进行估值。理财产品、证券投资基金和其他投资基金中的份额（或单位）可以用上述建议的类似方法估价，上市基金份额可以用基金份额的市场价格估价；未上市基金份额的估值可以根据产品类型进行分类，例如，预期收益型可参照存款的估价方法，核算应偿还给债权人的数额；净值型可按照披露的产品净值进行估价；未披露净值的产品可以参考类似投资品种的市场价值确定其公允价值。

（4）金融衍生工具和雇员股票期权。金融衍生工具中的期权应当以期权的现期价值（如果有的话）估价，或以应付权利金的数额估价；远期合同以市场价值记录。雇员股票期权应根据所授予的权益工具的公允价值进行估值或利用期权定价模型进行估价。

（四）数据整理

1. 数据推算与检验

城镇住户资产负债表编制所需的数据资源可能不完全充分，因此需要对缺失物量数据及价格数据进行推算和估计。比如，调查人员在实际调查中，并不一定能获得住户资产的真实情况，这意味着调查数据的真实性与可靠性仍需进一步确定。其原因在于住户的谨慎动机和不愿露富的心理。为此，一些专家学者建议，相比要求受访者在抽样调查中填写资产负债情况的准确数值，将调查变量的取值范围进行区间划分供其选择更为恰当。在此基础上，通过合理判断、适当假设及历史经验对数据进行检验和估算。

2. 协调不同性质及口径数据的差异

对于分别以收付实现制和权责发生制为会计核算基础导致城镇住户初始来源数据口径不一致的，在汇总时要进行调整，确保协调一致。对于按会计准则进行资产负债分类的原始资料，需要把不同口径的原始数据指标按国民经济核算体系规定的核算口径及指标分类要求重新分解、归类合并。

3. 数据取净值与合并

为准确反映城镇住户资产负债表中的资产与负债情况，有必要厘清债权债务关系，避免交叉重复计算。

四、编制城镇住户资产负债表需要探讨的问题

（一）完善我国城乡边界划分制度

农村住户和城镇住户是住户部门依据地区进行划分的结果，科学合理的城乡分类将对农村住户和城镇住户资产负债核算起到至关重要的作用。目前，我国基本上形成了以《统计上划分城乡的规定》为标准的城乡划分制度，这为科学判断全国和各地城镇化发展状况提供了重要的统计依据。但我国城市群建设发展、城镇化持续深入、异地搬迁扶贫政策、乡村振兴战略等对城乡划分均产生重要影响，因此为适应新变化和新要求，应进一步调整和完善城乡划分标准，构建更加科学合理的城镇和乡村地域界定体系，如在城乡划分时除考虑实体地域连接外，还可增加人口密度、非农收入占比等指标。

（二）完善城镇住户资产负债调查等相关制度

与企业或非企业单位具有相应的会计制度等资产负债核算基础不同，无论是农村居民还是城镇居民均缺乏资产负债核算的直接数据来源，因此开展调查来获得调查样本数据进而推算整体的资产负债数据是国内外通行的做法。从目前关于我国城镇住户资产的统计调查来看，仍存在诸如调查样本代表性不足、调查数据收集不合理、调查问卷内容和结构不妥当等问题，导致获取的调查数据不全面、对总体反映误差较大，难以满足编制城镇住户资产负债表的需要。建议进一步完善现有涉及住户调查的相关制度，科学合理选取调查样本，提高调查样本的代表性，根据经济发展变化特点及技术运用状况持续改进调查问卷内容和数据收集方式，综合考虑我国各地区的经济发展差距，在获取家庭资产

负债数据时，应注意形成分层与分类统计，准确反映各地区、各城乡住户的实际状况。

（三）完善城镇住户资产负债核算数据采集体系

前文对城镇住户边界及核算范围进行了阐述，为了在编制城镇住户资产负债表时能够获得充分、完整和准确的数据，应在现有数据来源渠道的基础上，进一步研究拓展一些重点调查、典型调查。例如，针对归属于住户部门的非法人企业，目前尚未有可靠的数据可以使用，甚至这些机构的数据常常和非金融企业部门混在一起，难以进行有效区分和归类汇总，因此应针对这类机构建立相应的统计或调查制度。

此外，住户部门的一些重要资产的基础数据仍存在较大的数据缺口，需要进一步完善。比如关于知识产权产品的统计。目前，我国在经济总体的国民核算体系中已经将研究与开发和娱乐、文学及艺术品原件等纳入知识产权产品范围，但仍受限于基础统计资料的缺乏，还没有区分出城乡住户的知识产权产品数据，同时关于数据库、自制计算机软件等知识产权尚未进行核算，因此需要建立相应的核算制度，全面反映我国城镇住户持有知识产权产品的资产状况。再如贵重物品的统计，贵重物品是城镇住户部门重要的资产，我国尚未建立专门的关于城镇住户贵重物品的统计制度，尽管在一些针对住户或家庭的抽样调查中已经陆续开展了有关贵重物品的调查，但鉴于"财不外露"等观念的存在，这一部分抽样调查数据还存在一定的不足，需要进一步研究。

第三节　为住户服务的非营利机构资产负债表

为住户服务的非营利机构资产负债表可以是独立部门的资产负债核算结果，为住户服务的非营利机构也可以与住户部门合并成一个部门，其资产负债表成为住户总体部门资产负债表的重要组成部分。为住户服务的非营利机构资产负债表反映了为住户服务的非营利机构在某一特定时点免费提供或者以无显著经济意义的价格向住户出售货物和服务的资产和负债状况。编制为住户服务的非营利机构的资产负债表，主要目的是通过对资产、负债和净资产的金额及其结构等情况的反映，展示为住户服务的非营利机构的资产来源与运用、为住户提供货物或服务的规模和水平等。

一、为住户服务的非营利机构的核算范围

根据第三章的研究，结合当前阶段我国非营利机构的特殊情况，我国为住

户服务的非营利机构是指从事非市场性生产、为住户部门服务或提供部分公共服务的非营利机构，主要包括教育卫生机构、文化体育机构、社交联谊机构、慈善救济救援机构、基金会、宗教组织、社会服务机构、年金等组织、业主委员会以及未分类的其他机构十个类别，具体见表8－5。

表8－5　　　　　　　　　为住户服务的非营利机构部门核算范围

类别	说明
教育卫生机构	主要包括民办幼儿园、小学、中学、学校、大学、专修（进修）学院或学校、培训（补习）学校或中心等，卫生机构包括民办门诊部（所）、医院、康复中心、保健中心、疗养所等。
文化体育机构	主要包括民办艺术表演团体、文化馆（活动中心）、图书馆（室）、博物馆（院）、美术馆、画院、名人纪念馆、收藏馆、艺术研究院（所）等；体育机构包括一些企业和其他组织个人赞助的体育俱乐部，如足球俱乐部、乒乓球俱乐部、拳击俱乐部、攀岩俱乐部等。
社交联谊机构	主要包括同学会、同乡会、旅游俱乐部、乡村俱乐部等。虽然这些联谊机构有些是由学校或政府出面组织的，但其资金来源和其活动内容均由联谊机构自己决定。
慈善救济救援机构	主要包括民办福利院、敬老院、托老院、慈善中介、法律对个人援助中心、志愿者服务中心、救济中心等。
基金会	主要包括教育基金、卫生基金、扶贫基金等。
宗教组织	主要包括佛教、伊斯兰教、道教、天主教、基督教等宗教组织。这里的宗教机构是不纳入政府核算范围之内的民间机构。
社会服务机构	主要包括民办环保组织、科技传播或普及中心等。
年金等组织	为退休雇员提供补充退休金等的组织。
业主委员会	主要为小区业主提供基本的公共管理、社会服务，产生的增加值主要包括业主委员会人员报酬以及资产折旧，与基层群众自治组织的职能基本相当。
未分类的其他机构	如有些为老人义务理发的理发店等。

二、为住户服务的非营利机构的资产和负债

（一）为住户服务的非营利机构的资产

与农村和城镇住户的资产负债表项目分类一致，为住户服务的非营利机构的资产也分为非金融资产和金融资产两大类。

1. 非金融资产

为住户服务的非营利机构的非金融资产主要包括固定资产、存货、文物文

化资产等。

（1）固定资产。固定资产是指为住户服务的非营利机构为行政管理、提供服务、生产商品或者出租目的而持有的，预计使用年限超过一年，单位价值较高的资产，主要包括建筑物、机器和设备、知识产权产品。

①建筑物。建筑物主要包括为住户服务的非营利机构拥有的住房、商业性房产以及寺院、道观、清真寺、教堂等非住宅建筑物，作为文物文化的建筑物不应包含在内。

②机器和设备。机器和设备主要包括为住户服务的非营利机构拥有的交通设备和用于日常生产经营或服务的设备和器材等机器和设备。

③知识产权产品。知识产权产品是指为住户服务的非营利机构拥有的研究和开发的成果、矿藏勘探和评估、计算机软件和数据库以及娱乐、文学或艺术品原件等。

（2）存货。存货是指为住户服务的非营利机构在日常业务活动中持有以备出售或捐赠的，或者为了出售或捐赠仍处在生产过程中的，或者将在生产、提供服务或日常管理过程中耗用的材料、物资、商品等。

（3）文物文化资产。文物文化资产是指为住户服务的非营利机构拥有的用于展览、教育或研究等目的的历史文物、艺术品，以及其他具有文化或历史价值并作长期或永久保存的典藏等。这类资产一般价值较高、寿命较长，不但不会像普通固定资产那样发生折旧和价值损耗，还可能会随着时间的推移而产生增值。

2. 金融资产

为住户服务的非营利机构的金融资产主要包括现金和存款、债权投资、股权投资、应收预付款以及受托代理资产等。

（1）现金和存款。现金和存款是指为住户服务的非营利机构持有的各种货币资金，包括现金、银行存款和其他货币资金。其中，现金包括非营利组织持有的库存现金和数字货币，银行存款是指非营利组织存入银行或其他金融机构的存款。其他货币资金包括外埠存款、银行汇票存款、银行本票存款、信用证保证金存款、存出投资款等各种其他货币资金。

（2）债权投资。债权投资是指为住户服务的非营利机构持有的债权性投资，主要包括借出款、债券、委托贷款等。《民间非营利组织会计制度》将债权投资分为短期债权投资、一年以内到期的长期债权投资以及长期债权投资。

（3）股权投资。股权投资是指为住户服务的非营利机构持有的股权性投资，主要包括股票、非上市股权等。《民间非营利组织会计制度》将股权投资分为短期股权投资和长期股权投资。

（4）应收预付款。应收款是指为住户服务的非营利机构在日常业务活动过程中发生的各项应收未收债权，包括应收票据、应收账款和其他应收款。预付款是指其预付给商品供应单位或者服务提供单位的款项。

（5）受托代理资产。受托代理资产是指为住户服务的非营利机构接受委托方委托，从事受托代理业务而收到的资产。受托代理业务是为住户服务的非营利机构的一项经常性业务，特别是一些基金会、慈善机构会接受其他社会机构或个人的委托，将相关资产按委托人的意愿转赠给指定的受益人。现行的非营利组织会计制度将受托代理资产纳入资产计量，同时确认一项受托代理负债，主要是一方面考虑基金会、慈善机构预期增长的服务潜力，即反映该类机构能够提供的服务规模；另一方面有利于清晰了解该类机构资产的结构和用途。为住户服务的非营利机构应当比照接受捐赠资产的原则，对受托代理资产进行确认和计量。

（二）为住户服务的非营利机构的负债

按照为住户服务的非营利机构的特点，其承担的负债主要包含借款、应付预收款以及受托代理负债。

1. 借款

借款是指为住户服务的非营利机构向银行或其他机构部门借入的尚未偿还的各种借款。根据借款的期限可以分为短期借款和长期借款。其中，短期借款是指借款期限在一年以下（含一年）的借款，长期借款是指借款期限在一年以上（不含一年）的借款。

2. 应付预收款

为住户服务的非营利机构的应付款项是指在日常业务活动过程中发生的各项应付票据、应付账款，以及应付工资、应交税金、预收账款、预提费用等应付未付款项。

3. 受托代理负债

受托代理负债是指为住户服务的非营利机构因从事受托代理业务，接受受托代理资产而产生的负债。

（三）为住户服务的非营利机构的净资产

净资产是在核算时点上所有金融资产和非金融资产与所有负债的差额，即净资产＝资产合计－负债合计。对于为住户服务的非营利机构，净资产的价值就是其所有者单位的价值。需要注意的是，虽然为住户服务的非营利机构的生产活动一定会有盈余或亏损，但由于非营利机构的特殊性质，其产生的任何盈余都不能被其他机构单位占有。

三、为住户服务的非营利机构资产负债表的编制

为住户服务的非营利机构资产负债表是反映为住户服务的非营利机构在某一特定时点的经营状况的统计报表。编制为住户服务的非营利机构的资产负债表，主要目的是通过如实反映资产、负债和净资产的金额及其结构情况，帮助使用者评价资产结构、资产质量以及短期偿债能力和长期偿债能力。与其他机构资产负债表的表式类似，为住户服务的非营利机构资产负债表也是一张二维报表，包括主栏项目和宾栏项目两个部分。

（一）表式设计

1. 主栏项目的设计

主栏项目反映核算的资产负债项目及其分类，主栏项目是在原有核算项目基础上的新设、分类和归并。可参考《民间非营利组织会计制度》和《企业会计准则》对非营利机构的会计科目和会计报表要求，设定为住户服务的非营利机构资产负债表的主栏项目。其主要原因：一是《民间非营利组织会计制度》在非营利机构中具有广泛的适用性，大部分非营利机构均按照该项制度进行会计核算；二是《民间非营利组织会计制度》和《企业会计准则》在报表指标方面保持了高度的一致性，仅在部分指标设置（如短期投资、长期投资等）和名称（如净资产等）上有所差异，绝大部分指标均可以与住户部门资产负债表指标一一对应；三是兼顾两项会计准则，有利于简化数据填报过程，提高数据采集和处理效率。

按照《民间非营利组织会计制度》和《企业会计准则》规定的资产负债表报表科目，非营利机构资产负债表的主栏项目也主要分为资产项目、负债项目两个方面。资产项目分为非金融资产和金融资产。非金融资产主要包括固定资产（建筑物、机器和设备、知识产权产品）、存货、文物文化资产；金融资产主要包括现金和存款、债权投资、股权投资、应收预付款以及受托代理资产。负债主要包含借款、应付预收款以及受托代理负债。净资产是所有金融资产和非金融资产与所有负债的差额，即净资产＝资产合计－负债合计，其可能是正值，也可能是负值。

2. 宾栏项目的设计

宾栏为所有为住户服务的非营利机构合计。为分析各类为住户服务的非营利机构的情况，其还可以进一步细分为教育卫生机构、文化体育机构、社交联

谊机构、慈善救济救援机构、基金会、宗教组织、社会服务机构、年金等组织、业主委员会以及未分类的其他机构等十个子部门。与农村和城镇住户资产负债表一样，报表中也同样有期初与期末两个统计时点。

3. 整个表式的设计

综合主栏项目和宾栏项目的设计，为住户服务的非营利机构的资产负债表如表 8 − 6 所示。

表 8 − 6　　　　　　　为住户服务的非营利机构资产负债表

项目	合计		其中：教育卫生机构		……
	期初	期末	期初	期末	……
总资产					
（一）非金融资产					
1. 固定资产					
（1）建筑物					
（2）机器和设备					
（3）知识产权产品					
2. 存货					
3. 文物文化资产					
（二）金融资产					
1. 现金和存款					
2. 债权投资					
3. 股权投资					
4. 应收预付款					
5. 受托代理资产					
总负债					
1. 借款					
2. 应付预收款					
3. 受托代理负债					
净资产（总资产 − 总负债）					
净金融资产（金融资产 − 总负债）					
备忘项目					

（二）数据收集

1. 已有的统计报表

目前，我国为住户服务的非营利机构一般适用于《民间非营利组织会计制度》，只有部分机构采用的是《企业会计准则》。因此，从资料来源来看，我们要分别收集这两类执行不同会计制度的机构的报表。

（1）执行《民间非营利组织会计制度》的为住户服务的非营利机构。该类机构资产负债表的数据主要来源于《非营利组织资产负债表》，其会计核算项目见表8－7。根据《社会团体登记管理条例》《民间非营利组织会计制度》等有关法律法规，目前社会团体、基金会、民办非企业单位等社会组织需向各级民政部门进行年审备案，同时报送本组织（含分支和代表机构）的资产负债表、业务活动表和现金流量表。

（2）执行《企业会计准则》的为住户服务的非营利机构。部分基层群众自治组织执行《企业会计准则》，资产负债表的数据可以从其编制的资产负债表中获得。

表8－7　　　　　　　　非营利组织资产负债会计核算表

资产	期末余额	负债和净资产	期末余额
一、资产		二、负债	
货币资金		短期借款	
短期投资		应付款项	
应收款项		应付工资	
预付账款		应交税金	
存货		预收账款	
待摊费用		预提费用	
一年以内到期的长期债权投资		预计负债	
其他流动资产		一年以内到期的长期负债	
长期股权投资		其他流动负债	
长期债权投资		长期借款	
固定资产原价		长期应付款	
减：累计折旧		其他长期负债	
固定资产净值		受托代理负债	
在建工程		三、净资产	
文物文化资产		非限定性净资产	
固定资产清理		限定性净资产	
无形资产			
受托代理资产			

资料来源：根据财政部《民间非营利组织会计制度》整理而得。

2. 其他需要调查了解的数据

大部分为住户服务的非营利机构执行的是《民间非营利组织会计制度》，按照权责发生制原则进行会计记账和财务报表的编制，因此，为住户服务的非营利机构资产负债表基本能满足报表编制的需求。但对于个别项目，可能尚无法直接从现有报表中收集数据，而是需要通过其他途径（如调研）收集数据，主要包括以下几个方面。

一是为住户服务的非营利机构执行资产减值准备会计核算的情况。这包括有无按照会计制度要求，对存货、应收账款、短期投资等项目是否计算可变现净值并据此进行账面价值调整，对固定资产和无形资产是否进行减值测试并计提减值准备，以及计提减值准备的频率和方法。可通过调研的方法，抽取部分机构的部分资产项目，通过将账面价值和实际可变现价值进行比较，了解资产减值会计核算的具体执行情况和资产账面价值的准确性，以此确定是否需要在后期数据处理时额外计提减值准备以及相应的减值比例或进行账面价值调整。

二是为住户服务的非营利机构有一部分属于慈善性质的团体，这部分团体经常收到其他机构和个人捐赠的物资和财产，但其中部分捐赠物没有明确的市场价值。如果这些机构尚未纳入核算或尚无适当的核算方法，则需通过调研获取资料，对其价值进行估算。

三是为住户服务的非营利机构也包括一些开展宗教活动的寺院、清真寺和教堂等宗教机构。对这些宗教机构，可以根据《民间非营利组织会计制度》《宗教活动场所财务监督管理办法》等开展会计核算和编制财务报表。但从实践看，宗教机构执行《民间非营利组织会计制度》的情况不尽如人意，部分宗教机构尚未执行，甚至部分宗教机构尚未建立完整的会计核算体系，需通过调研的方式了解和掌握宗教机构开展会计核算的情况。

四是尚未登记的为住户服务的非营利机构的活动相对简单，组织形式较为松散。对于其是否建立会计核算、具体执行何种会计制度、资产估值方法等，均需通过调研方式获取资料，并在此基础上确定资产负债数据的获取方法。

（三）估价

《民间非营利组织会计制度》要求非营利组织按照权责发生制的原则进行会计记账和报表编制。该制度同时规定，资产计值遵循历史成本原则，在取得时按照实际成本计量，具体包括买价、包装费、运输费、缴纳的有关税金，以及为使资产达到预定可使用状态前所必要的支出等。为住户服务的非营利机构的部分资产负债项目，如一般的建筑物、机器和设备、知识产权产品、存货等非金融资产，以及存款、贷款等金融资产和负债，其估价方法与农村住户和城镇住户资产负债项目估价一致，以下对较为特殊的资产负债项目估价方法逐一阐释。

1. 捐赠物品的估价

捐赠是为住户服务的非营利机构取得资产的一种常见方式。对于接受捐赠的现金资产，应当按照实际收到的金额入账。对于接受捐赠的非现金资产，如债权投资、股权投资、存货、固定资产（如住宅、建筑物等）等，应当按照以下方法确定其入账价值：如果捐赠方提供了有关凭据（如发票、报关单、有关协议等），应当以凭据上标明的金额作为入账价值。如果凭据上标明的金额与受赠资产公允价值相差较大，受赠资产应当以其公允价值作为入账价值。如果捐赠方没有提供有关凭据，受赠资产应当以其公允价值作为入账价值。

2. 文物文化资产的估价

在为住户服务的非营利机构会计核算中，文物文化资产是固定资产的组成部分之一。为住户服务的非营利机构取得文物文化资产主要有两种方式：外购和接受捐赠。一是外购的文物文化资产。机构通过外购方式获取的文物文化资产是按照公平交易的原则取得的，因此可遵循历史成本原则，按照取得时的实际成本入账。取得时的实际成本包括买价、包装费、运输费、缴纳的有关税金等相关费用，以及为使文物文化资产达到预定可使用状态前所必要的支出。如果以一笔款项购入多项没有单独标价的文物文化资产，可按照各项文物文化资产公允价值的比例对总成本进行分配，分别确定各项文物文化资产的入账价值。二是接受捐赠的文物文化资产。如果捐赠者可以提供有关其价值的凭据（如购买发票等），则以购买凭据上载明的价值作为入账价值。如果没有明确的交易价格或取得成本，需要通过适当的方法估算入账价值。

3. 寺院、宫观、清真寺、教堂等宗教机构的估价

为住户服务的非营利机构包含一部分寺院、宫观、清真寺和教堂等宗教机构。其中，房屋和构建物是宗教机构一项重要的固定资产。宗教机构是指依据《宗教事务条例》等规定依法登记的寺院、宫观、清真寺、教堂和其他固定宗教活动场所。其中，新建的宗教机构具有较为完整准确的可追溯、可计量价值，按照《民间非营利组织会计制度》要求，应在实际取得时（如建造完毕后），按照取得时的实际成本入账。历史遗留的宗教机构具有一定的历史和文物价值，是进行重新估值的难点。

（四）数据整理

数据整理包括数据填录和数据轧差。数据填录是指将单个机构的资产负债表数据，逐一填录到统一的为住户服务的非营利机构资产负债表中。数据轧差是指将机构之间的往来交易从报表中剔除，编制合并的资产负债表。

1. 数据填录

在数据收集完成后，根据收集整理的基于《民间非营利组织会计制度》的为住户服务的非营利机构资产负债会计核算表（见表8-7），将其报表指标填录到为住户服务的非营利机构资产负债表（见表8-6）中。具体填报如下：

在非金融资产项目中，将扣减折旧、加固定资产清理后的固定资产和在建工程根据明细科目分解出建筑物、机器和设备、知识产权产品等，然后分别填录到为住户服务的非营利机构资产负债表相应项目中；存货、文物文化资产则直接分别填入为住户服务的非营利机构资产负债表中的对应项。

在金融资产项目中，货币资金填录到为住户服务的非营利机构资产负债表中的现金和存款项下，短期投资、一年内到期长期投资根据明细科目分解为债权投资或股权投资，与长期股权投资、长期债权投资分类汇总并分别填录到为住户服务的非营利机构资产负债表中的债权投资和股权投资项下；应收款项、预付账款汇总后填列在应收预付款项；非营利机构资产负债会计核算表中的待摊费用主要是指其目前已支出，但应本期或以后各期分别负担的，分摊在一年以内的各种费用如预付保险费、预付租金等，因此，按其定义可以相应填录到为住户服务的非营利机构资产负债表中应收预付款项下。受托代理资产则填录到为住户服务的非营利机构资产负债表中对应项。

在负债项目中，短期借款、长期借款填录到为住户服务的非营利机构资产负债表中借款项目下；应付款项、应付工资、应交税金、预收账款、预提费用、预计负债、长期应付款和其他长期负债（主要是其他长期应付款）等全部填录到为住户服务的非营利机构资产负债表中应付预收款项下，一年内到期的长期负债根据其明细科目进行分解，分别填录到为住户服务的非营利机构的借款、应付款的相应项下；受托代理负债则填录到为住户服务的非营利机构资产负债表的对应项中。

根据所有金融和非金融资产与所有负债的差额，即净资产 = 资产合计 - 负债合计，计算净资产期末余额直接填列在净资产项中。

2. 数据轧差

轧差既包括单类机构（如基金会）内部资产负债项目的轧差，也包括为住户服务的非营利机构总体资产负债项目的轧差。轧差的主要方法是在汇总各个机构资产负债表的基础上，通过调阅总账和明细账等台账信息，将机构内部或机构之间相互发生的往来交易剔除。在实践中，由于现行非营利组织的会计核算还不能清晰界定会计科目的交易对手方，需调用详细的台账数据或根据典型调查推算，统计成本较高，同时非营利机构的交易对手主要是捐赠人和被捐赠人，其相互间的往来较少，因此，在编制为住户服务的非营利机构部门资产负债表时，可忽略轧差这一过程，采用汇总而非合并的方式进行编制。

四、编制为住户服务的非营利机构资产负债表需要探讨的问题

（一）完善为住户服务的非营利机构的范围和分类

从国际上看，把"为住户服务的非营利机构"作为一个经济部门来核算有两种方式：一是 SNA2008 把"为住户服务的非营利机构"作为国民经济核算六大部门之一进行单独核算，二是国际货币基金组织的《货币与金融统计手册和编制指南（2016）》把为住户服务的非营利机构与住户部门合并形成一个部门核算，绝大部分国家采取后一种核算方式。从国内看，2017 年 7 月，国家统计局发布《中国国民经济核算体系（2016）》，在机构部门划分中新增了"为住户服务的非营利机构"，但目前国内针对这一部门核算的研究较少，为住户服务的非营利机构涵盖的范围和分类尚缺乏统一标准，具有中国特色的非营利机构在机构部门划分时无所遵循，如群众团体组织、基层群众自治组织、业主委员会等。此外，在当前国内部分统计实践中，将部分为住户服务的社会团体统一归属为广义政府，与国际标准存在差异。建议从基本特征、机构功能、中国实际等角度出发进一步完善为住户服务的非营利机构范围和分类。

（二）完善为住户服务的非营利机构核算体系

虽然《中国国民经济核算体系（2016）》将民间从事非市场生产的非营利机构从政府部门划分出来，单独设置了"为住户服务的非营利机构"部门，但是缺乏单独的非营利机构核算体系，非营利机构核算的主体不明确、不合理，目前尚未建立完善的非营利机构核算体系，导致非营利机构核算存在很多不足之处，比如没有根据核算指导建立相应的统计调查体系、基础统计资料缺乏等。因此，建议在借鉴国际非营利机构核算制度的基础上，明确统计部门为主要核算制度制定、统计数据收集整理、报表编制与发布责任部门，研究构建中国的为住户服务的非营利机构核算体系，建立定期的数据采集制度，包括数据采集频度、时间、渠道和内容，建立严格的数据审核流程，加强数据质量管控。

第四节　住户总体部门资产负债表

住户总体部门资产负债表是在整合各住户子部门资产负债表的基础上编制形成的，综合反映住户总体资产负债情况。

一、住户总体部门的核算范围及层次

研究编制住户总体部门资产负债表，首先需要明确住户总体部门组成机构的范围，在此基础上研究住户总体部门的构成。

从前面章节的介绍可知，在国民经济核算中，住户部门和为住户服务的非营利机构部门是经济部门的两个单独部门分类。但为住户服务的非营利机构部门主要是向住户部门提供非市场化的产品和服务，其经济目标与住户部门一致，加之这两个部门账户往往难以区分，因此在部分国家的国民经济核算或金融统计实践中，将住户部门和为住户服务的非营利机构部门合并在一起，形成一个机构部门。我国在编制部门资产负债表时，也可以将住户部门和为住户服务的非营利机构部门合并成住户总体部门，综合反映住户部门、为住户服务的非营利机构部门的资产负债情况，即住户总体部门的核算范围由住户部门和为住户服务的非营利机构部门组成。

为反映住户总体部门中各类主体提供资金以及拥有资产、承担债务的程度，我们可以把编制住户总体资产负债表的住户总体部门分为三个层次。

第一个层次为住户总体部门，是最广义的口径，包括住户部门和为住户服务的非营利机构两个子部门。

第二个层次为住户部门。从反映我国典型二元经济特点出发，将住户部门分为农村住户和城镇住户，以分别二者不同的经济结构和发展水平。

第三个层次是对农村住户和城镇住户进一步细分。比如，按收入渠道可将农村住户分为农户、农村非法人企业、农村财产收入及转移收入接受者、农村机构住户、农村其他住户；将城镇住户分为城镇居民、城镇非法人企业、城镇财产收入及转移收入接受者、城镇机构住户、城镇其他住户。

在编制报表时，通过对上述各个层次不同子部门资产负债表的合并与整合，我们就可以得到住户总体部门资产负债表。

二、住户总体部门的资产和负债

住户总体部门的资产和负债主要分为非金融资产、金融资产和负债。

中国住户部门资产负债表编制研究

（一）住户总体部门的资产

1. 非金融资产

（1）固定资产。住户总体部门的固定资产是指农村住户、城镇住户和为住户服务的非营利机构固定资产的合计。从固定资产类别看，主要包括建筑物、耕地、机器和设备、培育性生物资源和知识产权产品。

①建筑物。建筑物是指农村住户、城镇住户和为住户服务的非营利机构拥有的建筑物的总计，包括农村住户的住宅、其他构筑物，城镇住户的住宅、非住宅建筑（商铺、写字楼等），为住户服务的非营利机构拥有的住房、商业性房产以及寺院、道观、清真寺、教堂等非住宅建筑物等。

②耕地。耕地一般为农村住户所特有，因此住户总体部门的耕地是指农村住户用于养殖、种植的土地和水域。

③机器和设备。机器和设备是指农村住户、城镇住户和为住户服务的非营利机构拥有的机器和设备的总计，包括农村住户拥有的用于农业生产、运输的机动车辆、摩托车、拖拉机等交通设备以及收割机、插秧机、脱粒机、其他农用机器等其他交通设备，城镇住户拥有的汽车、卡车等交通工具以及城镇住户日常生产经营活动中使用的经营器具和器材等其他机器设备，为住户服务的非营利机构拥有的交通设备和用于日常生产经营的或服务的设备和器材等。

④培育性生物资源。培育性生物资源一般为农村住户所特有，因此住户总体部门的培育性生物资源主要包括农村住户拥有的重复或连续使用一年以上，以生产其他货物或服务的动物和植物等培育性生物资源。

⑤知识产权产品。知识产权产品包括城镇住户和为住户服务的非营利机构拥有的知识产权产品总计。

（2）存货。存货是指农村住户、城镇住户和为住户服务的非营利机构拥有的存货的总计。包括：农村住户待出售的农产品、半成品、采购的原材料、在制品、转售品；城镇住户为今后出售而在生产中使用或其他用途而持有的货物和服务；为住户服务的非营利机构在日常业务活动中持有以备出售或捐赠的，或者为了出售或捐赠仍处在生产过程中的，或者将在生产、提供服务或日常管理过程中耗用的材料、物资、商品等。

（3）贵重物品。贵重物品是指农村住户、城镇住户和为住户服务的非营利机构拥有的贵重物品的总计。包括农村住户和城镇住户拥有的贵金属和宝石、古董和其他艺术品、其他贵重物品，为住户服务的非营利机构拥有的文物文化资产。

2. 金融资产

住户总体部门的金融资产包括通货和存款、债务性证券、贷款、股权和投资基金份额、保险及人寿养老基金、金融衍生工具和雇员股票期权、应收预付款。

（1）通货和存款。通货和存款是指农村住户、城镇住户和为住户服务的非营利机构拥有的现金、银行存款以及公积金存款的总计。

（2）债务性证券。债务性证券是指农村住户和城镇住户持有的债务性证券，如企业债券、国债等，以及为住户服务的非营利机构持有的债权投资中的各类债券。

（3）贷款。贷款是指农村住户、城镇住户和为住户服务的非营利机构拥有的借出款项、委托贷款等的总计。

（4）股权和投资基金份额。股权和投资基金份额指农村住户、城镇住户和为住户服务的非营利机构拥有的股票、非上市股权以及证券投资基金、银行理财产品等投资基金份额的总计。

（5）人寿养老基金。人寿养老基金是指农村住户的保险及人寿养老基金、城镇住户的保险账户余额及人寿养老基金的总计。

（6）金融衍生工具和雇员股票期权。金融衍生工具和雇员股票期权主要是指农村住户、城镇住户和为住户服务的非营利机构拥有的金融衍生产品和雇员股票期权的总计。目前，主要是城镇住户持有的该类资产较多。

（7）其他应收/预付款。其他应收/预付款是指农村住户、城镇住户和为住户服务的非营利机构应收预付款及受托代理负债的总计。

（二）住户总体部门的负债

住户总体部门的负债主要包括贷款、金融衍生工具和应付预收款。

1. 贷款。贷款是指农村住户、城镇住户和为住户服务的非营利机构获得的银行贷款、非银行借款和其他借款。

2. 金融衍生工具。金融衍生工具包括农村住户、城镇住户和为住户服务的非营利机构持有的远期合同（包括掉期）、期权合同等，在资产负债表核算期末净头寸为负时，记录在负债方。

3. 其他应付/预收款。其他应付/预收款是指农村住户、城镇住户和为住户服务的非营利机构的应付预收款及受托代理负债的总计。

三、住户总体部门资产负债表的编制

住户总体部门资产负债表的编制是通过收集住户部门和为住户服务的非营

利机构的资产负债数据，整理、填录并以资产负债表的形式加以反映。本部分的内容主要包括住户总体部门资产负债表的表式设计、数据整理和登录等内容。

（一）表式设计

住户总体部门资产负债表的表式结构是一张二维表，包括主栏和宾栏两个部分。

1. 主栏项目的设计

资产负债表是矩阵结构的平衡表，主栏反映核算的资产负债项目及其分类。主栏项目是在原有核算项目基础上的新设、分类和归并。资产负债表的主栏项目分为资产项目、负债项目和净资产项目。其中，资产项目又分为非金融资产和金融资产，具体项目如表8-8所示。

2. 宾栏项目的设计

宾栏项目反映核算的部门及其分类。住户总体部门的分类前面已经指出，包括农村住户、城镇住户和为住户服务的非营利性机构三个部分。为了反映住户总体部门资产负债表的主体和结构，可以采用两种方式列示宾栏的项目：一是仅反映住户总体部门资产负债情况，并设置期初与期末两个统计时点项目，反映核算期资产负债的变化（见表8-8）。如此列示报表的优点是简单清晰，可以在一张报表上清晰地反映期初期末两个时点资产负债的变化情况。二是列示住户总体部门的各子部门及其构成，反映各层级、各子部门的资产负债情况（见表8-9）。如此列示报表的优点是可以清晰地反映住户总体部门构成和各子部门资产负债的情况。

表8-8 住户总体部门资产负债表

项目	期初	期末
总资产		
（一）非金融资产		
1. 固定资产		
（1）建筑物		
（2）耕地		
（3）机器和设备		
（4）培育性生物资源		
（5）知识产权产品		
2. 存货		
3. 贵重物品		
4. 非生产资产		

续表

项目	期初	期末
（二）金融资产		
1. 通货和存款		
2. 债务性证券		
3. 贷款		
4. 股权和投资基金份额		
5. 保险及人寿养老基金		
6. 金融衍生工具和雇员股票期权		
7. 其他应收/预付款		
总负债		
1. 贷款		
2. 金融衍生工具		
3. 其他应付/预收款		
净资产（总资产－总负债）		
净金融资产（金融资产－总负债）		
备忘项目		

表 8 – 9　　　　　　　住户总体部门资产负债表

项目	住户总体部门				
	住户部门			为住户服务的非营利机构	合计
	农村住户	城镇住户	合计		
总资产					
（一）非金融资产					
1. 固定资产					
（1）建筑物					
（2）耕地					
（3）机器和设备					
（4）培育性生物资源					
（5）知识产权产品					
2. 存货					
3. 贵重物品					
（二）金融资产					
1. 通货和存款					
2. 债务性证券					

中国住户部门资产负债表编制研究

项目	住户总体部门				
	住户部门			为住户服务的非营利机构	合计
	农村住户	城镇住户	合计		
3. 贷款					
4. 股权和投资基金份额					
5. 保险及人寿养老基金					
6. 金融衍生工具和雇员股票期权					
7. 其他应收/预付款					
总负债					
1. 贷款					
2. 金融衍生工具					
3. 其他应付/预收款					
净资产（总资产 – 总负债）					
净金融资产（金融资产 – 总负债）					
备忘项目					

（二）数据整理和登录

住户总体部门的数据整理和登录是指先将单个部门的资产负债表数据逐一填录到统一的住户总体资产负债表中，然后通过数据汇总或合并，编制总体的资产负债表。

1. 数据登录

在前面章节，我们已经讨论并设计编制出农村住户、城镇住户和为住户服务的非营利机构的资产负债表。同时，我们也设计了一张统一的住户总体部门的资产负债表。现在我们要对各子部门的数据进行整理和登录，形成住户总体部门的资产负债表，具体如表 8 – 10 所示。

表 8 – 10　　　　　　　住户总体部门资产负债科目对应表

住户总体部门资产负债科目	农村住户资产负债表数据的登录	城镇住户资产负债表数据的登录	为住户服务的非营利机构资产负债表数据的登录
总资产	总资产	总资产	总资产
（一）非金融资产	非金融资产	非金融资产	非金融资产
1. 固定资产	固定资产	固定资产	固定资产
（1）建筑物	农户住宅、其他构建物	建筑物（主要包括城镇住户拥有的住宅、非住宅建筑等）	建筑物

续表

住户总体部门 资产负债科目	农村住户资产 负债表数据的登录	城镇住户资产 负债数据的登录	为住户服务的非营利机构 资产负债表数据的登录
（2）耕地	耕地		
（3）机器和设备	农用机器和设备	机器和设备	机器和设备
（4）培育性生物资源	培育性生物资源		
（5）知识产权产品		知识产权产品	知识产权产品
2. 存货	存货	存货	存货
3. 贵重物品	贵重物品	贵重物品	文物文化资产
（二）金融资产	金融资产	金融资产	金融资产
1. 通货和存款	现金、银行存款	现金、银行存款、公积金	现金和存款
2. 债务性证券	证券金融资产中的债务性证券	债务性证券	债权投资中的债务性证券
3. 贷款	借出款项	借出款	债权投资中的借出款、委托贷款
4. 股权和投资基金份额	证券金融资产中的股权、股票、公募基金和银行理财产品等	股票及股权、投资基金份额	股权投资
5. 保险及人寿养老基金	保险及人寿养老基金	保险账户余额、人寿养老基金	
6. 金融衍生工具和雇员股票期权		金融衍生工具和雇员股票期权	
7. 其他应收/预付款	应收预付款	应收预付款	应收预付款、受托代理资产
总负债	总负债	总负债	总负债
1. 贷款	银行贷款、非银行借款	银行贷款、非银行借款	借款
2. 金融衍生工具		金融衍生工具	
3. 其他应付/预收款	应付预收款	应付预收款	应付预收款、受托代理负债
净资产（总资产－总负债）	净资产	净资产	净资产
净金融资产（金融资产－总负债）	净金融资产	净金融资产	净金融资产
备忘项目	备忘项目	备忘项目	备忘项目

（二）子部门层次的数据汇总和合并

住户部门子部门之间的数据整理主要包含两种方式：一种是将各住户部门子部门数据进行汇总，获得汇总的住户总体部门资产负债表；另一种是将各住户部门子部门之间的债权债务进行合并轧差处理，获得合并的住户总体部门资产负债表。

（1）子部门数据的汇总。从数据源获得基础数据后，在登录住户总体部门资产负债表时根据交易对手和金融工具类型进行数据录入。汇总不会抵销各机构单位之间有关债权和债务数据。对于分别以收付实现制和权责发生制为会计核算基础导致住户部门初始来源数据不一致的情况，应该在汇总时进行调整，确保协调一致。

（2）子部门之间数据的合并。住户总体部门内部之间发生的债权债务关系，应相互抵销和剔除，以避免重复记账和虚增交易。合并是冲销属于一个核算范围内的机构之间发生的交易。合并涉及抵销被合并的单位之间发生的所有交易和债务人/债权人关系。例如，住户之间形成的债权债务关系，住户部门与为住户服务的非营利机构之间形成的债权债务关系，在编制住户部门资产负债表时均应适当进行合并处理。

四、编制住户总体部门资产负债表需要探讨的问题

（一）进一步完善住户总体部门资产负债表的编制分工体系

编制住户总体部门资产负债表可以分为两个层面。第一个层面是编制住户部门资产负债表，包括农村住户资产负债表和城镇住户资产负债表。住户部门资产负债数据最权威的来源是统计部门、金融监管部门进行的居民部门相关调查、普查以及金融统计数据。其次为高校或学术界开展的家庭调查。在住户部门资产负债编制分工方面，明确统计部门和人民银行共同负责我国住户部门资产负债表的编制。统计部门可通过建立我国住户部门统计年鉴、中国经济普查或专门组织入户调查等获取非金融资产以及住户部门基本信息等统计基础数据，负责编制住户部门非金融资产数据；人民银行负责编制住户部门金融资产和负债数据。第二个层面是编制为住户服务的非营利机构资产负债表。虽然民政部门负责我国非营利机构的登记和年审，但是还有很多为住户服务的非营利机构并没有在民政部门登记，对其开展核算仍需依靠相应的调查。因此，对于为住户服务的非营利机构资产负债表的编制，可以明确由统计部门负责统筹，民政部门等相关部门配合。

（二）探索编制我国住户部门分地区资产负债表

目前，我国不同地区经济发展、居民收入、资产负债结构差距相对较大，如2020年广东省地区生产总值是西藏自治区的58倍，人均可支配收入是西藏自治区的1.9倍。另外，住户部门房产等固定资产因在不同地区而市场价值差异较大，比如，北京、上海、广东、深圳等房价偏高的城市，一套住房价值上百万元甚至上千万元，导致家庭的资产和负债较高；而四五线城市或西部地区房价相对较低，家庭的资产和负债也相对较低。从农业生产用地来看，我国幅员辽阔，南北自然条件和气候差异显著，造成各地农业生产方式、单位面积产出等也存在较大差异，这将对土地使用权的价值产生影响。因此，一是建议探索编制各个省、市（州）住户部门资产负债表，以深入推进各地区之间住户部门资产负债的对比分析，全面了解我国住户部门的财富状况、结构和变化趋势，为制定有针对性和差异化的宏观调控政策提供基础数据支撑；二是综合考虑我国各地区的经济发展差距，在获取家庭资产负债数据时，应注意形成分层与分类统计，准确反映各地区、各城乡住户的实际状况。

（三）完善住户部门资产负债的估价体系

一是利用公开市场渠道，收集和整理估价所需信息。我国金融资产和负债的市场化程度相对较高，可以实时获得准确的交易价格信息。非金融资产如土地、房地产等存在较为规范的交易市场，可以为估值提供参考数据。此外，还可以通过拍卖行、交易中心等交易市场，获取相同或相似文物文化资产的市场交易价格，以此作为文物文化资产的估值基础。二是对于估价难度较大的项目，可以通过专项调研、重点调查、抽样调查等方式，获取部分资产账面价值与市场价值的差异数据，推算该类资产的市场价值。三是在估值过程中充分考虑会计信息的审慎要求。对于确实无法准确估值的资产负债项目，应设置辅助账，单独记录相关信息，待未来具备科学合理的估值技术后再入账计值，避免资产价值被高估。

参考文献

［1］杜金富，王毅，阮健弘，等．中国政府资产负债表编制研究［M］．北京：中国金融出版社，2018．

［2］梁远，毕文泰，滕奎秀．家庭资产、社会互动与农村居民主观幸福感［J/OL］．［2021－10－19］中国农业资源与区划：1－13．

［3］陈羽，许海平．家庭金融资产配置对农村居民幸福感的影响［J］．合作经济与科技，2020（16）：51－53．

[4] 张哲. 农村居民家庭金融资产配置及财富效应研究 [D]. 重庆：西南大学，2020.

[5] 刘国鑫，杨光辉，王迎静，等. 农村居民家庭金融资产配置研究 [J]. 对外经贸，2020（3）：69 – 73.

[6] 陈潇逸. 长三角地区农村居民家庭负债结构及影响因素分析 [D]. 杭州：浙江农林大学，2019.

[7] 蔡洋萍，曾碑璇，辜时有. 我国农村家庭负债影响因素研究——基于 CHFS 数据的实证分析 [J]. 甘肃金融，2020（1）：54 – 60.

[8] 杨文珂，曹斌. 开放经济下中国城乡居民家庭金融资产配置的比较研究 [J]. 哈尔滨商业大学学报（社会科学版），2018（4）：35 – 43.

[9] 余新平. 中国城乡居民家庭固定资产选择及其对消费的影响研究 [D]. 杭州：浙江大学，2015.

[10] 张珂珂，吴猛猛. 我国农村居民家庭金融资产现状与影响因素的实证分析——基于全国 500 户农村居民家庭的调查 [J]. 金融纵横，2013（8）：73 – 79.

[11] 何艳秋，庞皓. 国民经济存量核算数据采集制度的建立——国民资产统计调查制度基本框架 [J]. 统计与信息论坛，2016（10）：23 – 28.

[12] 杜金富，朱尔茜，段琪斐. 我国住户部门机构核算范围研究 [J]. 中国金融，2020（8）：88 – 90.

[13] 高敏雪. 在国民经济核算中给予非营利机构一个名分——"中国国民经济核算体系 2016"中的一个变化 [J]. 中国统计，2018（7）：29 – 31.

[14] 耿建新，吕晓敏，苏聿桢. 我国国家资产负债表的理论与实践探索 [J]. 会计研究，2020（4）：3 – 14.

[15] 罗胜，向书坚. 政府资产负债表的核算主体范围研究 [J]. 中央财经大学学报，2017（10）：3 – 11.

[16] 王毅，郑桂环，宋光磊. 中国政府资产负债核算的理论与实践问题 [J]. 财贸经济，2019（1）：5 – 19.

[17] 耿建新. 我国国家资产负债表的远景眺望——基于会计学角度的分析 [J]. 财务与会计，2019（3）：7 – 12.

[18] 杜金富. 政府资产负债表编制框架 [J]. 中国金融，2017（20）.

[19] 郑学工，刘晓雪，郑艳丽，等. 澳大利亚国家资产负债表编制经验及对我国的启示 [J]. 调研世界，2019（5）.

[20] 耿建新，丁含. 金融部门资产负债表构建的理论与实践 [J]. 金融会计，2020（10）.

[21] 杨家亮. 加拿大国家资产负债表编制简介 [J]. 中国统计，2016（6）.

[22] 曾嵘欣，杨莉，涂昭宇，等. 住户部门资产负债调查制度的国际比较研究 [J]. 区域金融研究，2020（7）.

［23］杜金富，宋晓玲，朱尔茜．中国住户部门资产负债测度核算研究［J］．中国金融，2019（20）．

［24］马克卫，米子川，史珊珊．金融机构资产负债表：原理、编制及分析方法［J］．山西财经大学学报，2020（1）．

［25］李金华，李苍舒．"SNA2008"对中国住户核算理论的若干启示［J］．经济学动态，2011（11）．

［26］高敏学．从家庭资产评估到住户部门资产负债表［J］．中国统计，2021（3）．

［27］罗楚亮，李实在．中国住户调查数据收入变量的比较［J］．管理世界，2019（1）．

［28］刘向耘，牛慕鸿，等，中国居民资产负债表分析［J］．金融研究，2009（10）．

［29］孙同全．从农户家庭资产负债表看农村普惠金融供给侧结构性改革［J］．中国农村经济，2017（5）．

［30］国家统计局．住户收支与生活状况调查方案（2021）．住户收支与生活状况调查方案（2019）［EB/OL］．http：//stats. gov. cn.

［31］霍俊，董福忠，沈永淦．预测实例选编［R］．中国发明创造者基金会，中国预测研究会，1984.

［32］梅萌，肖雅，钱万．资产评估方法的比较分析［J］．智能城市，2016，2（6）：75.

［33］孙元欣，杨楠．家庭资产统计研究［M］．上海：上海财经大学出版社，2013.

［34］张金宝．基于区间型数据的城市居民家庭资产分布研究［J］．统计与决策，2016（11）：30－34.

［35］中国人民银行调查统计司城镇居民家庭资产负债调查课题组．2019年中国城镇居民家庭资产负债情况调查［EB/OL］．http：//finance. sina. com. cn/money/lczx/2020－04－24/doc－iirczymi8099086. shtml.

［36］周领．中国国家资产负债表研究［D］．北京：财政部财政科学研究所，2014.

［37］刘勇，王光辉．中国非营利机构核算规则的改进：基于不同"国民经济核算体系"的比较［J］．统计与决策，2021（4）．

［38］李海东．国民核算中非营利部门设置的必要性及其定义［J］．当代财经，2003（12）．

［39］李海东．非营利机构核算问题研究［D］．大连：东北财经大学，2007.